"十二五"职业教育国家规划教材

经全国职业教育教材审定委员会审定

学前教育专业系列教材

学前教育学

（第三版）

魏建培　主编

科学出版社

北京

内 容 简 介

本书就学前教育的基本理论与实践进行了系统阐述。本书具有以下几个特点：一是坚持儿童本位，充分体现社会进步对学前儿童的新要求，反映学前儿童研究的最新成果；二是强烈的实践意识，强调理论与实践紧密结合，培养未来学前教师的实践意识和实践能力；三是强调终身学习，重视多元理论话语对学前教育的理解阐述，提升学前教师的理论思辨能力和反思实践能力，为未来学前教师在职专业发展奠定基础，使其成为终身学习者。

本书可作为大学、高职学前教育专业教材使用，也可作为社会有关人员和家庭进行学前儿童教育的参考书。

图书在版编目（CIP）数据

学前教育学 / 魏建培主编. —3 版. —北京：科学出版社，2015
（"十二五"职业教育国家规划教材·学前教育专业系列教材）
ISBN 978-7-03-044373-1

Ⅰ. ①学… Ⅱ. ①魏… Ⅲ. ①学前教育-教育理论-职业教育-教材
Ⅳ. ①G610

中国版本图书馆 CIP 数据核字（2015）第 110055 号

责任编辑：王　彦 / 责任校对：马英菊
责任印制：吕春珉 / 封面设计：一克米

科 学 出 版 社 出版
北京东黄城根北街 16 号
邮政编码：100717
http://www.sciencep.com

铭浩彩色印装有限公司 印刷
科学出版社发行　各地新华书店经销

*

2008 年 5 月第 一 版　　2020 年 1 月第五次印刷
2012 年 12 月第 二 版　　开本：787×1092　1/16
2015 年 6 月第 三 版　　印张：12
字数：270 000

定价：29.00 元

（如有印装质量问题，我社负责调换〈铭浩〉）

销售部电话 010-62142126　编辑部电话 010-62130750

学前教育专业系列教材编委会

主　任　常立学

委　员　（按姓氏笔画排序）

王淑霞　巩汝训　刘兴坦　刘克宽

刘建华　孙汀兰　李传银　李维金

杨　文　杨　明　杨世诚　肖兰英

肖明胜　陈文华　陈伟军　罗家英

屈玉霞

本书编写人员

主　编　魏建培

副主编　庄建东　隋立国　王海霞

参　编　魏建培　庄建东　乔　勇　张兴峰

王红菊　李月华

第三版前言

Preface to the third edition

幼儿是人类的未来，也是祖国和每一个家庭的未来，因此高质量的学前教育是全社会的期待。高质量的学前教育关键是提高学前教师队伍的整体素质，学前教师职前教育经验对其职业生涯有着重要的影响，学前教师教育课程在学前教师培养中发挥着重要作用，是提高学前教师教育质量的关键环节。"学前教育学"是学前教师教育课程中的专业主干课程。本书自 2008 年出版以来受到学前教师教育领域的广泛好评，被全国多家高校作为学前教师教育的专业教材，第二次修订后，被评为"十二五"职业教育国家规划教材。在修订过程中，学前教育领域的许多专家学者对本书提出了很多宝贵的建议。

近年来，政府对学前教师教育日益重视，先后推出了包含学前教师教育在内的"教师教育课程标准（试行）"和"教师专业标准（试行）"，学前教师专业化建设呈现出前所未有的全新局面，学前教师教育的理念全面更新，提出要围绕培养造就高素质专业化学前教师的目标，坚持"师德为先"、"育人为本"、"实践取向"、"能力为重"和"终身学习"的理念，创新学前教师培养模式，强化实践环节，加强师德修养和教育教学能力训练，着力培养学前教育专业师范生的社会责任感、创新精神和实践能力。这为学前教师教育和学前教师专业实践与发展提供了明确的价值导向和行为引领。

基于专家学者的建议，坚持教育部关于"教师教育课程标准（试行）"和"教师专业标准"的新理念，我们有针对性地对一些内容作了适当修订。

此次修订由魏建培担任主编，并负责全面统稿工作，庄建东、隋立国和王海霞担任副主编，协助统稿。编写工作分工如下：乔勇编写第一章、第二章；李月华编写第三章、第四章；隋立国编写第五章、第八章；庄建东编写第七章；王海霞编写第九章；魏建培编写第六章、第十章。

本书在修订过程中得到王彦编辑的大力支持，提出了许多宝贵的意见和建议，在此表示衷心的感谢。另外，许多专家学者也提出了宝贵意见和建议，在此一并表示谢意。

由于编者水平有限，如有错误，敬请斧正。

第二版前言
Preface to the second edition

由于历史原因，我国的学前教育基础比较薄弱。改革开放以来，我国学前教育事业得到了长足的发展并逐渐形成了自己的特色，但和世界主要发达地区相比，无论是学前教育立法、政府资金投入、教育理念、课程改革、师资培养等方面均存在种种不足。近年来，随着我国社会经济的不断发展以及人民群众生活水平的进一步提高，党和政府高度重视我国学前教育事业的发展，《国家中长期教育改革和发展规划纲要（2010—2020年）》明确提出要"积极发展学前教育"。正是在这一背景下，为了不辜负时代的重托，我们对《学前教育学》进行了进一步修订，将最新的教育理念和教育经验融入教材，这对于促进我国学前教师的专业发展和学前教育的改革发展具有非常重要的意义。

《学前教育学》一书自2008年出版以来，被全国多家高校作为学前教育专业教材使用。在听取了许多专家、学者和一线教师提出的宝贵建议后，也为了适应当今世界学前教育的最新发展，编者对本书进行了修订，在此对专家学者和教师提出的宝贵建议深表谢意。此次修订保留了原书的基本框架，但对部分章节内容作出了修改，同时增加了一些图片，使得全书观念上和知识上更加符合时代特点，图文并茂，增强了本书的理论性、适用性和实用性。

此次修订由魏建培担任主编，并负责全面统稿工作，庄建东、隋立国和王海霞担任副主编，协助统稿。编者具体分工如下：乔勇编写第一章、第二章；李月华编写第三章、第四章；隋立国编写第五章、第八章；庄建东编写第七章；王海霞编写第九章；魏建培编写第六章、第十章。

本书在修订过程中得到了责任编辑王彦女士的大力支持，在此表示衷心的感谢。另外各院校师生对本书的修订也提出了许多宝贵意见，在此一并表示谢意。

由于编者水平及研究水平有限，如有舛误，敬请指正。

第一版前言

Preface to the first edition

进入 21 世纪，所有国家都在呼吁教育变革，所有地区都开始了亘古未有的崭新的教育实验。我国基础教育课程改革正是在这样的时空背景下逐步展开的，当代教育理论的话语体系和学校课程教学实践的话语体系正在发生着深刻的范式转换。这一改革的成功与否直接关系我国的教育和社会的未来，作为基础教育一部分的学前教育自不待言。而任何教育的变革都必须在教师身上体现出来，教师是这场变革的一个重要的力量。立足于这个转折点，我们编写了本书。本书呈现出以下几个特点：

1. 时代性。20 世纪 70 年代以来，西方教育科学领域异常活跃，各种话语竞相追逐。我国自 20 世纪 90 年代以来译介了大量西方的教育理论著作（其中包括大量的学前教育方面的理论著作），本书力争将这些反映时代要旨的理论话语纳入自己的视野，成为本书的有机构成部分。这样可以让将来从事学前教育的教师根植本土，以国际视野去比较，去思考，去参与会话，可以让他们更全面、更深刻、更辨证、更理性地去理解学前教育的意义。

2. 开放性。结合每章节的内容，做了一些脚注，每章之后都加入参考文献，这样做不单是对学前教育前辈成果的尊重，我们更希望读者能顺着这些语脉线索走出去进行一场学术探险之旅，由此扩展自己的视野，去参与有关学前教育的学术会话，生成自己学前教育的经验，这是一个大有可为而又极富挑战性的领域。

3. 理论性。学前教育是最富有智慧性的令人兴奋的领域，在该领域中，教师必须是富有理论素养的专业人才，是探究者，而不是一个技术熟练的"工匠"。故本书另一个显著的特点就是注重学前教育理论的介绍，除了每章节的学前教育理论课题的阐述之外，专门在第二章系统介绍了学前教育的理论基础：行为主义的学前教育理论、认知主义的学前教育理论、建构主义的学前教育理论和多元智能理论。

本书供大学学前教育专业、高等职业学校的学前教育专业使用，也可作为幼儿园教师继续教育的教材。

本书内容共分为两大部分，共十章。第一部分为一至五章，阐述了学前教育的理论基础；第二部分为六至十章，就学前教育的实践活动的一些重要课题、时代趋势和发展进程进行了系统阐述。

本书编写分工如下：乔勇编写第一章和第二章，魏建培编写第三章、第四章、第六章、第七章和第十章，隋立国编写第五章和第八章，王海霞编写第九章。全书由魏建培、隋立国、乔勇和王海霞统稿。

本书在编写过程中，参考、借鉴或引用了许多国内外同行的研究成果，在此表示感

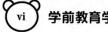

谢和敬意。

　　本书在编写过程中，全体编写人员历时一年的时间，放弃了寒暑假的休息时间，殚精竭虑，但是毕竟编者水平有限，仍有许多不足之处，衷心希望广大从事学前教育的工作者提出意见和反馈，以期进一步修改完善。

目 录

Contents

第一章

绪 论

正确把握学前教育和学前教育学的内涵，了解其发展历史，可以使我们更好地回顾过去，展望未来，认识学前教育和学前教育学的现状和面临的问题。

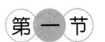

第一节 学前教育的产生和发展

一、含义

（一）什么是教育

教育是人类的一种基本活动，是人类社会得以延续和发展的重要条件，在我们生活中无处不在。尤其是在现代社会中，受过不同程度、不同方式教育的人越来越多，"教育"一词也成了日常生活中的常用词，似乎理解它并不困难。但由于思维方式、认识维度、把握层面、抽象程度等的不同，要找到一个统一的定义是做不到的。一般来讲，人们认识教育的角度有两个，一是社会的角度，另一个是个体的角度。

从社会的角度来看，一个人从出生到成人都是在社会的影响之下完成的，而这种影响并不是漫无目的的，它总是渗透着社会的要求，使人朝着社会期待的方向发展。根据影响的不同特点，又可以分为广义的和狭义的教育。所谓广义的教育，是指凡是增进人们的知识和技能，影响人们的思想品德的活动，它把一个自然人培养成合格的社会成员，这种教育包括了家庭教育、社会教育和学校教育，范围很广。所谓狭义的教育，是指在专门设置的教育机构中实施的教育。主要指的是学校教育，教育者根据一定的社会或阶级的要求，有目的、有计划、有组织地对受教育者的身心施加影响，使受教育者发展成为一定社会或阶级所需要的人。可以看出，从社会的角度来定义教育，强调的是社会因素对个体发展的影响，其中家庭教育和社会教育对人的影响较为零散和不规范，而学校教育具有更明确的目的和效果，效率高、规范性强，对人的发展起了主导性作用。

从个体的角度来看，教育往往被视为个体学习或发展的过程，在此过程中，个体成功地学习了知识、技能，形成了正确的态度，并能迁移到自己未经历过的情境中去。从这种角度定义教育，侧重于教育过程中个体各种心理需要的满足及心理品质的发展，而不是基于社会的一般要求。

可以看出，从以上两种角度来诠释教育都有其合理性，但也都存在各自的缺陷。单纯地从社会角度来理解教育，个体内在需要和身心发展在教育中的重要作用往往被忽视，从而使教育被受教育者视为一种外在的强制过程，容易受到排斥和抵制。单纯地从个体的角度来理解教育，又往往忽视社会因素和社会要求在教育活动中的重大影响。因此，如何兼顾社会和个体两个方面，就应该成为我们诠释教育的基点。

根据以上对教育概念的分析，我们尝试给出教育的定义：教育是在一定社会背景下发生的促使个体的社会化和社会个性化的实践活动。这样就较好地协调了社会发展和个体发展之间的关系，使二者有机结合起来。

（二）什么是学前教育

明确了教育的概念之后，我们需要明确什么是学前教育，这牵涉到人的年龄阶段的划分和教育对象阶段划分的问题。人的一生按年龄可分为若干阶段，如婴儿期（0～3岁）、幼儿期（3～6岁）、儿童期（7～11岁）、少年期（12～15岁）、青年期、成年期、老年期等，不同的年龄阶段有不同的年龄特征、不同的需要，因此教育必须分阶段进行。

学前教育是指哪个年龄阶段儿童的教育？随着历史的发展，对这个问题有着不同的认识。

在西方，传统上是把从出生到入学前作为最初教育的一个阶段来对待的。如捷克教育家夸美纽斯提出母育学校的教育，是指从出生到6岁的儿童在家庭里所接受的教育，母亲就是教师。

到了19世纪，随着学前公共教育的出现，学前教育研究的对象年龄发生了变化，趋向于3岁至入学前的儿童，对他们实施的教育亦称"学前教育"。如英国空想社会主义者罗伯特·欧文在1809年所创立的"幼儿学校"，主要收托2～5岁的儿童。又如德国学前教育家福禄培尔1837年在勃兰根堡创设了"大同教养院"，并于1840年首次命名为"幼儿园"，收托3～7岁的儿童。

20世纪50年代以来，在世界范围内，学前教育的年龄概念有了新的变化。在一些国际性的学前教育会议上，对学前教育年龄阶段的探讨研究，其变化趋向是向低龄推延，当今学前教育学研究的年龄对象应为出生至入学前的儿童。它又可细分为两个年龄阶段的教育，即0～3岁的学前早期教育和3～6岁的学前教育。两者既相互联系，又各具特点。当然，有不少学者认为，学前教育的年龄还应该包括胎儿期，因为古今中外许多教育家都提出了胎教的思想，认为这个时期对儿童未来的生活影响极大。

由此，我们认为，学前教育就是指在0～6岁所进行的教育，但本书侧重的是幼儿园进行的对3～6岁的小学前的学前儿童（或幼儿）所进行的教育。

（三）研究的范围

一般来讲，学前教育可分为学前社会教育和学前家庭教育。也就是说，向7岁之前的儿童实施学前教育，一方面在家庭中进行，另一方面是组织学前社会教育。

1．学前社会教育

学前社会教育是指在家庭以外由社会实施或资助、指派专人组织与实施的、以学前儿童为对象的教育实践活动。

学前教育研究的范畴是学前社会教育中的主体，即托儿所、幼儿园教育，但也对学前家庭教育有指导作用。因为从幼儿个体成长看，他们首先是在家庭中接受学前教育，当儿童接受学前社会教育以后，仍旧继续接受家庭教育，家庭教育对儿童身心的发展有极为重要的影响。

2．家庭教育

家庭教育指在家庭中由父母或其他年长者对其子女进行的教育。

教育是一个系统工程，儿童的发展受到家庭、学校（幼儿园）及社会三大环境的影响。这三大环境各自对儿童、青少年发展的影响呈现着动态消长的趋势，其中在幼儿阶段影响最大的是家庭环境。学前教育研究的教育范围以托儿所、幼儿园为主，延伸向家庭。

二、产生和发展

学前教育学之所以要简述学前教育的历史沿革过程，其目的主要是从教育与社会的联系中，洞察社会发展对教育发展的影响和制约，洞察教育发展的时代特点和变化，为阐明教育的基本规律奠定基础。

美国人类学家摩尔根在《古代社会》中把人类历史的发展分为蒙昧、野蛮、文明 3 个时代。文明时代包括奴隶社会、封建社会和资本主义社会 3 个历史发展阶段。空想社会主义者傅立叶把整个人类社会划分为蒙昧、宗法、野蛮、文明 4 个发展时期，其中文明时期的三、四阶段相当于资本主义社会。历史证明，各个不同历史阶段，由于各自的社会生产方式不同，因而其社会面貌，当然也包括教育都各有其不同的特点。

学前儿童的家庭教育早在人类社会产生之初就随之产生了，而学前社会教育则是在18 世纪以后才出现的。

（一）原始社会的学前教育

在漫长的原始社会时期，对儿童的养护和教育主要是保证儿童的存活，以及把年长一代积累的生产劳动和生活经验传授给他们。由于生产力低下，教育是和生活、劳动完全融合在一起的。又由于社会还没有划分阶级，因此教育也没有阶级性，所有儿童接受的教育都是平等的。

（二）古代社会的学前教育

古代社会教育包括奴隶社会和封建社会两个历史阶段的教育，在这个时期，随着生产力的不断提高，私有财产的出现，人类社会进入了阶级社会，对学前儿童的教育也发生了变化。一方面，教育出现和强化了阶级性，上层统治阶级家庭注重对子女的学前教育，以便把他们培养成为未来的统治者，而绝大部分儿童只是在家庭日常生活和劳动中受着自发的教育影响。另一方面，对学前儿童的认识还存在很大的局限，比如把孩子看作小大人，教育方式和内容上成人化倾向非常严重；或者认为儿童不懂事，根本不需要专门的教育；甚至还有人认为儿童是卑贱的或生来带有原罪等。虽然也有人提出了儿童教育的思想，但总的来看，学前教育的发展是极其缓慢和落后的。

（三）近代社会的学前教育

随着 17 世纪以来资本主义制度在西方各国的建立，人类社会进入了近代社会。尤其是资本主义大工业生产兴起以后，一方面增加了社会物质财富，为学前教育的发展提供了物质条件，另一方面又由于越来越多的妇女被迫走出家庭进入工厂做工而不能在家养育孩子，对兴办学前教育提出了社会要求，从而推动了学前社会教育的建立和发展。学前社会教育机构最初在欧洲建立，在当时是比较简易的，以收容、教养工人的孩子为主要目的。

最早的托儿所（或称日托中心）当属 1776 年法国牧师奥贝尔林（Johann Friedrich Oberlin，1740～1826 年）建立的一所托儿所。该所聘请青年妇女照顾在田间劳动的父母的孩子，教他们游戏，收集植物标本，常带儿童在田间散步，还教大一些的儿童纺纱、缝纫。德国在 1802 年也仿效法国在柏林等地建立了托儿所。此后值得一提的是英国空想社会主义者罗伯特·欧文（Robert Owen，1771～1858 年）在 1809 年创办的"幼儿学校"（1816 年改名为性格形成学园），主要面向工人阶级收托 2～5 岁的儿童，在当时社会上引起巨大反响，虽未能坚持很久，但对以后法国和意大利托儿所的建立有很大影响。在 19 世纪前叶，一些主要资本主义国家先后举办了托儿所或日托中心，主要任务是照料儿童生活，避免发生意外事故。

与此同时，学前社会教育的最主要机构——幼儿园也在德国出现了，它是由学前教育家福禄培尔 1837 年在勃兰根堡（现柏林西南）首先建立的，最初是为培养保姆而建立的实习场所。1840 年他正式命名其为幼儿园（kindergarten，意为儿童的花园）。在这里，儿童可以自由地成长，保姆是施肥的园丁。福禄培尔尊重儿童，认为游戏是严肃而有意义的活动，幼儿通过他特别设计的玩具——恩物来学习，在体力、语言、认识、想象力、创造力等多方面获得发展。福禄培尔为世界各国幼儿园的建立和发展奠定了基础，此后，这一学前教育机构得以广泛流传，幼儿园的名称被全世界普遍采用，福禄培尔也被誉为"幼儿园之父"。

据不完全统计，在 1900 年左右，一些经济发达的国家幼儿园有了较大的发展。如比利时 1905 年有幼儿园 2771 所，入园率为 56%；法国 1897 年有幼儿园 5859 所，入园率为 30%；意大利 1901 年有幼儿园 3314 所，入园率为 7%；英国 1900 年 3～5 岁儿童入园率为 43.1%。

（四）现当代学前教育的发展

20 世纪以来，随着现代社会的迅速发展，特别是科学技术的发展，生产力的大大提高，世界性的竞争加剧，各国为了多出人才，早出人才，出好人才，普遍重视学前教育，学前教育的价值开始为全社会所认识。学前教育的理论和机构得到了前所未有的发展。

三、我国学前教育的产生和发展

（一）机构的建立与早期发展

我国自古就有重视儿童教育的传统，其中也多有涉及学前儿童教育的部分，但专门的学前教育机构一直到清末才真正得以建立。当时的中国，民族危机深重，有识之士纷纷向西方寻求救国的真理，把改革教育和兴办西学作为强国之路，当局及社会人士对学前教育开始有了重视的倾向。1903 年在湖北武昌创办的湖北幼稚园是我国自主创办的第一所学前教育机构，此后北平、上海、湖南、江苏等地也相继成立了蒙养院。当时的这些学前教育机构从教材设备、课程设置，到师资及师资培养都全盘照搬日本模式。尽管质量差、数量少，基础薄弱，然而毕竟有了第一批学前教育机构。1904 年初又颁布了由张之洞、张百熙、容庆合订的《奏定学堂章程》，即癸卯学制，其中包括蒙养院制度。癸卯学制是我国清末第一个在全国颁行的学制，第一次用国家学制的形式把学前教育机构的名称确定下来，把社会学前教育机构的地位固定下来，使蒙养院成为我国最早的学前教育机构。可以说，癸卯学制所定位的蒙养院，是我国学前教育史上具有划时代意义的重要里程碑。

（二）旧中国的学前教育

五四时期的新文化运动提倡政治民主和科学进步，以此为背景的我国现代学前教育，因为有了新的借鉴，也从过去的主要学习日本转向主要学习欧美，并在探索和实践中总结了自己的经验，奠定了学前教育中国化和科学化的良好基础。

在当时国外的各种对我国学前教育产生广泛影响的教育理论与教育思潮中，影响最大的莫过于杜威的实用主义教育思想与儿童中心论。儿童中心论反对传统的以教师、书本和课堂为中心，主张从儿童的本能、兴趣和需要出发，以儿童自身的活动为教育过程的中心。

1922 年的新学制把幼儿园正式列入了学制系统。1932 年 10 月教育部公布《幼稚园课程标准》，这是我国第一个由国家颁布的《幼稚园课程标准》，是由我国专家学者在总结自己实践经验的基础上，根据我国的国情编订的，虽然也吸收和借鉴了西方的学前教育思想，但充分体现了洋为中用的精神，因此它很富有民族性。同时它以心理学、教育学、卫生学等学科的理论为指导，对教育内容和方法所作的各项规定，都比较符合儿童的年龄特点和教育的要求，具有较强的科学性和操作性。虽然它在有的地方也存在一定的缺点和不足，如要求仿照蒙台梭利的办法让儿童定时进行静默等，但从总体上来说，它对我国学前教育向中国化和科学化的方向发展，提高我国学前教育质量，起了重要的作用。

但总的说来，在半殖民地半封建社会的旧中国，学前教育的发展还是比较缓慢的。这一时期幼稚园及入园儿童数量据不完全统计，如表 1-1 所示。

表 1-1　1924～1946 年幼稚园发展情况

年代	幼稚园数/所	入园儿童数/人
1924	190	1 591
1930	630	26 675
1936	1 283	79 827
1946	1 301	130 213

一些教育家也一直致力于学前教育事业的研究与实践，如陈鹤琴于 1923 年创办了南京鼓楼幼稚园，对幼稚园的课程、教材、教法、设备等方面进行了实验研究；陶行知创办了"乡村儿童团"、劳工幼稚园等；张雪门主办北平香山慈幼院的幼稚师范和幼稚园等。虽然他们的教育主张在当时的社会条件下不可能完全实现，但他们的努力对我国学前教育的发展产生了极其重要的影响，他们的教育理论和实践成为我国学前教育的宝贵财富。

　　（三）新中国的学前教育

　　新中国成立后，我国教育界积极向苏联学习其学前教育理论和经验，主要特点是借鉴了苏联式的系统性、科学性的分科教学，这对改造旧教育，建设新教育，起了积极的作用，取得了显著的成绩。这些在 1952 年 3 月教育部颁发的《幼儿园暂行规程》和《幼儿园暂行教学纲要》两个试行草案中得到了体现。但是，前苏联专家、学者及其教育思想对我国的学前教育的影响并不完全都是积极的，他们对西方当代教育制度和教育理论的片面观点，例如过分强调集体统一、正规化、教师的主导作用、课堂教学的作用等，也都影响了我国的学前教育工作，如加强了计划性，忽视了灵活性；注意了集体，忽视了个体；机械划一，重教轻学等。在学习苏联经验的同时，一些片面的思想导致了对杜威实用主义、儿童中心论等的彻底批判。这样在批判旧教育的同时，把合理的部分也一起否定了。

　　"文化大革命"十年浩劫，使我国学前教育事业遭到了严重摧残，过去行之有效的内容和方法全遭破坏。党的十一届三中全会以后，尤其是 20 世纪 80 年代以来，我国社会主义建设进入了一个崭新的历史阶段，学前教育事业也得到了前所未有的发展。截至2006 年，全国共有幼儿园 13.05 万所，在园幼儿（包括学前班）2263.85 万人。

　　当代西方先进的儿童心理教育理论、学前教育方案逐渐引入我国，对传统的教育观念产生了极大的冲击，如皮亚杰的儿童认知发展理论、维果兹基的社会认知发展理论等。这些理论认为学前儿童是自身发展的主体，在教育过程中要充分调动儿童的积极性、主动性和创造性；儿童的发展是通过自身与环境的交互作用得到实现的；儿童是在活动中不断发展的，课程应通过组织生活的、教学的、游戏的教育活动进行。学前教育应保证每一个幼儿在自己原有的基础上，在身体、认知、情感、社会性等诸方面获得最大限度的整体的发展，为每一个幼儿按自己的学习方式和速度进行学习去创造条件。教师的主导作用体现在提供环境、控制环境、调整环境三个方面，而不是包办、代替。

　　我国学前教育专家、学者在学习外国先进经验时不再拘泥于一家之言，而注重博采众家，为我所用；更注重结合本国、本地区、本园情况，创建自己的特色，过去我国学前教育的宝贵经验也得到了继承与发扬，如陈鹤琴先生创建的单元教学等。这些观点都明确体现在教育部 2001 年 7 月颁布的《幼儿园教育指导纲要（试行）》（以下简称《纲要》）中。

　　根据我国学前教育的实际情况，要创建理想的学前教育模式还有一定的距离，因此如何因地制宜，因时制宜，形成有自己特色的学前教育发展之路，依然是我们不断探索的问题。

第二节　学前教育学的产生和发展

一、含义

（一）研究对象

教育科学是研究教育这一社会现象并揭示其规律的科学。由于教育对象的年龄不同又划分为学前教育、普通教育、高等教育和成人教育等许多分支。学前教育学是教育科学的许多分支之一，是按照学前儿童的身心发展特点，对其进行全面的保育和教育的一门科学，是探索入学前年龄阶段儿童教育规律的一门科学。

（二）研究内容

结合我国当前学前教育的实际情况，本书从理论和实践两个方面作统一论述，理论部分主要论述了学前教育的理论基础、儿童观以及儿童发展与学前教育之间的关系、学前教师等；实践部分重点从学前教育实施的主阵地——幼儿园的角度出发，论述了课程、班级管理、幼儿园环境的规划和组织、幼儿园教育评价等问题，同时考虑到儿童入园前后的家庭教育和社会教育情况，对幼儿园同家庭和社区的合作共育也作了适当论述。

二、产生的思想背景

每一门学科都存在着产生与发展的历史过程。学前教育理论的发展也经历了漫长的道路。学前教育作为一种社会现象，很早就存在。自从有了人类社会就有了教育，其中包括学前教育。但是作为一门学科，学前教育学却是在近代大工业生产的条件下，在科学和技术发展的情况下，逐步成为独立学科的。社会的进步，特别是生产力的发展对教育和学前教育提出了更多更高的要求，促进了教育和学前教育理论的发展。学前教育学的发展还和科学文化的发展紧密相连，特别是生理学和心理学的发展，为学前教育学奠定了基础。学前教育学作为教育学的分支，是在教育学发展到一定阶段才分化出来的。而专门的学前教育机构的建立和发展，一方面积累了丰富的教育经验，另一方面又需要有系统的学前教育理论做指导，以利于促进学前教育学的发展。

（一）早期的学前教育思想

此时的教育学尚未独立，所以早期的学前教育思想混杂在一些哲学、政治或者神学、伦理学之中，且为零星、片断的。

在我国，学前教育思想最早散见于古代一些著作中，《大戴礼记·保傅》篇中就曾记载殷周统治者注重胎教，为太子、世子选择保傅人员，使他们"自为赤子时，教固已行矣"。《礼记·内则》篇中有从儿童能食能言时便进行教育的记载，如"子能食食，教以右手。能言，男唯女俞。男鞶革，女鞶丝。六年，教之数与方名……"。

中国古代有些教育家十分重视学前教育，如魏晋南北朝的颜之推在《颜氏家训》中提出，对儿童应从"婴稚"时期起"便加教诲"，认为俗谚"教儿婴孩"，并强调父母对年龄幼小的子女不能"无教而有爱"。宋代朱熹也重视儿童入学以前的教育，主张"生子必择乳母"，"乳母之教，所系尤切"，必须选择品德良好的乳母，才有利于婴幼儿的保教。

在西方，一些古代哲学家、教育家也有过关于学前教育的论述。如古希腊哲学家柏拉图的《理想国》中曾提到学前教育的重要意义和内容。柏拉图指出学前教育的重要性："凡事之开始，为最重要之点，而于教育柔嫩儿童，则更宜注意。盖其将来人格之如何，全在此时也。"他第一次提出了学前社会教育的主张。儿童出生后交给国家特设的养育所，由专门的保姆抚养，母亲去喂奶。3～6岁儿童集中到神庙附设的儿童场院，国家委派优秀女公民教育他们。他还提出学前儿童的游戏和讲故事活动。认为不要强迫儿童去学习，而要用游戏的方式，且通过游戏可以了解每个儿童的自然才能。提出体育是为了锻炼身体，音乐是为了陶冶心灵。教师不应随意根据偶然碰到的事编成故事，应尽量选择那些能对孩子的品德产生最好影响的故事。柏拉图的上述主张，标志着学前公共教育思想的诞生，他提出了一些适合儿童年龄特点的学前教育观点，是可贵的。但由于阶级和历史的局限，这些学前教育的观点在当时并未得以实现。

古希腊哲学家亚里士多德在《政治论》和《伦理学》等著作中，阐述了他的教育观。他提出按自然发展的顺序，确定教育年龄的分期，他根据人的身体发育，从出生起每7年划为一个自然段，到21岁止。即：①0～7岁；②7～14岁；③14～21岁。他对儿童的体育和游戏非常重视，主张婴儿出生后喂母乳，从小要多运动，并习惯于寒冷，认为这是一种很好的锻炼方法，有助于健康，有助于培养坚强的品质。他认为在5岁前不应要求儿童学习课业，以免妨碍其发育，应使其有充分的活动，以免肢体不灵。活动的方法很多，游戏就是其中的一种。

古罗马教育家昆体良在《论演说家的教育》等著作中阐述了他的教育观点：重视儿童语言的发展。昆体良认为从儿童诞生的最初几天起，就应学习正确的语言，因此必须挑选发音良好的乳母和保姆。必须注意为儿童选择良好的玩伴，他强调周围环境对儿童最初观念形成的重大影响，认为儿童的玩伴必须经过审慎选择，必须注意同伴中的粗鄙语言和丑恶行为会损及儿童的心灵。昆体良对儿童发展的广泛可能性有很强的信心，他指出我们的智力活动和理解能力是自然所赋予的，"愚钝和低能，像一切反常现象一样，是比较稀少的"。

（二）学前教育学的萌芽阶段（16世纪～18世纪初期）

文艺复兴时期，欧洲出现了前所未有的文学艺术和科学的繁荣，教育科学也得到较大发展。从17世纪夸美纽斯写成《大教学论》到1806年赫尔巴特写成《普通教育学》，标志着教育学作为一个独立学科的诞生。在许多教育著作中，论述了学前教育思想。这一阶段的学前教育理论比以前更加系统、完整而且有现实性，对当时的教育有较强的指导性。

在一系列著作中，夸美纽斯的《母育学校》（1632年出版）堪称世界上第一本学前教育专著，书中提出家庭是一母育学校，应由母亲来对 1～6 岁的幼儿进行学前教育，并简单描述了儿童应当学习的各种科目，以及学习每种科目的最合适的时期和教育方法。此外，他还为儿童编写了世界上第一本配有插图的教科书——《世界图解》，实现了文字和图画的结合，帮助儿童留下对事物的深刻印象。夸美纽斯的著作为以后学前社会教育的实施奠定了较系统的理论基础。

综观这个时期一些学者对学前教育特点的论述，虽然也较为完整与有益，为系统的学前教育理论的建立奠定了基础，但总的来看，学前教育理论还未形成独立的学科体系。

三、创立

学前教育学从教育科学中分离出来，成为一门独立的学科，是在 18 世纪后期到 20 世纪前半期，伴随着学前教育机构的建立而开始的。学前教育机构的建立，促进了学前教育理论的发展。

（一）福禄培尔的贡献

学前教育学成为一门独立的科学，首先是由德国教育家福禄培尔提出的。他在夸美纽斯和法国启蒙思想家卢梭的影响下，又接受了瑞士教育家裴斯泰洛齐的儿童教育思想，于 1837 年在勃兰根堡创设了一所收托 1～7 岁儿童的教育机构，1840 年将其命名为幼儿园。他的大半生致力于学前教育工作，设计了一套游戏与作业材料，称为"恩物"。他还热心地宣传学前教育，培训了第一批幼儿园教师，系统地阐明了幼儿园的基本原理和教学方法。他创立了幼儿园教育工作的理论，为近代学前教育理论的发展奠定了基础。他的学前教育思想主要有以下几点。

教育应当适应儿童的发展：福禄培尔认为教育要遵循儿童的自然本能，实现儿童的天然禀赋。学前儿童不是成人的缩影，幼儿园的教育内容应和学校不同。他为学前儿童创设了一种不用书本的学校。

游戏有重要的教育价值：福禄培尔认为"儿童早期的各种游戏，是一切未来生活的胚芽……人的整个日后生活……它的渊源都在儿童早期"。游戏是儿童内部存在的自我活动的表现，儿童在游戏中最能表现出其创造性和自主性。同时强调成人不能放弃对游戏的指导，要在幼儿园的教育方案中把游戏作为主要活动。

教育要以儿童的自我活动为基础：儿童是天性善良的，儿童通过自我活动实现内部的发展。教师只为儿童提供条件，不进行干预，必要时才要儿童服从一定的要求。

福禄培尔的某些教育思想，如强调儿童的自我发展、实现自然禀赋、忽视教育的作用等，是不够正确的，带有浓厚的唯心主义和宗教神秘主义的色彩，但他的学前教育思想和教育实践对后世有很大的影响，在实践上和理论上推动了各国幼儿园的建立和学前教育学的研究。为表彰他的创造性工作，人们称他为"幼儿园之父"。

除了福禄培尔以外，还有一些学者也对学前教育学的创立作出了贡献。19 世纪初叶，由于大工业的发展，母亲外出劳动，幼小子女无人照顾，因而逐渐建立了照管和教育学前儿童的机构。学前教育机构的产生直接促进了学前教育学的建立。有了专门的学前教育机构，有专门人员从事学前教育工作，就提出了研究学前教育理论的客观需要。英国空想社会主义者欧文于 1816 年为工人阶级创办了幼儿学校，收托 2～5 岁儿童。其主要观点是：认为造就适应新社会的人，需要养成良好的性格；主张儿童尽可能多在户外活动，非常重视环境对人的影响，他为幼儿创办"幼儿学校"，让孩子大部分时间都在户外活动，唱歌、舞蹈、游戏和认识周围环境；重视培养儿童友爱、仁慈、宽宏、正直、诚实等良好品德。

（二）蒙台梭利的贡献

意大利教育家蒙台梭利（1870～1952 年，见图 1-1）是继福禄培尔之后对学前教育理论有重大影响的代表人物，被誉为 20 世纪初的"幼儿园改革家"。19 世纪后期，生物学、生理学、心理学和儿童心理学的发展，为深入理解学前教育提供了有利条件，从而促进了学前教育学的发展。作为"新教育"运动中学前教育的代表人物，蒙台梭利通过对学前教育的研究和实验，提出了自己的学前教育思想和理论。我们将在后面的章节中对其思想和理论加以详细阐述。

图 1-1　蒙台梭利

1. 儿童观

蒙台梭利的教育思想是以她的儿童观为依据的。她认为儿童具有"吸收的心智"，即 6 岁之前的儿童本身具有一种吸收知识的自然能力。因而没有人是被别人所教导的，每个人都是自我教育而成的。儿童发展具有敏感期，即儿童对于环境刺激有一定的敏感时期。要求在儿童心理发展的敏感时期对幼儿进行教育、引导和帮助，从而促使幼儿心理的正常发展，并避免延误时机带来的儿童心理发展障碍。儿童发展是在工作中实现的，活动在儿童心理发展中有着极其重要的意义。

2. 教育内容

一是日常生活练习，蒙台梭利把日常生活练习作为她教育内容的重要组成部分。首先是从事生活的初步动作练习（如坐、走、站及抓握等），其次是照顾自己的动作练习（如盥洗、穿脱衣服等），然后便是管理家务的工作（如卷小地毯、擦地板、摆餐桌等）。二是感觉教育，其内容主要是视觉、听觉、触觉、味觉和嗅觉练习五大类，它们分别由相应的教具来完成。三是语言教育，具体包括读和写两部分。四是数学教育，蒙台梭利主张通过数学教具，首先帮助幼儿掌握 10 以内的计数活动（数名、数字和数量），进而帮助幼儿学习 10 以内的四则运算，最后帮助幼儿学习十位、百位、千位的进位活动和多位数的四则运算以及平方、立方等概念。五是文化科学教育，内容主要包括简单的历史、地理、动物、植物等几个方面。

3. 教育方法

蒙台梭利教育法由三要素构成：有准备的环境、教师和教具。

（1）有准备的环境

有准备的环境具体而言应该有以下主要特征。

一是秩序。如：大多数的物品如家具、教具以及衣物等，尽量保持在相同的位置；保持规律的作息时间与地点；例行活动尽量采取相同的步骤，例如每天早上的团体活动会先唱歌点名，数一数幼儿的人数，介绍今天的日期（年、月、日）、天气等；幼儿应把使用过的教具放回原位，然后才能进行其他活动。

二是自由。包括智能的自由和道德的自由两方面，前者是指给儿童以活动的自由，使其智力得到发展；后者则是指应该防止儿童为满足自己的欲望而出现对秩序的破坏。因此，蒙台梭利主张教师必须在保障儿童自由活动的前提下，培养儿童的纪律性，锻炼其意志力，发展其社会性。也就是说，自由是"有限制的"，"有规则的"。自由是平等地给予团体中的每一个成员的，因此，在"团体利益优先"的原则下，对违反共同规则、妨碍或干扰别人活动的儿童，则应限制他的自由。

三是真实与自然。蒙台梭利指出，环境中的真实与自然，有助于幼儿发展探索内在及外在世界所需的安全感，而成为敏锐的、有鉴赏力的生活观察者。因此，蒙台梭利教室中的各种设备都是适合幼儿尺寸的真实物品，例如冰箱、炉子、熨斗等都是真的。而且每一种教具都只有一件，这也是反映现实的情况。

四是美感与安全。蒙台梭利认为"美"能够唤起幼儿对生活的反应力，而真正的美是以简洁为基础的，所以教室中的布置无需太过豪华与铺张，强调教室里的颜色要明朗、令人愉快，并具有整体的调和感。幼儿是好奇好动的，因而环境中的硬件设备必须是安全的，绝对不能对儿童造成伤害。另外在户外活动时，强调将户外游戏区划分为几个责任区，每位教师负责在自己的责任区中活动的幼儿的安全。

（2）教师

蒙台梭利认为教育不是教师自上而下的教授，而是教师协助儿童自下而上地自我发展。正是从这种教师观出发，蒙台梭利把"儿童之家"的教师称为"导"师，而不是"教"师。

（3）教具

教具即工作材料。蒙台梭利教具大体可分为四类：生活训练教具、感官教具、学术性教具和文化艺术性教具。其中，以其感官训练教具最具特色。

总之，蒙台梭利对世界幼儿教育的贡献是巨大的。她的理论的基本精神，特别是重视幼儿身心发展特点、重视幼儿的自主性和自我学习，重视环境的作用，反对以成人为中心、以灌输知识为主的教育主张，以及她对教师作用的观点等，无论在蒙台梭利时代还是今天，都具有不衰的生命力。她的教育理论和实践方法对世界各国幼儿教育产生了广泛的影响。

当然，蒙台梭利的教育理论也受到过不少批评，主要是指责她的教育偏重智能而较忽视幼儿情感的陶冶，忽视幼儿的社会化活动；其感觉教育教具脱离幼儿的实际生活，过于狭隘、呆板，操作方法过于机械等。

综上所述，在学前教育学的初创阶段，学前教育理论得到了不断发展和完善，但它还是一门很年轻的学科，大部分内容还停留在经验的描述和简单形式逻辑的推理上，有的部分抽象概括的层次不高，有的缺乏科学的方法作指导。

四、发展

20 世纪中叶以来，随着教育学、心理学、生理学、人类学、社会学等相邻学科的发展，给学前教育学的发展与完善带来了新的契机。如：心理学对儿童心理发展动力的研究，对学前儿童认知能力发展、情感和意志的发展的研究，对学前儿童个性形成的研究等，为建立和提高学前儿童认知教育、情感教育和道德教育理论提供了心理学基础。另外，对于儿童是怎样发展的、怎样学习的，不同的心理学派有不同的解释，在此基础上也形成了不同流派的学前教育思想和理论，我们将在第二章详细予以阐述。

五、学前教育学在中国的建立和发展

我国学前教育学的建立和发展有着自己的道路。19 世纪中叶以后，一些教育家在提出变革封建教育的同时，也提出了实施学前社会教育的思想。

在清末维新运动中，维新运动的领导人康有为（1858～1927 年）在《大同书》中第一次提出在我国实施学前社会教育。学前社会教育包括胎儿到 6 岁儿童的教育，妇女怀孕应进入"人本院"，婴儿在育婴院养育，3～6 岁儿童则进慈幼院。康有为提出学前社会教育思想具有进步意义，但实践证明以大同理想改良封建社会是行不通的。

民主教育家蔡元培（1868～1940 年）提出完整的学前社会公共教育体系，主张设立胎教院、乳儿院、幼稚园等一套养育机构，以代替家庭教育。主张以儿童为本位，让儿童个性得到自然、自由的发展，并认为从胎儿期就开始进行养育。虽然他重视学前教育的思想是可贵的，但所提出的以学前养育机构代替家庭教育是不现实的，只能是辅助家庭和与家庭合作共同教育儿童。

20 世纪初，在我国建立幼稚园时，福禄培尔、蒙台梭利的学前教育思想及杜威的教育思想相继传入我国，一些教育家和教育工作者在学习借鉴西方的同时，也积极致力于创立适合我国国情的学前教育理论。其中陈鹤琴、陶行知和张雪门为建立我国学前教育理论作出了重要贡献。

（一）陈鹤琴的贡献

陈鹤琴（1892～1982 年，见图 1-2）先生是我国著名的儿童教育家，他于 1923 年创办了我国最早的学前教育实验中心——南京鼓楼幼稚园，对幼稚园的课程、设备等方面进行了实验研究。他创立了"活教育"理论，一生致力于探索中国化、平民化、科学化的学前教育道路。他还开创了我国儿童心理的科研工作，是我国以观察实验法研究儿童心理发展的最早的学者之一。抗战期间，他创建了我国第一所公立幼稚师范学校——江西实验幼师。他提出了以下的主要观点。

图 1-2　陈鹤琴

1. 反对抄袭，提倡中国化

他批评当时的幼儿园不是抄袭日本就是模仿欧美，生搬外国的教材、教法，全然不顾中国国情。"抄来抄去，到底弄不出什么好的教育来"。他坚决主张"处处以适应本国国情为主体，那些具有世界性的教材、教法也可以采用，总以不违反国情为唯一的条件"。同时，他积极地推进为中国平民服务的、培养民族的新生一代的学前教育，大声疾呼"幼稚园不是专为贵富们设立的，还要普及工农幼稚园"，指出这是中国求进步、摆脱半封建半殖民地状况、发展进步合理的社会之需要。

2. 反对死教育，提倡活教育

陈鹤琴先生反对埋没人性的、读死书的死教育。在抗战时期，他抱着实验新教育的使命，创建了活教育理论。其教育的三大目标是——①做人、做中国人、做现代中国人；②做中教、做中学、做中求进步；③大自然、大社会是我们的活教材。陈鹤琴先生的活教育体系，对中国学前教育的各方面产生了重大而深远的影响。

首先，在教育观上陈鹤琴先生指出，要遵照活教育的精神办幼儿园，必须"以自动代替被动"，必须是幼儿"自动地学习、自发地学习"，自己去动手动脑获得知识，教师必须尊重幼儿的自主性，不能搞传统的注入式，消极地管束幼儿等。这样的要求体现了一种全新的教育观，对旧教育的冲击是十分巨大的。

其次，陈鹤琴提出幼儿园的教育目标应当是育人，培养国家、民族所需要的新生一代，培养身体健康、能建设、能创造、能合作、能服务的"现代中国人"。

再次，陈鹤琴先生认为实现活教育目标的教育方法应当是"做中教，做中学"，如其所说："非从'做'做起来不可"。

然后是在教育内容上，要以大自然、大社会为活教材，与实际紧密地结合。同时，活教育"做"的过程本身也就是幼儿园最好的教育内容。

最后，陈鹤琴先生还提出了活教育的 17 条原则，如"凡幼儿能做的，让他自己做；凡幼儿能想的，让他自己想"等，体现了尊重幼儿的主体性、重视幼儿动手动脑、重视直接经验的价值等思想，奠定了幼儿园教育原则的基础。

3. 幼儿园课程

关于课程的中心，陈鹤琴先生反对幼儿园课程脱离实际，主张以儿童的环境——自然的环境、社会的环境作幼稚园课程系统的中心，让儿童能充分地与实物和人接触，获得直接经验。

关于课程的结构，陈鹤琴先生认为"应当把幼稚园的课程打成一片，成为有系统的组织"。虽然他把课程内容划分为健康活动、社会活动、科学活动、艺术活动、文学活动等 5 种，但这 5 种活动是一个整体，如人的手指与手掌，手指只是手掌的一部分，其骨肉相连，血脉相通，因此被称为"五指活动"。

关于课程的实施，他强调以幼儿经验、身心发展特点和社会发展需要作为选择教材的标准；反对实行分科教学，提倡综合的单元教学，以社会自然为中心的"整个教学"；主张游戏式的教学。

4. 家园合作

陈鹤琴先生十分重视家庭对幼儿的影响，积极主张幼儿园与家庭合作起来教育幼儿。他说："儿童的教育是整个的，是继续的"，只有两方配合，才会有大的效果。

陈鹤琴先生极其丰富的学前教育思想和实践是我国学前教育的宝贵财富。在我国学前教育深入改革的今天，学习和研究他的思想和教育理论，继承和发扬他为学前教育事业奋斗的精神，对我们建设有中国特色的学前教育理论体系具有重大的意义。

（二）陶行知的贡献

图1-3　陶行知

陶行知（1891～1946年，见图1-3）先生是我国伟大的人民教育家。在教育救国思想的影响下，他毕生从事旧教育的改革，推行生活教育、大众教育，为我国教育做出了重大贡献。在教育实践中，他创立了生活教育理论和教、学、做合一的教育方法。在学前教育方面，他提出了如下主要观点。

1. 农村幼教

陶行知先生猛烈地批判旧中国学前教育的弊端，坚决主张改革外国化的、费钱的、富贵的幼儿园，建立适合中国国情的、省钱的、平民的幼儿园。他积极宣传中国学前教育的新的发展方向，认为工厂、农村是幼儿园的新大陆。特别难能可贵的是身为留美归来的大学教授，他身体力行地积极推行平民的、乡村的教育，在南京郊区创办了中国第一所乡村幼儿园——南京燕子矶幼儿园，还创建了乡村幼儿师范教育，农村幼教研究会等。

他揭露、批评了我国幼稚园的3种病症：外国病、花钱病、富贵病，主张办中国的、省钱的、平民的幼稚园。

2. 重视学前教育

陶行知先生高度评价学前教育的社会价值，向社会宣传学前教育的重要性，他说："学前教育是为人生之基础"，是"根本之根本"，"小学教育应当普及，幼稚教育也应当普及"。并提出普及的三大具体步骤，即使国人明白幼年的教育是最重要的教育；改革幼儿园，面向乡村、工厂；改变训练教师的制度等。

3. 生活中心

陶行知先生认为，生活即教育，游戏即工作。提出以幼儿园周围的社会生活、自然现象、家乡生产、风土人情为内容编成教材，以儿童的生活环境为教室，以儿童所能接触到的事物为主要内容，参加种植、饲养等劳动，让儿童从中学习，自己解决问题，自己组织游戏，培养出具有"生龙活虎的体魄、活活泼泼的心灵的儿童"来。

4. 教学做合一

陶行知先生坚决反对教、学、做分家，他"看见国内学校里先生只管教，学生只管学的情形，就认定有改革之必要"。他说："教、学、做是一件事，不是三件事。我们要在做上教，在做上学。""比如种田这件事是要在田里做的，便须在田里学，在田里教……做是学的中心，也就是教的中心。"

5. 解放儿童的创造力

陶行知先生认为教育要启发、解放儿童的创造力，为他们提供手脑并用的条件和机会。具体包括 5 个方面：解放儿童的头脑，把他们的头脑从迷信、成见、曲解和幻想中解放出来；解放儿童的双手，给儿童动手的机会；解放儿童的嘴，给儿童说话的自由，尤其是要允许他们发问；解放儿童的空间，让他们接触大自然、大社会；解放儿童的时间，给他们自己学习、活动的时间，给他们一些空闲时间消化所学知识，学一点他们自己渴望要学的学问，做一点他们自己高兴要做的事。

陶行知先生的学前教育思想在今天仍然具有极大的现实意义。

（三）张雪门

张雪门（1891～1974 年）曾在北平主办香山慈幼院的幼稚师范学校和幼稚园，他对学前教育理论和幼稚园课程进行研究，出版了不少学前教育译著。其主要著作有《幼稚园教育概论》、《新幼稚教育》、《幼稚园的课程》、《幼稚园的研究》、《幼稚国组织法》等，对丰富和提高学前教育理论作出了一定的贡献。

新中国成立后，学前教育理论的建设进入一个崭新阶段。我国科研工作者在总结我国过去学前教育经验的基础上，以马克思理论为基础，并学习前苏联以及其他国家学前教育理论和实践，对一系列学前教育基本理论问题进行了研究，为建立具有我国特色的学前教育学奠定了基础。

当前，要充分发挥我国社会的有利条件，进一步开展学前教育理论和实践的研究工作，继承和发展我国的教育遗产，研究和分析国外学前教育理论和科研成果，以进一步健全和发展具有我国特色的学前教育学。

本章小结

本章主要讲解了学前教育及学前教育学的涵义、范围、产生和发展；在这个基础上进一步阐述了我国学前教育和学前教育学的产生和发展。简述学前教育和学前教育学的历史沿革过程，其目的主要是从教育与社会的联系中，洞察社会发展对教育发展的影响和制约，洞察教育发展的时代特点和变化，为深入理解学前教育奠定基础。

思考与练习

1．试述学前教育学的研究对象和任务。
2．学前教育学是如何形成和发展的？
3．学前教育经历了怎样的发展历史？
4．联系实际谈谈学前教育对社会和个人的意义。

第二章
学前教育主要理论流派

理论的纷争代表着一门学科的发展和成熟。迄今为止，学前教育学的理论流派是复杂多样的。了解中外有影响的学前教育理论流派，认识其基本教育思想及在学前教育发展中的主要贡献，有利于优秀思想的发扬光大，继承发展。

回眸逝去的 20 世纪，我们发现，这个世纪在人类文明史上写下了光辉的篇章。20世纪前半叶，将前工业文明推向了巨大的繁荣和进步；20 世纪中叶，一些发达国家陆续步入了后工业社会；20 世纪末，人类社会又迎来了信息文明。在这样一个发生了伟大变革的世纪里，学前教育科学同其他科学一样空前发展，繁荣昌盛。学前教育改革如火如荼，方兴未艾。因此，理性地认识学前教育的百年历程，尤其是梳理一下学前教育的主要理论基础，对于我们把握现在、挑战未来会大有裨益。

第一节 行为主义的学前教育理论

从 20 世纪始到 20 世纪 20 年代，学前教育理论主要建立在遗传决定论和成熟论等心理学观点之上。在高尔顿"一两遗传，胜过一吨教育"的观念影响下，不少人信奉"龙生龙，凤生凤，老鼠的儿子会打洞"、"人的命天注定"等观点，以十分消极的态度对待学前教育，此时的学前教育主要职能是解放妇女劳动力，而并非以促进儿童发展为主体；此时的家庭学前教育主要着眼于孩子身体的健康发展，至于其能力的发展程度、质量和方向在家长看来早已被某种神秘的东西决定了，所以不在他们的教育考虑之内。与此同时，以格塞尔为代表的成熟论对学前教育产生了深刻的影响。在他看来，成熟过程及其"时间表"是由遗传基因控制的，教育是不可能拨快或拨慢成熟的生物钟的，走在儿童成熟之前的教育是徒劳的。他还从 1916 年开始系统地研究了 5 岁前儿童的发展，收集了数以万计有关 5 岁前儿童的材料，提出了一套用以测量儿童发展是否正常的常模。在他的观点和常模影响下，此阶段的学前教育被认为是一种尾随"成熟"的教育，"成熟"走多远，教育就跟多远。这种处于成熟水平之下的教育，对儿童的发展是消极被动的。在这样的教育培养下，人的潜能不可能得到充分的发展。随着 20 世纪 20 年代以后社会的发展对人的能力和素质提出新要求，而基于遗传决定论和成熟论的教育难以培养出适应时代要求的人，于是出现了以蓬勃兴起的行为主义心理学为基础的教育理论。

一、行为主义理论

行为主义作为心理学的主要流派之一，产生于 20 世纪初的美国，代表人物是华生（见图 1-4）和斯金纳（见图 1-5）。它一反传统心理学重在对人的意识进行研究的观点，主张心理学不应只是研究人脑中的那种无形的像"鬼火"一样不可捉摸的东西——意识，而应去研究那种从人的意识中折射出来的看得见、摸得着的客观的东西，即人的行为。行为就是有机体用以适应环境变化的各种身体反应的组合。这些反应不外乎是肌肉的收缩和腺体的分泌，它们有的表现在身体外部，有的隐藏在身体内部，其强度有大有小。

图 1-4　华生　　　　　　图 1-5　斯金纳

行为主义论与遗传和成熟论不同的是，这一理论较少考虑或强调遗传及生理成熟对行为的影响，而是强调人或动物的任何行为都是由刺激引起的，心理学的任务就在于发现刺激与反应之间的规律性联系，这样就能根据刺激而推知反应，反过来又可通过反应推知刺激，从而达到预测和控制行为的目的。了解和控制了引起行为的刺激，就能了解和控制行为。同理，如果了解和控制了儿童生活、学习和环境等方面的刺激，就可以培养出所希望的人。具体的行为反应取决于具体的刺激强度，因此，他们把"S—R"（刺激—反应）作为解释人的一切行为的公式。

既然人的行为是对外界刺激反应的结果，外部的影响是形成人的行为的重要原因，那么行为就可以通过各种外部强化方式加以塑造和改变。由此，华生曾经提出过一个闻名于世的论断："给我一些健康而没有缺陷的婴儿，一个由我自己支配的特殊的环境，让我在这个环境里养育他们，不论他们的祖先的才干、爱好、倾向、能力和种族如何，我能保证把他们都训练成为任何一种人物——医生、律师、艺术家、大商人，甚至于是乞丐或强盗。"在同年发表的《婴儿心理的研究》一文中，他说："5 岁以前婴儿的人格，可任我们的意志造就或毁灭。"可以看出，华生关于环境决定儿童心理发展的观点，完全是他的行为主义基本观点的具体体现。

行为主义理论的另一代表人物斯金纳在自己的研究和观察中发现，华生的 S—R 理论不能解释人类习得的所有行为，只能解释那些经历了类似于从"非条件刺激—非条件反射"到"条件刺激—条件反射"过程的反射行为。但是，人类的行为并不都是通过这种方式习得的，有很多行为，例如吹口哨、走路，就不是通过这种方式习得的。所以与华生不同的是，斯金纳把行为又分为了两种：应答性行为——反应发生时可以看到刺激的行为，是对一定刺激的应答反应；操作性行为——反应发生时看不到刺激的行为，行为最初出现的时候并没有明显的刺激出现，也许有刺激（但不明显），也许纯粹是一种自发的行为。他的侧重在于操作性行为的习得上，也可以用一个公式来表述，但不是 S—R（刺激—反应），而是"反应—强化"，在行为形成过程中起重要作用的不是反应前出现何种刺激，而是反应后得到何种强化。在应答性行为的习得中，人们重视的是反应前的刺激而不是反应后的结果，没有人关心反应以后会得到何种结果，因此"强化"在这类反射行为中没有任何意义；但在操作性行为中，强化才是最重要的。斯金纳认为，如果人们在无意中做出某种行为之后得到了奖赏，人们以后就会多做出这类行为；如果人们无意中做出的某种行为导致了惩罚，则以后会尽量回避这种行为。这样看来，是行为的后果而不是行为前的刺激决定了行为的保持或消退。所以在斯金纳的理论中，"强化"是一个值得关注的概念。在斯金纳看来，学习是一个通过运用结果、强化和惩罚来获得预期的行为和知识的"条件反射"的过程。

斯金纳也非常重视将其理论（尤其是强化控制理论）应用于实际，他肯定地认为我们应当通过"操纵"环境中的人和物理因素来产生一定的、可预测的行为，在发展儿童的心理和提高儿童教育的质量方面，他做了不少贡献。一如"育婴箱"的使用，他为他的第一个孩子做了一个经过改进的摇篮，即育婴箱。他描述到：光线可以直接透过宽大的玻璃窗照射到箱内，箱内干燥、自动调温、无菌、无毒、隔音；里面活动范围大，除尿布外无多余衣物，儿童可以在里面睡觉、游戏；箱壁安全，挂有玩具等刺激物，不必担心着凉和湿疹一类的疾病。这种设计的思想是尽可能避免外界一切不良刺激，创造适宜儿童发展的行为环境，养育身心健康的儿童。二如行为矫正。既然行为可由行为的后果强化而来，那么在儿童的寻衅、争吵发生时，成人可以装做不知道，不予理睬，从而使儿童的不良行为得不到强化而逐渐消退。三如教学机器。行为塑造常使教育者失去耐心，尤其是纠正不良行为，而且教育者也很难照顾到每一个儿童。在长期的研究中，斯金纳形成了学习和机器相联系的思想。于是，最早的教学机器产生了。教学机器总是和程序教学结合在一起，有以下特点：小步子呈现信息，及时知道结果；学生主动参加学习等。这些教学过程中的耐心、促进主动学习的热情和及时反馈的速度，几乎是一般教师所不能及的。尽管教学机器和程序教学对教师主导作用的发挥有妨碍作用，对学生的学习动机考虑较少，但还是对美国的教育产生了深刻的影响。

在华生和斯金纳的刺激—反应理论的基础上，还形成了行为主义的另一流派，即班杜拉的社会学习理论。社会学习理论对个人认知或当儿童做出某种行为时他们在想什么进行了描述。社会学习理论也强调观察、模仿、榜样和偶发的学习在儿童的行为获得和学习中所起的作用。

二、学习观

行为主义理论者和成熟论者不同，他们看到了后天的环境与教育对人成长和发展的巨大作用，使人们不再做遗传的奴隶，消极听任命运的安排，使教育不再消极等待成熟的到来。这一理论使人看到了通过改变环境刺激和教育质量，就可以改变人的发展质量、生存质量，甚至改变个人和国家的前途命运。这一理论潜藏着民主平等意识，潜藏着积极主动的变革意识，它对于推动整个教育的大众化、普及化、民主化，实现教育机会均等起到了重要的作用。这一理论带来了教育的乐观主义。特别是在引起世人对早期教育的重视方面，行为主义心理学功不可没。

行为主义认为，所有的儿童生来均带有一种一般的生物和行为特征（眨眼、哭泣、弯曲、伸展）。任何学前教育方法必须认同生物学在提供行为发展的能动机制（可以用的牙齿、神经、声带）的基本作用，然而在儿童早期发展之后，几乎所有的行为发展都越来越受环境的影响，不再是生物成熟的自动产物，简言之，多数行为被认为是个体经历（学习）的结果。除非儿童与环境互动，否则我们不能期望儿童在行为上有所进展，而环境情况是儿童发展和行为的重要因素。

行为主义把学习定义为经历所导致的行为上的相对永久的变化。显然，儿童遇到的经历会有很大的不同。一个儿童从经历中究竟能得益多少，与其经历的环境质量有很大的关系。那么什么样的环境对发展起重要作用呢？如何鼓励行为发展？学前教育的行为主义方法正是聚焦于这一环境情况的问题，并提供了描述和改变对行为发展有影响的环境情况的原理和分析。当你采用了学前教育的行为主义方法，你就承认了学习环境的极大重要性，并且要应用基本的行为主义原理去建造有利环境。

从行为主义的观点来看，儿童是携带着一个行为库而来临的。有些行为在起作用，它们是有效的或对儿童很重要的。其他行为用处不大或根本无用，甚至可能导致负面的后果。儿童是活泼的、互动的。儿童以当时可用的任何行为与特殊环境互动。当儿童与环境互动时，某些行为取得了结果，即某些行为被其结果不断强化。被强化的行为会被重复而得到更大的增强，于是在儿童的行为库中被确立，这些是成功的行为，它们会存在下去。其他未获得有利结果的行为，不能被确立并将从儿童的行为库中退出。这样，一个微弱的刚刚出现的行为，当它产生有利的结果时会变得强大而被确立。

在行为主义看来，学前教师的作用也是互动和动态的。在与儿童的互动中，教师必须在儿童的环境安排和遭遇方面作出决定。重点在于对发展有建设性的行为，提供可以预见的强化，而对有害行为提供不予支持的学习环境。

行为被其结果所控制，学习取决于其结果。一个儿童做的某些事情会跟随正面的有结果的事件，任何时候当一项行为伴随正面的结果时，该行为变得更强。如一项行为伴随没有强化的或不好的结果（惩罚），该行为就被减弱。虽然对于正面强化和惩罚可以说很多，但此处的关键点在于，对于一个儿童的行为，学前教师可以试着去提供增强或减弱的结果。若教师在提供结果时是有系统的，则儿童行为能被迅速改变。教师可能说出很多作为正面强化的例子，拿到小红花是一个鼓励行为发展的熟知的例子。

当一项行为被强化时，当时所存在的情景就变为该行为的暗示或信号。这一原理被称为激励物控制。行为必须在该激励物存在时被强化，教师可以深思熟虑地设计专门信号来提示专门的行为。如果自然激励物还不够明显，不足以诱发出所需行为，那么教师可以再加一项提示，这样可以保证儿童更可能表现一项适宜的行为。

三、学前教育观

从行为主义看来，学前教育的主要目的是建立儿童建设性的行为库，从而在有计划和连续的形式下促进其成长和发展。强调自由和公开课程的学前教育常把儿童的发展置于偶然之后。虽然学习看来是自发产生并采用有意和非计划的方式，但行为主义教师须谨慎地设计环境以构造学习环境并使其最优化。

行为主义还认为，学前教师应计划并解释儿童发展上的进展。仔细的计划使教师能确定接近的任务目标。教师应该为强化时刻做准备。跟随一个儿童的引导不是不被接纳的，如果儿童表现出兴趣的话，强化就会变得更容易。

　　由行为原理推导出来的教学技术已被证明能有力地和有效地推进学习。因为行为科学聚焦于儿童与环境互动，重要的是教师应当了解如何安排环境以促进儿童和环境互动，从而为希望的行为定型。

　　然而，行为主义无论是在华生的 S—R 理论中，还是在斯金纳的操作性条件反射理论中，人都被看作是由环境以严格的、并不都是无法避免的方式加以塑造、制约和安排的。在这种理论影响下的教育中，教师的能动性和环境的作用被过分强调了，而儿童却被当作容器、机器和小动物来进行填鸭式的灌输、机械式的"批量加工"和训兽式的非情感性教育。正是由于这一理论较少考虑儿童的情绪情感、兴趣爱好、积极性和主动性，无论教师的动机和愿望有多好，都很难取得令人满意的教育效果。于是从 20 世纪 50 年代末开始逐渐被基于皮亚杰的认知发展心理学的教育所取代。

第二节　认知发展的学前教育理论

　　20 世纪 50 年代末 60 年代始，认知发展心理学以不可阻挡的势头统领教育的理论研究与实践探索。这一理论既不否认遗传和生理成熟的作用，也不排斥环境刺激的作用，而是将二者高度整合起来阐述了"儿童的智慧既不是先天赋予的官能，也不是后天形成的联想或忆记，智慧起源于动作，是在主体积极与环境相互作用的过程中发展起来的"，"智慧就是适应，是事物不断同化于活动本身和那些同化的图式适应客观事物本身的调节两者之间的平衡"。

图 1-6　皮亚杰

　　瑞士心理学家皮亚杰（1896～1980 年，见图 1-6）是这一理论的主要代表人物。一开始他对观察自己孩子的发展情况产生了兴趣，随后便致力于研究儿童的行为，特别是研究他们表现出来的推理与判断现象的行为。他在不断观察和调查许多儿童的基础上，形成了儿童思维和学习的理论。他的研究成果首先对英国儿童机构的教育方案产生了很大的影响。20 世纪 50 年代后期，在美国教育家们发现其教育方案以前，他在欧洲就已享有很高的声望了，到了 60～70 年代，皮亚杰的认知发展心理学和教育观点成为世界各国学前教育研究和实践的理论基础。

一、儿童心理发展阶段理论

　　皮亚杰认为儿童的发展遵循着一种普遍的、共同的发展顺序。这个顺序是有阶段性的，每一阶段都是在前一阶段的基础上提高和发展起来的，每个阶段都呈现出一种有组织的思维和活动的显著特征。

（一）第一阶段：感知运动

这个阶段的婴儿具有行动能力和组织感知的能力。正常的婴儿具有视觉、听觉、触觉、味觉、嗅觉和运动的能力，通过行动和组织感知觉的能力，婴儿开始认识周围的环境。经过一段时间后，由于经验的获得与逐渐成熟，儿童的行动逐渐变得有意识了，即使在没有看见人或物的情况下，也能逐渐地知道人与物的存在。他开始模拟声音，运用语言。皮亚杰把这种学习称为感知运动学习，因为这是通过感官与动作而进行的。

（二）第二阶段：前运算

这个阶段可再分为两个亚阶段：前概念亚阶段与直觉思维亚阶段。前概念亚阶段从2岁左右开始至4岁。在此阶段儿童发展了"象征功能"，即表象。也就是说，儿童开始运用心理表象来再现那些不在他眼前出现的人、物和事。事实上，模仿可以看作感知运动与以后的智慧之间的桥梁。直觉思维亚阶段出现在4～7岁之间。在直觉思维亚阶段里，儿童可以把相同的东西放在一起成为一类，他们把这些东西的功能、形状和物质特性当作分类的标准。这个阶段的思维是有限制的，他们还不懂分类的层次、全部和部分之间的关系。

（三）第三阶段：具体运算

这个阶段出现在7～11（12）岁。在这一阶段，活动是由一种内化了的或心理的动作组成的。这种活动可以使儿童的逆转思维回到它的起点。因为这起点经常是与儿童看得见的实物联系在一起的，因而这些行动称之为具体运算。当儿童懂得类与分类、全部与部分的关系时，当儿童能按东西的大小、形状、重量、新旧或其他标准进行分类时，当儿童知道这些东西的位置或排列次序虽然有所变化，但它们的某种特性并未发生变化时，他们也就进入具体运算阶段了。

（四）第四阶段：形式运算

这个阶段出现在十一二岁至十四五岁之间。这个阶段是达到成人思维水平的准备阶段，思维活动已超出具体的、感知的事物，使形式从内容中解放出来，凭借演绎推理、规律的归纳和因素的分解来解决抽象的问题。

这些阶段与阶段之间不单是量的差异，而是存在质的差异。前一阶段的行为模式总是整合到下一阶段，而且不能前后互换。每一行为模式渊源于前一阶段的结构，由前阶段的结构引出后阶段的结构。前者是后者的准备，并为后者所取代。发展的阶段性不是截然的阶梯式的，而是具有一定程度的交叉重叠。各阶段出现的年龄因各人智慧程度和社会环境及教育的影响而有差异，可提前或推迟，但阶段的先后次序保持不变。

二、学习观

皮亚杰的理论在20世纪60年代介绍到美国以后，得到了广泛的响应和研究，为建构主义的发展奠定了基础。正是受皮亚杰思想的影响，最初的建构主义者把学习描绘成儿童自身进行探索、发现和建构的过程。它认为，100个学生就会有100种不同的建构，任何外部的干涉（包括教师的教学活动）都只会起到消极干扰作用。有的学者把这种极端的思想称为个体建构主义（或极端建构主义）。个体建构主义曾有一段时期在这一领域占据了主导地位。

皮亚杰从认知心理学角度出发，根据人的心理发展特征提出了独具特色的认知学习观。

（一）学习条件

学习是一种获取知识、增强智能的高级认知活动。皮亚杰认为认知学习有 4 个条件：一是成熟，即机体的成熟，特别是神经系统和内分泌系统的成熟。只有成熟，才能为形成新的行为模式和认知能力提供可能。二是物理环境。主体与环境的交互作用是认知的来源，学习活动就是主体对物体进行操作。主体在这种学习中获取的知识叫物理经验，区别于从社会交往中获得的社会经验。尽管皮亚杰强调知识产生于动作而非来源于物体，但缺乏物理环境就难以构成学习。三是社会环境，即语言、教育、人际关系、社会文化氛围。这些是学习主体获得社会经验的源泉。四是平衡过程，即不断实现自我调节，使认知发展保持动态平衡。这样，主体才有可能将接受的信息联系起来，从而使认知得到发展。

（二）学习过程

皮亚杰认为，认知学习过程包括同化、顺应和平衡。所谓同化过程，就是学习者将所感知和学习的新东西纳入头脑中，使其成为自己的东西。所谓顺应过程，就是主体调节自己内部认知结构以适应特定学习情境的过程。所谓平衡过程，指学习主体通过自我调节使认知发展从一个平衡状态转向另一个较高的平衡状态的演变过程，是一个使认知不断前进的高级思维过程。个体的认知结构就是通过同化和顺应之间的平衡过程逐步建构起来的。

（三）学习本质

皮亚杰是在反对行为主义关于"刺激—反应"学习本质论的前提下，提出了自己以认识论与心理学为理论基础的学习本质论。他将思维纳入学习活动之中，从而克服了行为主义学习观的弊端。

皮亚杰将学习本质概括为：首先，学习是一种能动认知结构建构过程。皮亚杰认为，学习活动并不是获得信息和知识的过程，而是学会认知事物的程序，建构新的认知结构的过程。当然这种建构过程是需要学习主体积极主动参与的。正像皮亚杰所说：儿童越是积极，他的学习就越有可能成功。其次，学习是一种服从于发展、受制于心理运算的知觉过程。皮亚杰认为儿童的发展制约着他们所能学习的范围，因而学习必须以发展为前提，从属于发展；学习是一种有目的、有计划、主动搜索的知觉活动，心理活动对知觉学习具有导向、制约作用。再次，学习是一种通过反复思考导致错误的缘由并逐步消除错误的过程。在学习中出现错误不仅是正常的，而且是必需的和有意义的。只有在错误中不断推理、思考、探索，进而修正错误、消除错误，认知水平才能不断提高。

三、学前教育观

皮亚杰的认知发展理论对学前教育产生的影响主要表现在以下几个方面。

（一）主动、自发的学习

皮亚杰强调儿童心理发展的本质是主体通过动作对客体的适应，是内外因相互作用的结果。他在发展的阶段理论中阐述了婴儿是如何一步一步地获得客体永恒性，又是如何循序渐进地从"反射的使用"发展到"思维的开始"的阶段的。儿童所获得的这些巨大成就主要不是由教师传授，而是出自儿童本身，是儿童主动发现、自发学习的结果。

那么，教育在儿童的发展中起什么样的作用呢？皮亚杰认为，正确的教育能够加速儿童的发展。他曾指出："智力的发展依赖于自然的、自发的过程，这就是说，家庭或学校教育可以利用和加速这种发展过程，但是这种过程并不是产生于教育，相反，它们（智力的发展）乃是任何形式的教学产生效果的先决的和必要的条件。"由此，皮亚杰认为，教师只是儿童学习的促进者，要尊重儿童学习的愿望，不能把学习任务强加给儿童。教师的作用是间接的，教师不应该企图将知识硬塞给儿童，而是介绍问题和对策，让儿童自己主动地、自发地学习。教师除了为儿童提供主动、自发的学习机会外，还可选择一定的材料，激发儿童的学习兴趣，促进儿童的发展。

（二）动作学习

皮亚杰认为，动作是联结主客体的桥梁和中介。一切知识是主客体相互作用的产物，认识的形成主要是一种活动的内化作用。也就是说，只有儿童自己具体地和自发地参与各种活动，才能获得真实的知识，才能形成他们自己的假设，给予证实或否定。他还认为，只是观察别人的活动，包括观察教师的活动在内，并不能形成儿童的新的认识结构。他曾指出："知道一个东西，知道一种事件，不是注视它而形成它的一个心理摹本或意象。知道一个东西就是对它施加动作。"

因此，皮亚杰认为，在教学过程中应该放手让儿童去动手、动脑探索外部世界，不断建构自己的知识经验系统。教师应该布置情境，提供材料，让儿童自由操作、实验、观察、思考，自己认识事物，发现物体，得出答案，而不能只靠课堂上听教师的讲解，看教师的演示。他还指出，教师要为儿童创设问题情境，向儿童提出富有启发性的问题；要为儿童提供反面例证，促使儿童重新进行组合和思考。

（三）年龄特点

皮亚杰认为儿童的认知和成人有着质的不同，有着独自的特点和发展规律。他将儿童心理发展分为 4 个阶段，指出每一个阶段的儿童心理都具有独特的结构，具有一定的年龄阶段特征。由此，在教育中教师必须根据儿童心理发展的年龄特征来安排教材和选用教法，在对儿童施教以前首要先鉴别儿童已经发展到什么水平，然后再确定教学内容并选择教学方法。当儿童在不同领域处在不同的发展阶段时，就需要教师具有敏锐的观察力和教育的灵活性，根据儿童的兴趣和实际的情况调整教育。

（四）个别差异

尽管皮亚杰强调儿童发展的年龄特征，但他不否认儿童发展的个别差异性。他曾经指出："每个人都有自己的节奏。"如前所述，他的阶段理论指出，由于各种因素，如环境、教育、文化以及主体的动机等的差异，阶段可以提前或推迟。因此，他认为，教师在教学过程中，不仅要考虑儿童的年龄阶段，而且要考虑认知发展上的先后差异，不能只考虑全班学生所处的共同发展阶段和集体需要，而且应该根据学生的个体差异提供相应的学习内容和方法，提出不同的进度要求，使教学个别化。此外，他还提到应该根据个别儿童的兴趣爱好进行教学。

（五）社会交往

皮亚杰很重视社会交往在儿童心理发展中的作用。他认为在儿童认知发展中，儿童与他人交往和对客体施加动作具有同样重要的作用。皮亚杰所重视的交往是在"合作"的意义上讲的，他认为学习中交往的重点应放在儿童之间的合作而不是竞争之上，与同伴共同合作，相互学习，相互影响，能集思广益，使学习效果更佳。

皮亚杰所说的交往包括了师生间的交往和儿童间的交往，但总的来说，他更重视儿童间的交往。他指出，儿童在和同伴相处的过程中，会感到基本平等的相互关系。在这种情况下，儿童不受掌握正确答案的权威（如成人）支配，敢于提出自己的观点。由于儿童的观点不尽相同，儿童在和同伴相处的过程中，就会考虑两个或更多的观点，这会帮助儿童形成协调两个维度的逻辑思维。这样，就可使儿童摆脱自我中心状态，使思维精细化，从别人那里获得丰富的信息。因此，应该积极鼓励儿童的相互作用，以此促进儿童的学习和发展。

可以说，皮亚杰的理论对于包括我国在内的世界各国学前教育的影响是很大的。从皮亚杰的理论中得到启示，许多学前教育工作者开始强调儿童自主的活动，强调提供实物让儿童动手去操作，强调在活动中鼓励儿童的自我调节和反省抽象。皮亚杰的理论使许多学前教育工作者竭力主张教育要适合不同逻辑发展水平的儿童的发展，教育要促进儿童自主建构知识的过程。将皮亚杰的理论加以演绎，许多学前教育工作者认为儿童的教育应着眼于儿童自身的活动，以同化为主的游戏活动是儿童学习的根本。早在皮亚杰理论提出之前，一大批从事儿童早期教育的人就已强调以儿童为中心的教育。不过他们从皮亚杰的理论中看到了支持这一主张的心理学框架，即应顾及可能适合儿童的活动才能促进他们智慧发展的一系列思想，即教育应适合儿童当前的发展；教育应"特别强调儿童理智结构的自发的和比较自动的发展方面"，即应强调分化、协调、平衡以及反省抽象这样一些自主过程；教育应重视儿童自主的活动等一系列教育思想和原则使不少早期教育工作者据此设计和编制相应的课程与方案，这些课程或教育方案对丰富早期教育的理论和实践起了相当大的作用，给人以耳目一新的感受。

然而，像任何其他已产生的理论一样，皮亚杰的理论既显示了它的合理方面，也显示了它的弱点，受到了来自各方面的挑战，自然也会影响到依据皮亚杰理论而演绎和建立的学前教育理念和实践。在诸多对皮亚杰理论提出异议的学派中，历史文化理论就是一个。

苏联心理学家、历史文化理论倡导者维果茨基曾多次将自己的关于高级心理机能发展的理论与皮亚杰的理论进行比较。认为皮亚杰理论比传统心理发展理论向前跨进了一大步。但是他认为皮亚杰是从生物学的观点看待儿童的发展，将儿童心理发展看成是受内部力量驱使的、由内在逻辑支配的过程。皮亚杰脱离了文化、脱离了儿童周围的环境考察儿童思维的发展，因此他不可能真正理解和认识儿童发展的本质。

维果茨基认为儿童智力的发展是个体的生理成熟和社会文化因素共同作用的结果。由于语言具有明显的社会性质，他特别强调语言在儿童智力发展中的作用。维果茨基提出，教学是交往的最有计划性、系统性的形式，它造就了发展。能够体现教学与发展关系的"最近发展区"的概念在其理论体系中有独特的地位。他认为儿童的智力发展有两个水平，一个是儿童实际的发展水平，即儿童目前能够独立完成任务的水平；另一个是潜在的发展水平，指儿童在别人的帮助下所能完成的任务的水平。这两种水平间的差距就是"最近发展区"。而"潜在水平"是在社会交往（教学与合作）的基础上实现的，由此他认为外部环境特别是教学活动对儿童智力发展具有重要作用。

维果茨基的思想强烈地影响到建构主义的发展，它在吸收了皮亚杰的结构主义与发生认识论等思想，并总结 20 世纪 60 年代以来的各种教育改革方案的经验基础上演变，逐渐发展为现代建构主义。

第 三 节　建构主义的学前教育理论

现代建构主义是在行为主义心理学和认知心理学理论的基础上发展起来的，是学习理论中行为主义发展到认知主义以后的进一步发展。当今的建构主义从学习、教学的各个方面提出了一些改革，尽管建构主义者没有直接论及学前教育，但闪耀在他们思想中的关于教育、教学的火花使人们从中得出许多关于学前教育的启示。

一、建构主义的发展线索

行为主义学习理论是以客观主义为基础的，即认为事物及其意义是独立于人而存在的的，是由事物本身决定的。而学习就是要把外在的、客观的内容转移到学习者身上，就是通过强化建立刺激与反应之间的联结的链；教育者的目标在于传递客观世界的知识，学习者的目标是在这种传递过程中达到教育者所确定的目标，得到与教育者完全相同的理解。行为主义者无视在这种传递过程中学生的理解及心理过程。

认知派中有一部分人诸如信息加工的理论家基本上还是采取客观主义的传统，他们以电脑的工作模拟人脑，把研究的中心集中在认知活动的信息流程上，看到了人对信息的主动选择、加工存储等。虽然改变了行为主义不谈内部过程的做法，但这个理论存在一个假定，就是知识是事先以某种已有的形式存在的，个体必须首先接受这些知识才能进行认知加工。即便这个观点肯定了已有的知识在新知识获得中的作用，也基本不是把它看成是新旧经验间的反复的、双向的相互作用的过程。

建构主义则是与客观主义相对立的，它强调，意义不是独立于我们而存在的，个体的知识是由人建构起来的，对事物的理解不仅取决于事物本身，事物的感觉刺激（信息）本身并没有意义，意义是由人建立起来的，它同时取决于我们原来的知识经验背景。不同的人由于原有经验的不同，对同一种事物会有不同的理解。

二、知识观

在社会从工业社会经由信息社会向着鼓励知识创新、以培养知识创新人才为己任的知识社会转型时，强调知识的建构性、社会性、情境性、复杂性和默会性的许多新颖的知识观正在成为创新知识生产与运用新范式的主要动因。相应的，人的学习的建构本质、社会协商本质和参与本质也越来越清晰地显现出来，而支持知识获得的传统教学的课堂隐喻和产品交付隐喻也遭受到广泛质疑。

（一）知识的建构性

客观与建构是知识的一个重要维度。处于知识连续统一端的客观主义有关知识的假设是：知识是对外部客观世界的被动反映，有关世界的知识是可靠的，因此，教学目的就是使学生获得这样的现实映像。这种知识观最大的问题在于它忽略了世界的无限复杂性以及作为认识主体的人所具有的巨大能动性。

1980 年代末在西方兴起的建构主义思潮试图从"新认识论"的视角对仍然误导着教育的这种客观主义的认识论作了深刻的反思。它们不再将知识看作有关绝对现实的知识，而认为知识主要是个人对知识的建构，即个人创造有关世界的意义而不是发现源于现实的意义。所有的建构主义都宣称，知识是由认知主体积极建构的，建构是通过新旧经验的互动实现的；认知的功能是适应，它应有助于主体对经验世界的组织。由此，"学习是知识建构"的学习隐喻才得以确立。这一隐喻的确立表明人类首次参照人脑的机制建构学习模型，是真正意义上对人的学习研究的开端。由此，能够提供认知工具，蕴含丰富资源，鼓励学习者通过与环境的互动去建构个人意义的"学习环境"成为与"学习是知识建构"的学习隐喻相对应的教学隐喻。

（二）知识的社会性

个人与社会是知识又一个十分重要的维度。前者将知识看作是居于个体内部的，而后者则认为知识是内含在团队或共同体中的。知识的这一维度正是通过个人与社会之间表现为互动、中介、转化等张力形式构建一个完整的、发展的知识观。在建构主义的连续体中，激进建构主义正是从个人的角度接近学习和认识的，重点描述的是个人方面的心理。社会取向的建构主义理论强调了知识的社会本质，由此，强调"学习是知识的社会协商"的有关学习的新的隐喻正在这些理论框架中形成，相应的有关建立"学习共同体"、"学习者共同体"的新的教学隐喻业已呈现并受到关注。

（三）知识的情境性

关注知识的情境性是揭示知识本质的一个新视角。为此，我们必须给予有关学习的情境理论以高度关注。有关知识、学习、理解的情境性研究是多视角的，其中包括以莱夫、温格为代表的人类学的视角、以布朗、柯林斯和杜吉德（Brown, Cillins & Duguid）为代表的强的知识情境观。情境理论发展的主要因素包括两个方面：其一不满现行的学校教育实践，其二是需要一种对发生在学校以外的学习进行解释的理论。为此，情境理论的研究既关心对传统学校教育的改革，但其关注点又不局限于学校内部的学习，而是拓展到对日常生活中普通人学习的研究以及对各行业从业者的学习的研究。所有的情境理论都强调认知与学习的交互特性和实践的重要性，这一切都为研究和理解学习的社会、历史、文化的本质开辟了新路。为此，情境认知在 20 世纪 90 年代已经成为学术界的主流。

在情境理论中，心理学取向的情境理论十分关注改革学校情境下的学习，因此特别注意达到特定的学习目标和学会特定的内容，其研究的重点是真实的学习活动中的情景化内容，中心问题就是创建实习场，在这个实习场中，学生遇到的问题和进行的实践与今后校外遇到的是一致的。人类学视角的情境学习与认知理论则不同，它不是把知识作为心理内部的表征，而是把知识视为个人和社会或物理环境之间联系的属性以及互动的产物，所以将研究学习的焦点移至实践共同体中学习者社会参与的特征，从而将"实践共同体"的建构视作教学的新隐喻。

（四）知识的复杂性

长期以来，人们并不区分信息与知识，因此常常混淆了稳定的、自足的、结构良好的和客观的信息与不稳定的、结构不良的和主观的知识。我们认为，日常生活中，这种混同于信息的知识只能被看作是简单知识。持简单知识观就是把知识看成是可以以某种方式记录下来的，以某种形式捕捉到的，可以积累、加工、储存和分配的，因此，是可以分割的，可以以语言和符号方式明示的，可以以现成方式打包并加以传递的。教学就是对这种简单知识的传递、传授、传播，而学习就是通过对所教知识的复制与同化来获得知识。然而，当我们沿着长期以来被我们误认为知识的这一信息的连续体前行时，就会发现知识实际上要比信息复杂得多。与客观的、相对稳定的、结构良好的信息概念不同，知识总是和认知者相关，与认知者在特定的情境中孜孜不倦的求知过程相联系，知识总包括认知者对真理的质疑、对知识的渴望、对知识的建构与理解以及所有这一切发生的情境脉络。因此，知识是主观的、不稳定的、结构不良的，是与其形成的情境脉络紧密联系的，知识难于直接访问或传递给他人。这样，我们就从简单的知识概念进入到更为复杂的知识概念。复杂知识的主要特征就是结构的开放性、不良性、知识的建构性、协商性和情境性。根据知识的复杂性，知识不可能是以现成的、孤立的方式掌握的，掌握这种复杂知识就需要掌握组织成系统形式的知识的不同方面。复杂知识运用的不规则性也要求比算法更多的应用方法。知识的这种复杂性来源于我们所面对的并作为一员生活在其中的世界的复杂性与普遍联系性，以及作为认知者的每一个人的认知建构物的独特性。因此，当前有关学生学习、理解和知识获得的研究在本质上是与几十年前完全不同的。

（五）知识的默会性

有关明确知识（explicit knowledge）与默会知识（tacit knowledge）的区分，特别是

重视对知识默会维度的研究，以及进一步探索作为明确与默会知识互动、转化而形成的知识的完整统一体，这一知识观研究中突破性的进展，使长期以来仅仅或主要关注明确知识研究的学习理论及其在教学设计中的应用出现了转机。教育心理学家布朗和杜吉德在面对学习环境设计的可行性问题和真实的学习环境中许多动态变化因素的自然出现的矛盾时，就试图依据重要指示的默会本质，利用情境原则，设计出能成功支持默会的重要的知识学习的真实学习环境，以便使学习者有可能"偷窃"到他们所需要的知识。人类学情境理论则提出"合法的边缘参与"概念，让隐含在人的行动模式和处理事件的情感中的默会知识在与人和情境互动中发挥作用，并使得默会知识的复杂性与有用性随着实践者经验的日益丰富而增加。

三、学习观

自 20 世纪 70 年代末，以布鲁纳为首的美国教育心理学家将维果茨基的思想介绍到美国以后，对建构主义的发展起了极大的推动作用。虽然建构主义存在着多种派别，但它们对于学习的认识还是存在着基本的共识。

建构主义认为，学习不是由教师向学生传递知识，而是学生建构自己的知识的过程，即"建构主义描述的学习，不是事实的积累，而是一个连续的过程。通过它，儿童把新的事实整合到他们现有的知识结构。正在学习的儿童确实是通过重新对观点和思想进行加工，对知识或对概念网络的理解进行有意义的建构的"。就是说儿童不是空着脑袋进教室的，在日常生活中，在以往的学习中，他们已经形成了丰富的经验。即使有些问题呈现在面前时，他们也可以从他们的经验背景出发推出合乎逻辑的假设。因此教学不能无视学生已有的经验，而是要把儿童现有的知识经验作为新知识和生长点，引导儿童从原有的知识经验中"生长"出新的知识经验。教学只是知识的处理和转换而不是知识的传递。教师也不单是知识的呈现者，还应是学生学习的支持者、引导者或合作者。学习者不是被动的信息吸收者，他要主动地建构信息的意义，这种建构不可能由其他人代替。

那么，什么是建构呢？建构即学习者通过新旧知识经验之间的反复的、双向的相互作用，形成和调整自己的经验结构。在这种建构过程中，一方面，学习者对当前信息的理解需要以原有的知识经验为基础，超越外部信息本身；另一方面，对原有知识经验的运用又不只是简单地提取和套用，个体同时需要依据新经验对原有经验本身也作出某种调整和改造，即同化和顺应两方面的统一。

学习的实质是学习者通过新旧知识经验之间的双向的相互作用来形成、充实或改造自己的经验体系的过程，这种观点与以往的学习理论有所不同。学习是个体建构自己的知识的过程，这意味着学习是主动的，学习者不是被动的刺激接受者，他要对外部信息作主动的选择和加工，因而不是行为主义所描述的 S—R 过程。而且，知识或意义也不是简单由外部信息决定的，意义是学习者通过新旧知识经验之间反复的、双向的相互作用过程而建成的，其中，每个学习者都在以自己原有的经验系统为基础对新的信息进行编码，建构自己的理解，原有知识又因为新经验的进入而发生调整和改变。所以，学习并不简单是信息的量的积累，它同时包含由于新旧经验的冲突而引发的观念转变和结构重组；学习过程并不简单是信息的输入、存储和提取，而是新旧经验之间的双向的相互作用的过程。同化和顺应的统一就是知识建构的具体机制。

学习、记忆和理解的社会建构本质和情境本质是一个重要事实。显而易见的是，人的心理是在社会的情境中建构起来的，并且要运用工具和具有表征性的媒介，这一切都是以文化为支持、拓展和重组心理机能所必须的。但是，有关知识表征的认知理论，以及学校和工作场所中的教育实践并没有对这些关系的一些问题做出充分的反应。

建构主义的学习将学习与学习发生的社会情境之间的关系作为研究的重点。建构主义不是将学习定义为命题知识的获得，而是将学习置于社会性合作参与的特定形式之中。他们不是要问学习涉及什么样的认知过程和概念结构，而是问什么样的社会参与活动能为学习的发生提供适当的与境，这种转变产生了一些有意义的结果。

一方面，这显示出通过这种参与式学习所获得的知识和技能是具有高度交互作用性和主动性的，是建构的。个体学习者不是在获得孤立的抽象知识，然后再将这些抽象知识翻译或应用到以后的实际情境中解决所出现的问题，是一种理论应用于实践的技术熟练者。相反，他是在合法的边缘性参与过程中建构起来的知识或技能。合法的边缘性参与这一核心概念表示一个儿童参与"专家"的真实实践的特殊的参与模式，但这种参与是有限度的，对完整的最终产品也只能承担有限的责任。这并不一定意味着学习者获得的心理表征是固定的，也不表明所教的课是由一系列的抽象表征构成的。相反，合法边缘性参与式学习要求我们重新反思什么是学习，实际上是重新反思什么是理解。在实习过程中，实习生的许多词语的口头意思是言说者解释活动的产物，而不只是语言形式预先给定的"内容"。这表明，意义、理解和学习的定义都与行动的环境有关，而不是与先天确定的自足的结构有关。

另一方面，建构主义的学习概念的重建也改变了学习的场所。在经典的智力理论中，个体的心智通过结构的内化和操纵来获得对推理和描述过程的掌握。这一智力模式对学习的解释和思考一样只能发生在个体内部。两个人可能学会同样的东西，假如他们出于实际意图而获得相同的理解，这只是一种巧合，而不是协同合作的成果。从建构主义的角度来看，学习是发生在参与性框架中的探究性活动过程中，而不是发生在个体头脑中的。这表明，在其他很多事情中，学习是以合作参与者观点的不同为中介的。也就是说，是共同体，或者至少是那些参与学习情境的人在"学习"。学习过去是，现在仍然是分布在合作参与者之间的建构，而不是一个个体的行为。儿童参与共同体活动并对共同体秩序的能动性贡献受到人们的关注，这很自然地引出对儿童参与共同体内协商、策略及行动不可预料等方面的教育价值的贡献。这种转变对于人们如何描述儿童的思想、交流及学习具有深远但却极少被理解的影响。这种挑战似乎打算以这样的方式重新思考行动，即让结构与过程、心理表征与熟练的执行以深刻的方式互相渗透。

在一种经典的结构分析中，行为的各个方面是通过先前存在的"潜在"体系得到解释的，同时，它们又充当这些体系的经验性的证据。正是这些体系提供了一种目标，即分析是一种模式。就真实过程得到分析来说，这些体系被体现在结构中，即它们遵循这些结构，或者说为这些结构提供例证。根据这一观点，理解的活动被分解为结构的识别和执行例证，并以情境性的细节填充它们，然后使它们和与境发生联系。在"理解"是一个人在其头脑中做些什么的情况中，它最终要涉及个体的心理表征。理解看来产生于一个主体对于客观结构的心理运算。建构主义否认这种理解观点，他们不是将学习定位于结构的获得，而是定位于学习者在教师引领的实际作业中不断增强其对参与角色的接近。同时，建构主义也不否认实际活动是系统化的。问题是：什么类型的体系？什么类型的结构？这不仅仅是结构性问题从心里表征水平向参与结构水平的传送。更确切地说，这种传送是通过不变的结构向不太刻板、更具适应性的结构的一个微妙的、潜在的彻底转变而合成的。表达这种结构的一种方式是，与其说结构是行动的恒定的前提，不如说结构是行动建构的结果。事先存在的结构可能模糊地决定思想、学习和行动，但只能以一种未详细说明的、高度示意性的方式。而且，结构可能会在行动的局部的情境中得到有意义的重构。这种观念为学习者所参与的实际活动保留了基本的作用，同时避免在他们学习中否定任何预构内容的极端立场。

因此，在建构主义的框架中，学习可以被看作是一种特殊类型的社会实践。

四、教育观

从皮亚杰开始，至维果茨基乃至当今的建构主义者都没有专门论及学前教育的问题。但是从其关于学习的内容、过程、教学设计的策略、教学的原则，人们推演出许多有关学前教育方面的理论。

（一）儿童

长期以来，儿童的地位问题一直是众人关注的话题。建构主义者认为学习不是知识由教师向学生的传递而是学生建构自己的知识的过程，学习者不是被动的信息吸收者，而要主动建构信息的意义，而且每个人在反映同一事物时所获取的信息不完全一样。教师的角色也不再是传统意义上的知识传递者，而是辅导者、引导者或合作者，教学过程也不是传递知识的过程，而是一种探究过程，对学习者负有完全责任的是学习者本人。作为身心发展还不成熟、还处于发展阶段而且个体差异、年龄差异较大的儿童，教师在教育、教学过程中一方面要充分发挥辅导者、引导者、帮助者的作用，同时更应清醒地认识到一切学习或发展最终还须依赖儿童个体完成。尊重儿童更重要的是把儿童当作学习和发展的主人，而不是被灌输者。

（二）教育内容

对儿童而言，学习的内容更重要的是经验而不应是知识。现实生活中，不少家长从主观愿望出发，强烈要求对儿童进行知识方面的训练，而且有不少的教师也在进行大规模的知识性教学。我们从建构主义者已存在的理论出发可以论证什么对儿童更为重要。建构主义者认为每个学习者都在以自己原有的经验系统为基础对新的信息进行编码，建构自己的理解，而且由于经验背景的差异，学习者对问题的理解也常常各异。对年龄尚小、与世界、与生活的接触还不够丰富的儿童而言，教育的任务不应是知识的传授、技能的学习，而应是各种生活经验的体验，各种感觉的丰富。压抑儿童的个性，强迫儿童学习各种对儿童来说还为时尚早的知识、技能，有损于儿童的身心健康和日后的成长。

（三）儿童的错误

儿童的错误对儿童而言是一笔宝贵的财富。与传统的观点相反，建构主义者强调活动学习和犯"错误"。建构主义者认为知识和学习都存在于一定的社会文化背景中，不同的社会实践活动是知识的来源，因而学习活动应有具体的任务，而不能对其做简单化的处理，使其远离现实的问题情境。学习者错误的探究策略可促进理解，并有助于对理解的知识进行更好的建构。学前教育的活动性、游戏性一直为幼教工作者所熟悉，然而对儿童的"错误"以及对"错误"的处理方式、方法往往不被儿童教师所重视，儿童的"错误"从长远来讲，如果处理得当是有利于儿童的发展的。

（四）儿童的交往与合作

面对知识经济的挑战，社会性交往和合作学习被认为是未来教育的重要方面。建构主义者认为，每个人都在以自己的经验为背景建构对事物的理解，因此只能理解到事物的不同方面，不存在对事物唯一正确的理解。通过合作，可使学习者认识到人际关系最基本的形式应该是合作而不是权威型的命令或控制，同时交往也使情感得以发展。学前教育尽管也一直呼吁重视儿童的情感，强调集体主义，然而在知识经济时代，以及信息化时代，重视儿童的合作精神应该说尤其重要，当然这里要处理好个体的主体性与集体性、合作性的关系。其实二者并不矛盾，它们是教育过程中教育要素的不同方面的理解，主体性是对学生与教师之间的关系而言的，合作性则主要是对学生之间而言的（有时也包括师生关系）。前者主要针对传统的教师中心，后者则是面对现实、面对任务、面对学生提出的要求。

第四节　多元智能理论

传统的智力观认为，智力是以语言能力和数理—逻辑能力为核心的、以整合的方式存在的一种能力。智力具有单一的性质，通过纸笔测验就可以测出人的智力的高低，某一年龄发展阶段得到的测验数据，可以应用于后续年龄。

当今的学校教育一直受到这种传统智力测验理论的影响。长久以来，学校教育信奉着这样的假设：人的智力限于两个维度——语言言语智能与数理逻辑智能，这两种智能都能通过相关测试检测出来，而某些无法检测或难以检测的智能，如艺术、运动、人际交往等技能则认为是不重要的。毋庸置疑，IQ 智能观多年以来主导了我国的学校教育。

1983 年，哈佛大学教授、当代著名的心理学家和教育家霍华德·加德纳（见图 2-1）在其《智能的结构》一书中，提出了

图 2-1　加德纳

一个全新的智能概念——多元智能。加德纳指出，"单纯依靠用纸笔的标准化考试来区分儿童智能的高低，考察学校教育的效果，甚至于预言他们未来的成就和贡献，是片面的。这样做实际上过分强调了语言智能和数学逻辑智能，否定了其他同为社会所需要的智能，使学生身上的许多重要的潜能得不到确认和开发，造成了他们当中相当数量的学生虽然考试成绩很好，走上社会后却不能独立解决实际问题的教育弊端，是人才的极大浪费"。

一、多元智能

经过多年对心理学、生理学、教育学、艺术教育的研究，以及在大量心理学的实验数据和实例的观察分析基础上，加德纳证明了人类思维和认识的方式是多元的，除了语言言语智能和数理逻辑智能以外，至少还存在其他 6 种以上的智能，即视觉空间智能、音乐韵律智能、身体运动智能、人际沟通智能、自我认识智能和自然观察智能，以及还处于研究阶段的存在智能。

语言言语智能指的是人对语言的掌握和灵活应用的能力，表现为用词语思考，用语言和词语的多种不同方式来表达复杂意义。对应的职业有教师、律师、校对者、编辑、图书管理员、演讲培训者、记者、电视广播播音员、翻译等。

数理逻辑智能是指对逻辑结果关系的理解、推理、思维表达能力，突出特征为用逻辑方法解决问题，有对数字和抽象模式的理解力，认识、解决问题和应用推理能力。对应职业有炒股者、经济学家、会计师、生意人、计算机程序员、科学或数学教师、科学家、统计学家等。

音乐韵律智能指个人感受、辨别、记忆、表达音乐的能力。突出特征为对环境中的非言语声音，包括韵律和曲调、节奏、音高、音质的敏感。对应的职业有音乐家、乐队演奏者、音乐医疗医生、指挥家、音乐评分员、钢琴教师、音乐教师、歌手等。

视觉空间智能指人对色彩、形状、空间位置的正确感受和表达能力，突出特征为对视觉世界有准确的感知，产生思维图像，有三维空间的思维能力，能辨别感知空间物体之间的联系。对应的职业有电影摄像师、图表设计员、画家、建筑师、艺术教师、城市规划者、风景艺术家、测量员等。

身体运动智能指人的身体的协调、平衡能力和运动的力量、速度、灵活性等，突出特征为利用身体交流和解决问题，熟练地进行物体操作以及需要良好动作技能的活动。对应的职业有木工、运动教练、舞蹈演员、工厂工人、专业运动员、戏剧艺术家、宝石匠等。

人际沟通智能指对他人的表情、说话、手势动作的敏感程度以及对此作出有效反应的能力，表现为个人觉察、体验他人的情绪、情感并作出适当的反应。对应的职业有经理、政治家、销售员、公众关系官员、社会学家、宗教领袖、劳工总裁、行政官员、临床医学家等。

自我认识智能指个体认识、洞察和反省自身的能力，突出特征为对自己的感觉和情绪敏感，了解自己的优缺点，用自己的知识来引导决策，设定目标。牧师、哲学家、僧侣、项目计划制定者、顾问、临床心理医生、企业家、心理学教师、神学家等都表现出较强的自我认识智能。

自然观察智能指的是观察自然的各种形态，对物体进行辨认和分类，能够洞察自然或人造系统的能力。学有专长的自然观察者包括农夫、植物学家、猎人、生态学家和庭院设计师等。

1999 年，加德纳又提出存在智能概念（此智能尚在论证当中）。他对这种智能的解释是：喜欢提出并思考关于生命、死亡与终极本质相关的问题。存在智能的代表人物有亚里士多德、孔子、爱因斯坦、爱默生、柏拉图、苏格拉底等。

加德纳指出，每个人都不同程度地拥有上述 9 种智能，各种能力的不同组合和发展早晚便表现出了个体间的智力结构与发展水平的差异和行为特征，尤其表现在个体解决现实生活问题和创造社会有效产品方面的能力差异与行为特征。

二、学习观

多元智能观的核心思想是要我们认真地研究并尊重个体间的个别差异。从理论上讲，任何个体都不可能在单一的智力方面得到有效的表现。从实践上讲，某一教育方法只能适合某一些学生。教育如果以最大化的个别方式来进行就会产生其最大功效。教育最大化个别方式的极限就是个性化学习。多元智能理论强调学习者智力的个体差异性，这为个性化学习提供了坚实的智能理论基础。

个性化学习是针对传统的"大一统"的教育观提出来的，它是强调从人的个性出发，以人为本的一种教育思想。个性化学习简言之，是指根据学习者的个性特征实施的学习活动，是根据学习者个别所需提供最佳的学习方法和策略。它是在教师或学习者组成的小团体中开展的一种学习方式。在这个团体中，每一个学习者都能感觉到一种归属感，他们有自己独特的身份、课程焦点和学习目的。个性化学习要求学习者与教师和同伴建立起个人的联系，这样，学习者就能更好地了解自己的学习需求，达到学习目标。同时也给教师提供了更多接触和了解学习者的机会，让教师能够根据每个学习者的具体情况来安排课程。

我们认为，具有以下内涵的学习活动都可称为"个性化学习"：个性的自由、充分、和谐发展，尊重学习者的兴趣、爱好和需要；学习的自主性；不同个人允许有不同的学习目标，即使同一学习目标也允许有变通的学习方式，学习者可采用与个人学习风格最适合的学习方式达到同一学习目标等。

因此多元智能理论与个性化学习之间是理论支撑与教学实践的关系。多元智能理论关照下的个性化学习具有如下几个特征。

每个学生都具有在某一方面或几个方面的发展潜力，只要为它们提供了合适的教育和训练，每个学生的相应智能水平都能得到发展。因此，教育应该为学生创设多种多样的、有利于发现、展现和促进各种智能的情景，为学生的学习提供多样化的选择，使学生能扬长避短，激发潜在的智能，充分发展个性。

在注重全面发展学生的各种智能的基础上，更加注重个性的发展，将"全面发展"与"个性发展"有机地统合起来，教学就是要尽可能创设适应学生优势智力领域发展的条件，使每个学生都能成才。

由于不同的智力领域都有自己独特的发展过程和所依托的不同符号系统，因而不同的教学内容需要运用不同的教学技术，以适应不同的智力特点。

即使是相同的教学内容，针对每个学生的不同智力特点、学习风格和发展方向，教学应当采用丰富多样的、适应性的、有广泛选择性的教学技术。

多元智能理论关照下的学习观强调，由于学生智力表现的多样性和复杂性，不可能找到一种适合所有学生的学习方法。教师应当根据教学内容、学生的智能特点、学习风格和发展方向，选择和创设多种多样的、适宜的教学技术，与学生的优势智能倾向和喜好的学习与发展偏向结合起来，从而有效地促进学生发展。

三、教育观

多元智能观认为，人的智力是多元性的，因此学前教育应尊重教育的公平性，形成"有教无类"的教育理念；尊重儿童的差异性，因材施教，充分发挥儿童的个性特长，重视儿童全面发展，"扬长补短"，开发儿童的潜能优势。加德纳的智力新概念给学前教育带来了如下启示。

（一）儿童个体差异

传统的智能观认为：智能超越人所处的文化和社会环境而独立存在，某种主流文化所重视的能力成为衡量所有人"聪明"与否的唯一标准。教育的公平性往往就这样在不知不觉中被破坏了，城市儿童和农村儿童由于所处的文化背景和社会环境不同，他们是不能放在一起比较的。多元智能理论尊重个体的文化背景和社会环境，加德纳的智能定义强调了智能的社会文化性。智能，作为解决问题或创造产品的能力，是在特定的文化和社会环境中显示价值的，不同的社会文化有不同的价值标准，人们对不同智能具有不同程度的重视，对智能的理解及其表现形式的要求也不同。就拿"身体运动智能"来说，因为文化教育的关系，在城市儿童身上，主要表现为舞蹈、体育动作；而在农村儿童身上就可能表现为其他形式，如自然地奔跑、跳跃、爬树、上墙等。加德纳说："人类所有的智能活动都是在各自的文化背景中展现的。"我们应创设一个宽松、公平、多元文化的环境，让来自不同环境的儿童都能找到自己认同的文化和适合自己发展的条件，获得表现自己智能的机会。在重视主流文化所强调的智能的同时，也要发现、尊重、培养儿童的其他智能，视每一种智能都同等重要；不要因为儿童的行为表现不代表主流文化而否定其价值。我们必须重视儿童智能特点的个别差异，努力了解儿童智能的文化背景和社会环境，认真对待每个孩子的特质、兴趣和目标，尽最大可能帮助他们体会到自己的潜力，为每个儿童提供发展的空间和表现的舞台。

（二）扬长补短

加德纳认为，学生的智能无所谓高低之分，只有智能倾向的不同和结构的差别。在借鉴多元智能理论开展实践研究的学校，流传的是"正视差异，善待差异的学生观"，这是学生观的本质性变化。很多教师还记住了加德纳的一个判定：在学生不良行为中，往往折射出该生的智能强项。这一理念擦亮了教师们的眼睛，使他们常常能发现"调皮生"潜藏的优点，寻找到开发他们潜能的有效方法。本着发展学生的智能强项这一教育的重要原则，根据孩子的特长，因材施教，这样做虽好，但还远远达不到教育的目标，或者说不全面，因为我们忽略了孩子的弱项。这样往往会导致孩子的强项更强，弱项更弱。我们应该帮助孩子发展他并不擅长的那些智能，换句话说，就是要"扬长补短"，即以孩子的智能强项为依托，引导儿童将自己从事智能强项活动时所表现出来的智能特点以及意志品质迁移到其弱项中去。这样可以增强儿童在其智能强项领域的技能，带给儿童自尊和认同感；可以利用孩子的智能强项带动其他领域的学习。有一个非常典型的事例：美国小孩泰迪性格非常内向，不爱交往和说话，每天入园后的活动就是搭积木。虽然他的积木搭得非常好——无论是结构的对称性、线条的流畅性还是建筑的独创性，堪称一流。但是他的老师认识到这样下去，他会失掉其他很多学习机会，他的发展因此也可能会不均衡。于是，教师根据扬长补短的原则，利用他的长处，通过创设适当的教学环境来补充他非特长的一些方面。慢慢地，泰迪不仅成了班里的"小建筑师"，而且绘画水平也越来越高，人际交往能力增强了，他再也不把自己局限在积木区，而是常常和伙伴到别的活动区玩。因此，对于孩子的长处，要尽可能创造条件帮助其发扬，对其不足，要利用长处，通过适当的手段引导和补充。相信在这一理念的影响下，"人人有才，人无全才，扬长避短，人人成才"的教育理念终将变成现实。

（三）个别化学习

传统的人才教育只能是针对少数人的"精英教育"，加德纳则明确否定了"精英教育"。他根据现代科学的研究成果指出："每个孩子都是一个潜在的天才儿童，只是经常表现为不同的方式"，提出了实施素质教育所需要的、新型的学生观和人才观。加德纳还指出"对于一个孩子的发展最重要的、最有用的教育方法是帮助他寻找到一个他的才能可以尽情施展的地方，在那里，他可以满意而能干"。而传统教育的弊病在于完全没有重视到这一点，相反，传统的"千课一型"的教学使教育丧失了"活性"，使每个学生都面对同一种教育。在实践中我们不得不思考这样的问题：是否要让所有的孩子学习相同的内容，即使是学习同一个内容，是否要用同一个方法教授所有的儿童？多元智能观告诉我们：每个儿童都有其独特的智能特点，必须按照不同的方式、不同内容来教育儿童，不应在同一标准上比较。儿童发展需要的多重性，奠定了"个别化学习"的理论基础。个别化学习的目的是通过多样化的教学手段，帮助有不同认知特点的儿童成功地获取相同的知识经验。

总之，透过多元智能理论，我们应该看到，在智慧的大门面前，每个人都可以找到自己的入口。儿童能否顺利地走进这座智慧大厦，关键在于教师必须有多元的智能观，多元地认识、理解和研究儿童，从而引导儿童富有个性地发展。

 **本章小结**

本章主要选取了在历史上和当前有重要影响的行为主义理论、认知发展理论、建构

主义理论和多元智能理论 4 个理论流派作重点介绍，在认识其主要思想的同时，还结合了当代的学前教育实践领会这些理论的现实意义，为下面章节的阐述提供了理论基础。

思考与练习

1．行为主义理论对学前教育有哪些启示？
2．皮亚杰的认知发展理论对学前教育有哪些启示？
3．建构主义理论对学前教育有哪些启示？
4．多元智能理论对学前教育有哪些启示？

第三章

现代社会中的儿童

如果教育必须是改革性的——是改变个人经验的质量的，那么学前教育必须始于个体——儿童，从理解儿童个体开始正是学前教育的起点。为此本章从儿童观的演变、儿童的权利开始一步一步走进现代社会中的儿童、理解儿童，进而增进对学前教育的理解。

第一节　儿童观的演变

一、古代的儿童观

（一）杀婴

在生物学和社会学上来说，杀婴是某一物种意图令自己同种婴儿死亡的行动。杀婴的风俗自古就存在，同人类社会一样久远。它同弃婴、卖婴一样，是近代之前的社会把子女当作父母的隶属物思想的产物。在这种儿童观支配下，双亲和社会对婴儿握有生杀之权，故在许多过去的社会里特定形式的杀婴被认为是适宜的，杀婴普遍出现在所有经过仔细研究的古文化中，包括古希腊、罗马、印度、中国和日本。

我们先从文化发展的角度看。远古时期，杀婴带有某种神秘色彩，也是宗教起源之初祭祀的普遍现象。因为人们对自然认识的局限，认为某些灾难是因为"神"发怒了，所以要祭祀，而祭祀所用的牺牲不是别的，而是孩子。日本的"神狼"是女孩，中国传统中也有用童男童女祭祀的传说。大部分民族在其分裂的历史过程中，或脱离野蛮走向文明的过程中，都带有早期异类相食或杀婴的遗俗。各民族杀婴的文化又有所不同，一般来说都包含某种"不吉祥"的理由，这些理由包括双胞胎、出生时间不吉祥、出生方式不对、性别等。在古代宗教和社会观念中，女童常常遭到遗弃。古代的多数文明，如古老的中华文明、古巴比伦文明、古印度文明都有杀婴的现象，这些对儿童的不利影响和文明的发展是不协调的。所以，文明并不总是代表社会进步，或可以说文明并不必然体现人类的博爱化，即便是伟大的柏拉图也认为杀婴是不可避免的。

其次，从经济发展的角度看。尽管杀婴是违反人类本性的，但是事实却告诉我们，只要杀婴在经济上是有益的，人们就会非常愿意去干这件事。大多数遗弃和杀婴均因生存所需，公元 7 世纪，贫穷和战争使得大量的儿童被遗弃和出卖，这种现象遍及当时的欧洲。为了部分孩子的生存，不得不牺牲掉另一部分孩子，这也是古希腊人的生存哲学。16~17 世纪，弃婴的两个主要原因是未婚生育和贫困。伴随人类文明程度的提高和宗教博爱精神的光大，人类对杀婴和弃婴现象有了新的认识。尽管我们不能乐观地认为现实中杀婴和弃婴现象已经完全杜绝，但至少在法律上人们已经确认了儿童享有生命权的观念。

杀婴的实行有许多方式，比如婴儿献祭给超自然的形象或力量。这种情形到了近现代，亦未销声匿迹。许多历史学家认为是宗教原因——如作为祭祀品。也有历史学家相信原因主要在经济，多生的小孩超过家庭准备的资源。人类在长时期里并不掌握避孕手段，所以，在生产力仅仅能够维持集团成员生存的社会里，杀婴是一种社会所容许的控制人口的唯一办法。

（二）弃婴

当生产力发展到社会的物质财富不仅能够维持全社会成员的生存时，以此为契机的阶级社会出现了。除了杀婴之外，弃婴、卖婴的现象随之出现。在欧洲社会里，基督教是禁止杀婴的，但代之而起的是弃婴增加，教会兴办孤儿院以收容这些被遗弃的孤儿。这一方面表明了儿童的生存条件有了一定的好转；另一方面是由这样一种看法造成的：儿童生来就有"原罪"，要使他们尽早开始赎罪。

（三）慈幼习俗

在古代中国，弃婴风俗并不禁绝。但是另一方面，溺婴的结果使得留下来的孩子备受爱惜，备加培养。在我国古代的典籍中有大量爱幼少以及禁溺女婴的阐述，如："老吾老，以及人之老；幼吾幼，以及人之幼"；再如："劝君莫溺女，溺女伤天性。男女皆吾儿，贫富有分定。"等等。

二、近现代的儿童观

（一）儿童期的确认

我国清末和民国初期的儿童观，一方面继承并发展了前一时代对儿童关怀与慈幼习俗的影响，另一方面深受日本儿童观的影响。近代以来，日本的儿童观有了新的发展——确立了儿童期的存在。就是说，关于儿童期的上限，人们根据长期以来的经验把成人生活中的性成熟与身心诸能力的发展当作一个标准来考虑了。另外，对儿童期发展阶段的认识也加深了，7 岁是儿童的重大转折时期，在 7 岁之前这个阶段让儿童开始学习和训练是适宜的；7 岁以后是身体的发育变形期，需要有与此相应的教育。但是此时并没有把儿童看作是有个性存在的人。

（二）文艺复兴时期的儿童观：自由而具有发展可能性

法国历史学家菲利普·阿里埃斯说，在欧洲社会的长时期里，找不出以性成熟的标准来划分儿童期的观点，而是受社会的从属和依存的观念支配的。但是文艺复兴否定了封建的基督教的伦理、习俗与制度，同时产生出新的人类观。这种人类观认为，人是根据经验思维带来"自然"认识的转变，人是完全可以认识的、自由的、有规律性的活动体。这种人类观使儿童从传统社会的从属关系中解放出来，从而确信人类的进步引申出了儿童是自由而具有发展可能性的存在这一儿童观。这是人类对儿童认识的一个重大进步。如，1641年美国马萨诸塞州率先承认儿童是有自由权利的人，当时的父母被告知不要选择孩子的同伴，不要用违背人道的严厉方法对待的孩子。1658年，捷克教育家夸美纽斯出版了图画教科书《世界图解》，第一次让欧洲的教师们认识到，教育儿童应当考虑儿童的心理和接受能力。这之后，英国的洛克和法国的卢梭等引领人们不断认识儿童、发现儿童。

（三）儿童的发现

文艺复兴时期产生的"儿童是自由而具有发展可能性的存在"这一儿童观，是从理想的人形象推导出来的。尽管承认了儿童的自由、兴趣与发展的可能性，但是还未把儿童本身看作是有个性价值的存在；也未否定儿童对于双亲的绝对服从关系。因此把儿童作为双亲的所有物来看的儿童观和中世纪以来的贯穿基督教的原罪观依然占统治地位，鞭打、体罚的教育习俗依然存在。要改变这种儿童观，需要文艺复兴时期所显示的对"自然"本性的认识，需要通过教育实践努力确信"儿童具有发展可能性"；也需要从理论上为发展这一认识而作出的长期思想努力的积累。

1. 洛克与儿童的发现

上述思想努力的结果，在17世纪的英国出现了新教育观：儿童生来就是没有原罪的，是纯真无瑕的存在；它抨击体罚，主张报酬、激励和竞争的教育。这种教育观受到中、上流阶层的支持。洛克（见图3-1）在他著的《教育漫话》中把儿童看作"白板"，反对体罚教育，正是从理论上概括了这一新倾向。

图3-1　洛克

约翰·洛克的体罚观

对于儿童，一般有一种简单化的惩罚方法，就是鞭挞。这是一般教师都知道的而且随时都会想到的管理儿童的唯一手段，是教育上最不适当的一种手法。

1）这种惩罚方法，不仅不能使儿童为了避免因惩罚带来的苦痛而去遵守纪律，反而会助长违纪的倾向。

2）这种惩罚往往会同教师的愿望适得其反：本想使儿童去爱好的事物，反而遭到儿童的厌恶。

3）这种奴隶式的管教，只能养成儿童奴性的气质。

4）一时可以治好任性的毛病，但取而代之的常常是更顽劣、更危险的毛病。

2. 卢梭与儿童的发现

在儿童观的发展长河中，继承这种从根本上扭转以成人社会的要求来看待儿童的儿童观，确立起把儿童视为具有固有法则的"自然"的存在这一新的儿童观的，是卢梭（见

图3-2 卢梭

图 3-2）。卢梭认为，儿童并不是生来就有原罪的存在；也不是夸美纽斯和洛克所主张的那种可以教育的"白板"；也不是"小大人"。他本身具有不可转让的价值，是一种不断地渴求创造性表现的存在。在卢梭这里，儿童从社会和双亲的束缚下解放出来，被看作一个人。他认为，真正的教育就在于使儿童的这种自然本性得到发展。这是教育史上哥白尼式的革命，它确立了近代教育的原理：把儿童当作儿童看待，尊重儿童的人格和尊严，尊重儿童的特点。它在批判旧的教育，在深入研究儿童的基础上，形成了鲜明的特征。主要表现为：①明确指出儿童与成人的区别，强调儿童期的教育应符合儿童的身心特点，顺应儿童的天性进行；②强调儿童是一个独立的个体，儿童有自己的尊严，有自己的权利，应享受应有的快乐和幸福，教育不应为成人的利益而牺牲儿童的利益；③儿童期是个体生命发展的重要时期，它奠定人的发展的基础，不是可有可无的，儿童的现在和将来是前后一贯发展的过程，不应为儿童的未来而牺牲儿童的现在，儿童的现在更为重要；④为了保护儿童的权利，为了关心儿童的现在，应为儿童的发展创造良好的环境，避开一切不良因素的影响，使儿童在其天性不受污染的环境下得以自由地发展。

卢梭在《爱弥儿》中指出："在万物中人类有人类的地位，在人生中儿童期有儿童期的地位，所以必须把人当作人看待，把儿童当儿童看待"，强迫儿童接受成人应知道的东西，抹杀了儿童认知和发展的特点。卢梭指出处于儿童期的孩子是不同于成人的，"儿童时期自有儿童时期的观察、思考和感觉的方法，企望以成人的方法代替儿童的方法，那是最愚笨的事"。"不顾儿童的特点，把对适用成人的方法强加于儿童身上，只会牺牲儿童的现在，断送儿童的未来"。卢梭还指出，儿童生来是善良、纯洁无瑕的，任何把儿童看成天生有罪的观点都是错误的。任何由此来压抑儿童个性的教育都是应当否定的。儿童期是儿童幸福、愉快、天真烂漫的时期。应"让他尽情地去享受游戏，展现他玩耍和愉快的本能"。凡是儿童应有的欢乐都应给予，凡是有利于儿童的活动都应提供。儿童期的欢乐是自然赋予儿童的最重要的权利。儿童只有经过这段美好的时期，才能为其身心健康发展打下良好基础。

总之，卢梭关于应当"把儿童当作儿童看待"的思想在教育史上具有重要价值：首先它明确指出了儿童与成人的区别。儿童不仅在生理上，而且在心理上都不同于成人，有一个尚待成熟的时期。若不顾儿童的特点，强行进行教育，只能阻碍儿童的发展。其次，儿童有自己的精神世界，有自己的纯真、快乐和幸福的童年，教育应为儿童的健康成长创造良好的条件。那种使"天真快乐的童年消磨在哭泣、惩戒、恫吓与奴隶的生活中"的教育只能使儿童成为这种"残酷教育"的牺牲品。再次，儿童的早期教育应是发展儿童各方面能力的基础教育。及早对儿童进行教育对其今后发展有重要影响。但早期教育并不是某一方面或知识能力的教育，还应注意儿童兴趣、情感及行为习惯的培养。应根据儿童的特点，进行合理的多方面的教育。总之，儿童有自己的特点及发展规律，不要剥夺儿童享受自己生活的权利，应把属于儿童的东西还给儿童。

当然，卢梭的思想中也有不合理之处。他强调教育应把儿童当作儿童看待，却夸大了儿童期"消极教育"的作用，过分注重"闲置"儿童的智力活动，反而又不利于儿童智力的发展。

3. 裴斯泰洛齐的儿童观

裴斯泰洛齐不仅相信孩子的本性是善的，而且在他的理论中我们看到了"发展适宜性教育"这种当代观点的萌芽。裴斯泰洛齐同意洛克的观点，认为人性是在自然演变的过程中形成的，人类的发展则遵循普遍法则，受外在力量的控制。他坚持认为，"发展是连续的、循序渐进的过程"这个自然法则以及每一个阶段在进入下一阶段前都必须发展完全的规律。在裴斯泰洛齐看来，营造家庭式的环境对于帮助儿童进行体验学习是非常重要的，他认为家庭环境能给儿童安全感，这是教育的首要条件。他对儿童的教育特别强调直观和由近及远的原则。感觉印象被认为是知识的最初形式，课程应先由儿童身边最近的体验开始，再逐渐扩展到新的事物和更遥远的情境。在这里我们看到了蒙台梭利所强调的感官经验和皮亚杰所强调的逻辑数理知识是依赖于具体物体的物理知识观点的雏形，也看到了杜威和其他进步主义教育家以及当代在意大利盛行的瑞吉欧·艾米利娅学校和方案教学所强调的要创造经验和学习多种表达方式的观点的源头。

4. 福禄培尔的儿童观

与同时代的浪漫主义教育家和哲学家一样，福禄培尔认为童年时代代表了一生中思想纯洁的并且是可以调教的一段时期。他还受到欧洲不断发展的先验哲学浪潮的影响，认为人具有神性，以及人性和自然反映了与上帝的统一。

这种统一论原则首先被应用在家庭以及后来在社会背景中的幼儿园——扩展的家庭，它是福禄培尔教育哲学的要素之一，第二个原则强调儿童自身活动的重要性。福禄培尔相信儿童天生的美德和创造性潜能都能在为这个目的而创建的幼儿园中得到自然发挥。福禄培尔幼儿园以自由的游戏、歌唱、运动性游戏为特征，并且用福禄培尔的"恩物"和"工作"来指导和建构游戏。

5. 进步主义者的儿童观

20世纪初，杜威（见图3-3）的"进步主义教育运动"带来了很大的影响。杜威和进步主义者赞同福禄培尔的一些观点，如关于游戏的观点、具体材料的重要性以及儿童早期的可塑性等。此外，达尔文关于对变化环境的适应性是生存的关键的观点也唤起了进步主义者的社会意识。1900年杜威出版了《学校与社会》一书，在书中他要求教育机构介入并给儿童提供从客观实物和以前由家庭所提供的创造性经验中学习的机会。和裴斯泰洛齐一样，杜威批评那些传统的教育只是依赖于让学生记忆符号以及消化别人的见解和经验，而不是创立自己的观点。他同样批判了福禄培尔的"恩物"，认为它们是人为的非真实的经验。

图 3-3　杜威

6. 行为主义儿童观

在杜威的研究成果出版后，科学界发生了许多变化，格塞尔（1880～1961 年）在耶鲁大学的实验室里对儿童行为进行了系统化的科学观察和分析。格塞尔早期研究所建立的发展标准，为我们今天的教师和家长提供了关于合乎年龄的儿童发展的重要信息来源。同一时期的华生（1878～1958 年）开始为大众传媒撰写有关儿童研究的文章，文章主要强调桑代克在心理学研究中得出的"强化训练"的观点。华生的"强化训练"模式强调儿童生活的秩序性和连贯性。它形成了 20 世纪早期学前教育甚至整个学校教育课程的主要特征，至今仍具有强大的生命力。

7. 蒙台梭利的儿童观

蒙台梭利认为教育是儿童心理发展的辅助而不是主题。她感到教师们忽视了无意识在人们心理发展中的重要性。她相信人类的精神是通过与周围环境相互作用而发展的。

蒙台梭利也扩展了裴斯泰洛齐和福禄培尔的关于发展阶段的理论，将发展的"敏感期"理论包含在内。她认为在儿童生命的一个有限的时期内，儿童的特定能力已处于发展的准备状态，且必须通过环境的培养使之更兴盛。

与许多同时期的浪漫主义者一样，蒙台梭利的教育计划是建立在对儿童期特征的敏锐的洞察以及坚信早期教育是救助社会的关键的观点之上的。

一个整齐有序而受人欢迎的环境是蒙台梭利"儿童之家"的首要原则。她把有目的的活动视为能有效激发幼儿动机的一种动力，她还认为，儿童应该有一定的自我选择的权利，同时也有义务对自己的选择负责，成人过分协助才导致了某些孩子的未来发展受到抑制。

8. 建构主义的儿童观

对于儿童的正确理解是一切教育得以成功的关键因素。儿童有能力通过反映自己的经验来建构知识，这就是建构主义观点的依据。儿童是一个积极的学习建构者。建构主义理论意味着去"形成观念，而不是去装饰观念"。

建构主义对于儿童的共同主张包括以下几点。

儿童是一个拥有充分的生存和发展权利的人，是发现及创造生活内涵的主体。儿童不仅需要成人的尊重和理解，同时，作为"发展中"的人，他们也有权利从成人那里得到帮助，从中体验到人们之间的友爱、关心、合作、对话、沟通和理解。

儿童是主动的学习者。儿童的学习并非成人教学的必然产物，相反，它更多要归因于儿童自己在活动中和成人所提供的环境中的所作所为。教学应以学习的儿童和儿童的学习为出发点和基础，应满足儿童的愿望，帮助他们获得这种成功的体验。儿童是积极主动的学习者，是学习活动的主体。儿童具有巨大的潜能，在与外部世界的相互作用中主动建构自己的知识和经验，知识的建构是一个社会过程，离不开儿童与其他儿童和成人的交往。他们有自己独特的学习方法，通过积极的知识建构实现学习和发展。

儿童是有能力的学习者。只要成人视儿童为创造者、发明者和发现者，与他们共享探究过程与探究结果的乐趣，儿童的能力就会在具有一定挑战性的情境中显示出来。教育的重要任务在于增强儿童发现的可能性，教育工作的核心在于激发儿童作为学习主体的创造能力。

儿童是社会性的。儿童是社会的一分子，是自己文化的创造者，是独立的个体。儿童乐于与其他人交流、交往。他们同成人一样拥有独特的权利，学前教育者把儿童看成是有独立的权利和潜力的个体，需要他人的尊重，反对把儿童描绘成具有依赖性的个体。儿童的学习是一种互动的、以某种相互关系为基础的社会建构过程。对于建构主义来说，"教育是一种通过共同的探索进行的社群活动和文化的分享"。

儿童是天生的"艺术家"，能用"百种语言"来表达。"儿童的百种语言"强调了儿童运用多种感官主动学习的重要性，突破了传统的单纯的文字符号的学习。"儿童的百种语言"主张儿童能用各种不同的象征语言和其他媒介来表达自己对世界的认识，重视绘画、雕塑、建造、音乐、游戏和戏剧表演等多种表现形式对儿童学习的重要作用。教师应特别鼓励孩子通过表达性动作、表情、语言、体态，沟通性及认知性语言等来探索环境和表达自我。在《孩子的一百种语言》一书中，马拉古奇的一首诗《其实有一百》充分表达了这一思想。

在各种关系中，师生关系最为直接地影响着儿童的学习与发展。

关于儿童发展的观点，建构主义和行为主义相反。行为主义认为儿童是一个被动的知识吸收者，而这些知识是在模仿与实践中获得的，是通过奖惩的过程被内化的。皮亚杰理论认为，儿童的发展遵循着一种普遍的、共同的发展顺序。每一个发展阶段都呈现出一种有组织的思维和活动的显著特征。维果茨基则强调了社会环境对儿童学习的重要性。而两者都强调了游戏是提高抽象思维能力的一种手段。在游戏中，儿童不但能逐步理解社会规则、社会秩序，而且还能同时促进他们的道德发展。

三、现实生活中的儿童

现代社会中儿童会遇到威胁他们的发展、他们的身体和情感健康的问题。社会的、社区的和家庭中的暴力、离婚、生病和住院治疗、死亡、贫穷、无家可归以及许多别的问题每天都在威胁着许多儿童。几乎所有的儿童都会面临有压力的生活事件。例如：过高期待、性别歧视、暴力、烟草毒品、不抚养儿童的家庭、贫穷、辱骂以及监护权的"战争"都在损害着他们的生活。儿童的心理健康和全面发展受到巨大的威胁。

（一）儿童对紧张的生活事件的理解

儿童的认知发展水平不同，他们的理解反应和对付紧张生活事件的能力是不同的。儿童对生活中的紧张事件的反应在很大程度上取决于他们的认知发展水平。了解儿童特别是幼儿认知能力和认知的局限性，可以帮助教师理解儿童对事件的认识水平和错误的认识，预知儿童对紧张的生活事件的反应，使自己对这些事件的解释能适应儿童的理解能力。

皮亚杰关于儿童认知发展的理论提供了一个理解儿童的认识和反应的有意义的框

架。感知运动阶段的幼儿在第一年的后半段开始对他们周围的环境中的变化有所反应。大约 8 个月时，婴儿预知痛苦的体验会重复时，他们可能会表现出不安。

在前运算阶段，尽管幼儿的语言能力和运动能力已经很强了，但是他们的思维仍然是有局限的。幼儿的自我中心主义妨碍了他们的理解，而且经常会导致幼儿对别的行为的误解。幼儿可能会把离异看成是抛弃。父母的死亡可能被幼儿认为是故意的放弃。前运算阶段的幼儿的公正观念可能会使幼儿认为他们是引起变化或紧张的生活事件的原因，而且这是他们为做错的事而受的惩罚。大众媒体，特别是电视和电影，会成为幼儿的一个紧张源。幼儿的前运算思维，包括他们不能区分想象和现实，经常会引起他们对在电视上看到的东西的恐惧和混乱。电视上所用的象征性描述法可能会被那些不能充分理解时间、空间、顺序和暗示的幼儿所误解。关系和时间概念对前运算阶段的幼儿来说是很难理解的。对幼儿认知能力和局限性的理解可以帮助教师预知幼儿的问题及恐惧，并为幼儿提供与发展相适宜的信息和关心、安慰。

（二）压力的来源

1. 父母离异

父母离异的过程会对儿童产生非常大的和持久性的影响，历经这一过程的儿童常有被抛弃、焦虑、困惑、愤怒、孤独、悲伤等感觉，甚至于自我谴责。一些儿童可能会表现出攻击性行为，有些变得具有破坏性。还有一些表现出对家庭和朋友的退缩。

2. 暴力

儿童很容易接触到电视上出现的暴力画面。大多数儿童每天看 3～4 个小时的电视，在电视上他们可看到有关袭击、强奸和谋杀等方面的新闻报道和虚构的故事。幼儿教室里的暴力事件的增多与电视节目和市场上出售与暴力相关的玩具、录像片以及其他此类产品不无关联。

事实上，就在儿童的家里也时常发生暴力。有关儿童受虐待或被忽视的事件不断被暴露出来。生活在暴力家庭和社区中的儿童会遭遇睡眠和饮食方面的问题，以及事件回闪、不能集中注意力和做噩梦等问题。他们可能会认同攻击者，并模仿他们的暴力模式，遭受极度的悲伤和损失感，道德推理发展水平较低。他们还会感到无助和绝望。

从发展的意义上来说，那些体验过暴力儿童不能达到正常的发展阶段。支持理解儿童发展的教师和一个安全的周围环境将帮助儿童发展信任感和主动性，应增加儿童在户外游戏的机会和同他人交往的经验。而大多数生活在暴力家庭和环境中的儿童不可能有机会看到冲突解决的例子，也没有机会去发展解决冲突的能力。

3. 不当的幼儿园课程教学实践带来的压力

对于儿童来说，那些不适宜于发展的幼儿园课程教学实践，那些没有能力为儿童提供适宜的活动的学前教育方案，会引起他们的焦虑不安。那些不适合于发展的课程教学实践包括缺乏游戏性、有过多的集体活动以及辅导练习册的活动。在这样的课堂里，儿童会表现出高度的紧张。在那些强调学业知识和技能，而不是以游戏为中心的教育计划中的儿童并没有在儿童阶段表现出更强的学习能力或知识更丰富，相反，他们却表现出对幼儿园的更高的焦虑感，缺乏创造性并对幼儿园持消极态度。那些强调独立的技能发展，而且依靠长时间的集体教学或抽象的纸笔练习活动来发展这些技能的教学计划并不能满足儿童的需要。那些强调小组合作学习、强调概念和学习过程、强调对有意义的具体材料的积极操作以及交互性学习的教育活动为儿童提供了一个有意义的活动情境。教师应能为儿童设计与发展相适宜的活动，以预防和减少儿童身上的压力和紧张，并增进他们的学习兴趣和学习能力。

幼儿园应是给儿童提供福利，满足家庭、社会需要的公共系统的一部分，在教育中儿童的幸福与健康应得到足够的重视与保障，幼儿园应保障儿童能在一个他们喜欢的环境中，在同伴和有专业知识的成人的陪伴下成长和学习。

第二节 儿童学习权益的保障

一、可能性、关键期与学习权益的保障

近代以来对儿童的认识，从洛克到卢梭再到蒙台梭利直至杜威，从儿童具有发展可能性到儿童早期是其发展的关键时期的确认，历经了教育权的论争，儿童的权利得到了广泛的承认。

儿童具有发展可能性，因而儿童具有发展权，发展权是儿童的基本权利，因为儿童没有发展就不能生存，所有的基本权利和自由必然与生存权相联系，也就是与发展权相联系。受教育权是发展权的重要内容，儿童是发展的主体，因此，儿童应成为发展权利的积极参与者和受益者，所有的儿童都有发展的权利。而儿童的发展离不开教育和受教育，因为，不受教育，儿童将不能实现自身的潜能而成为全面发展的人。

尊重儿童、保护儿童权益首先要观察儿童，倾听他们的话语，尽可能了解他们，弄清楚他们的想法。然后与其他教师共同讨论所获得的各种信息，共同制定灵活的教育计划。与儿童共同建构与分享学习的过程，在与儿童的交往与合作中不断研究儿童的学习过程，对儿童个体与群体有实质性的帮助。幼儿教师应"以关怀、接纳、尊重的态度与幼儿交往"，"应成为幼儿学习活动的支持者、合作者、引导者"。尊重幼儿在发展水平、已有经验、学习方式等方面的个体差异，用适当的方式给予帮助和指导，使每一个幼儿都能感受到安全、愉快和成功。教师应当"耐心倾听，努力理解幼儿的想法与感受，支持、鼓励幼儿大胆探索与表达；关注并敏感地察觉幼儿在活动中的反应……"等。

通过符号表征系统促进儿童的成长是学前的教育理念之一，旨在鼓励儿童运用各种可作表达的、交流的和认知的语言去探索环境和表达自我，如绘画、雕塑、建造、戏剧表演等。教师只有深入认识到儿童的这种潜力，他们所进行的所有工作和为儿童创造的环境才可能是合适的。教师应为儿童个体和儿童群体提供一个可以接触各种物质材料、

使用各种有意义的语言、阐述和表达各种观点的机会。此间，儿童的手、心灵和情感合一，可以积极地、同步地协调工作，有利于发展每个儿童的表达能力和创造力。

尊重儿童、保护儿童权益就意味着相信每个儿童都是有潜力的，对一切充满好奇，具备天生的展现与表达的能力、自我探索和建立关系的能力、了解自己生活环境的能力。教育要关注每一个儿童，要充分尊重孩子的个性、爱好，促进其自主、自由的认识、探索、发展和创造，尊重、理解、关爱幼儿是对教育活动中教育者和教育对象的交互主体性的认同。

对于所有儿童——包括那些有特殊需要的儿童——而言，童年早期是其发展的关键时期。这一点由《儿童权利公约》（1989）提出，并得到《世界全民教育宣言》的认同。所有的儿童都是有潜力的，他们对与人交往、建立社会关系、建构学习和适应外部环境充满着好奇。教师只有深入地认识到儿童的这种潜力，他们所进行的所有工作和为儿童创设的环境才可能充分保障儿童的学习权益。而要摒弃一切歧视，真正保障一切儿童的学习权益，这正是现代学前教育的课题。

二、"儿童权利"的确认与保障

（一）从主张教育权益到保障学习权益

现代国家由于注重国民的形成，主张对于幼儿的培养问题需要有公共的考虑。这样学前教育就从家庭的私事转变成了国家控制之下的公共事业。于是，国家主张教育权益（对国民教育有优先发言权）。在西欧近代社会中，国家从教会势力下夺得教育权，进而同父母双亲自然具有的教育权相对抗。在这里，一受双亲的委托、二负有来自国家的公共职务的学校教师，交织着双亲的意志和国家的意志，并依据自身的专业性而主张教师的教育权。双亲、国家、教师这三者的"教育权益"主张，归根结底，由于承认学习的主体——儿童的权利，因而不能不改变为保障儿童的"受教育权"和"学习权益"了。

（二）儿童权益的确认

由于人的未完成性和儿童早期是其发展的关键时期，所以保障儿童的学习权至关重要。学习权是一种要求完善和发展儿童人格的权利。联合国教科文组织关于"学习权"的涵义包括：①阅读、写作的权利；②提问、深思的权利；③想象、创造的权利；④读懂自身世界、书写历史的权利；⑤活用教育资源的权利；⑥发展个人及集体力量的权利。每一个儿童不仅是"学习的主体"，而且是"学习的主权者"，保障"学习权"即保障基本人权。由于学习权立足于儿童个人与生俱来的、要求通过学习来发展和完善人格的权利，所以它能够实现如下转变：即从国家控制的被动接受教育的权利发展为儿童以自由人适用的方式使自己生长和学习的权利。相对于受教育——儿童被动从施教者那里接受教育的过程而言，学习权是从儿童个体积极主动地获取的意义上来说的，是从儿童的角度来看待教育的。

随着人权意识的提高，儿童权益受到社会乃至世界的公认。不仅承认儿童有生存权、生活权、发展权、学习权，而且认为成人和社会应当保障这些权益。今天，"学习权"不仅被认为是社会上谋生的基本，而且已被看作人生不可或缺的基本人权乃至生存权的一部分了。联合国的《世界人权宣言》、《联合国教科文组织宪章》和《儿童权利公约》都确认了这一权利。《儿童权利公约》是有史以来得到最广泛接受的国际人权条约。它包含了一整套普遍商定的准则和义务，在追求一个公正、彼此尊重以及和平的社会的过程中，将儿童放在中心位置，也就是儿童优先。

《儿童权利公约》确立了世界各地所有儿童时时刻刻应享有的基本人权：生存权，全面发展的权利，免遭有害影响、虐待和剥削的受保护权，全面参与家庭生活、文化生活和社会生活的权利。《儿童权利公约》通过确立保健、教育以及法律、公民和社会等方面的服务标准来保护儿童的上述权利。这些标准是评价进步情况的尺度，批准《儿童权利公约》的国家有义务在采取行动和制定政策时考虑儿童的最高利益。

为了保障儿童的基本权利不受侵害，世界各国必须真正、切实地把儿童放在一个优先的位置，作为一个重要的权利主体来对待，尊重儿童，尊重他们本应享有的权利。

中国对《儿童权利公约》采取的态度是积极肯定的。1979年联合国《儿童权利公约》起草工作小组开始工作，中国自1980年起派代表参加了该小组的工作。在公约起草的过程中，中国代表提出过数项提案，多数被与会各方接受，例如不得利用儿童从事生产和贩运毒品（公约第33条），不得拐骗、买卖、贩运儿童（公约第35条）等。对于过分反映西方国家价值观的提案，中国代表提出了一些修正案，使之能够尽可能反映中小国家的情况。在1989年第44届联合国大会审议该公约时，中国是《儿童权利公约》决议草案的共同提案国之一。接着，中国签署和批准加入了该公约，保留对生命权的解释权并且致力于通过立法和行政措施，将公约所规定的各项基本标准在全国实施。1990年8月29日，中国常驻联合国大使代表中华人民共和国政府签署了《儿童权利公约》，中国成为第105个签约国。1991年12月29日第七届全国人民代表大会常务委员会决定批准中国加入《儿童权利公约》。1992年3月2日，中国常驻联合国大使向联合国递交了中国的批准书，从而使中国成为该公约的第110个批准国。该公约于1992年4月2日对中国生效。

为了更好地保障儿童权利，1991年全国人大常委通过了《中华人民共和国未成年人保护法》，其中有关条款对幼儿的保护做出了专门的规定。1995年3月我国颁布了《中华人民共和国教育法》，规定了学前教育的性质、任务，幼儿园的保育规范、卫生保健规范和幼儿保护规范。在《中化人民共和国残疾人保护法》中有相应条款对残疾幼儿的教育做了规定。《幼儿园管理条例》和《残疾人教育条例》作为行政法规，为学前儿童的保护制定了相应的条款。1996年颁布实施的规章《幼儿园工作规程》也有相关的条款。2001年颁布实施了《幼儿园教育指导纲要》则对儿童的发展提出了更为先进的教育理念。

总之，儿童是学习活动的主体及主权者。幼儿有无尽的发展潜力，而这种潜力是以多元的方式表现出来的，因而，幼儿才是自己发展的主人。不是经验塑造了幼儿，而是幼儿在主动学习活动中不断建构着自我和知识。同时，处于社会环境中的幼儿总是在积极地与周围的人和事互动，以此来建构自身的经验。正是在这种自我和社会的双重建构过程中，幼儿得以发展自身。另一方面，幼儿享有发展自身的权利，不仅仅是被动地依靠成人去满足其学习和发展的需要。承认每个幼儿都具有与生俱来的、极其丰富的天赋潜能是幼儿的学习权得以保障的必要前提。幼儿学习权益的保障落实，又有力地保证了幼儿潜能的发挥与发展。

 本章小结

本章着重从纵向（历史）和横向（现实）两个方面阐述了对现代社会中儿童的理解与认识。纵向方面从古代的杀婴、弃婴和慈幼习俗开始，到近现代的洛克、卢梭、裴斯泰洛齐、福禄培尔、杜威、华生、桑代克、蒙台梭利，直至皮亚杰和维果茨基建构主义话语下的儿童观；横向方面从现实生活中儿童对事件的理解、压力来源等方面来认识理解现实生活中的儿童，进而阐述了儿童学习权益的保障，儿童学习权益的保障是人类社会文明进步的特征与基础。

思考与练习

1. 请谈谈古代的儿童观及其在现代社会中的反映。

2. 谈谈洛克、卢梭对儿童发现的内涵、意义和价值。

3. 对于今天的儿童来说，主要有哪些紧张事件？儿童的认知能力是怎样影响他们对这些事件的理解和误解的？试举例说明。

4. 儿童对压力的一般的情感反应是什么？你有什么办法来帮助儿童处理这些紧张事件给儿童带来的压力？

5. 试比较教育权和学习权的异同点。

6. 谈谈你对保障儿童学习权益的认识。

第四章
学前教育与儿童的发展

本章的课题在于，探讨学前教育对儿童发展的价值，提出儿童发展的关键期和儿童发展的特点；在这个基础上探讨学前教育的发展目标和学前教育应坚持的原则。

第一节 学前教育价值

一、动物与人类

人类基本上也是一种动物，不过人和动物之间存在着显著区别。和动物相比，人没有天然的毛发层对付恶劣气候，没有锐利的武器对付天敌、获取食物，也没有适应快速奔跑的肌肉组织来避免意外的伤害等，人在本能上存在着巨大的缺陷和匮乏。尽管人类最终能够运用语言和技术发展起高度的文明，但从生命起始，人却是一种比动物更为孱弱的存在，人在生理构造、反应机制及生存功能上具有未完成性、未特定化的特点。

人类特有的直立行走和言语活动，一般说来要在出生后一年才可能有，换言之，人在大约 1 岁的时候，才能达到一般哺乳类动物降生时就有的发育状态。即令 1 岁多的儿童跟动物相比，似乎也不能说明人优于动物，最明显的就是人此时仍然不能靠自己独立生存。人天生的本能的缺陷和未完成性使得人在婴幼儿期需要比其他动物更长时间的父母和群体的养育，这使婴幼儿期成为一个游戏、教育、探索和实验的阶段。人的这种未完成性是人成长的不利因素，比起世界上其他适应环境的生物，人生存要难得多，也是最易受损害的，以至人类学家将其称为"被剥夺的存在"——是被剥夺了生存权利的生物。那么，这样一个孱弱的不能独自营生的新生婴儿，何以最终能够成为万物之灵呢？

二、人类的未完成性

虽然人的未完成、非特定性是一种缺陷，但正因为没有对人做出最后的限定，所以人的未完成性里面，蕴含着可塑性和创造性，蕴含着人的发展的多种可能性。人和动物的进化是在两条线上分道扬镳了：动物通过进化而形成了在生存中直接起作用的特定化的器官和功能；人类进化过程中，大脑在演进，这种进化特征替代了动物的具有特定化的器官和本能，这是人区别于动物的特质。

从脑生理学而言，人脑中的神经元①多达 150 亿之多，各个神经元靠它的突起组织跟别的神经元形成一万个以上的联结，神经系统支撑信息处理的能力依赖大脑细胞的连通性，而突触的密度反映了连通性程度。一般所谓学习就是凭借这种无数联结线路才实现的。人脑组织的这种复杂性远远高于一般的哺乳动物，这表明了人的学习的可能性，亦即人的巨大的可塑性。新生儿外表的孱弱，既表现出其发展方向未被特定化及生理机能的未完成性，也表现出其发展潜力的丰富性和发展空间的广阔性。

但是这种发展可能性是无定向的，具体的发展过程则依赖于出生后的文化与教育。文化是作为人的未完成性的补偿而出现的，而教育则是实现这种补偿的最主要载体。"人唯有凭借教育才能成为人。人决非人所创造的教育以外的产物。确切地说，人唯有凭借人，亦即唯有凭借同样受过教育的人才可能受教育"。

三、儿童发展的特点

从上述儿童大脑的结构与功能的复杂关系看来，儿童发展呈现以下特点。

第一，波动型连续性。从定量的角度研究儿童的发展过程，可以发现它呈现一种没有断续和飞跃的连续性。但是它的发展速度、个体各部分的发展状况随时期而异，有快慢的差异。

第二，顺序性。发展过程中，无论有哪些变化，还是有其基本的脉络和规律的。学前教育的教师和一些有经验的家长都懂得，每一个正常发展的儿童都能按照一定的顺序在每一个阶段学会发展一定的技能，但发展的具体情况又有其本身的个体差异。每一个儿童都有自己独特的发展方式和速率。孩子之间的发展快慢可能有所不同，但发展的前后顺序是大致相同的，例如，幼儿在学会直立行走之前必须学会站立，在学会站立之前必须学会坐和打滚。这种顺序不会颠倒。

第三，分化与统合。发展不仅是量的变化，质也发生变化。从混沌一团的机能，到明确分化的机能，意味着在机体内部经历了分化与统合的过程，在结构上产生了新的变化；发展，一般朝更高级的结构化方向进行。

第四，阶段性。发展过程是连续的，具有波动性，结构上的变化也要经历一个过程。这种波动的高峰和结构的变化的时期，同其他时期相比，可以发现相当不同的发展上的特征。根据特征的不同，对发展过程进行划分，就是发展阶段。由于发展阶段划分依据的特征不同，导致发展阶段就会出现种种类型。

第五，个别差异性。上述是发展的一般特征，但发展又有其本身的个体差异，个体之间表现出显著差异。这种个体差异表现在所有方面：每一个儿童有自己独特的发展方

---

① 神经元——系神经系统的构成单位，由细胞体和两种突起（树状突和轴状突）组成，形状多种多样。树状突是从细胞体外伸的短突，进一步分成细小的神经纤维，通过被称作突触的接合点同其他的神经元联结。所谓轴状突，系从细胞体外伸的一根长的神经纤维，其末端分成大量的细叉，也有同其他神经元的树状突联结的，但有许多进一步分成细叉，将其他神经元的细胞体团团围住，其尖端称之为突触体，密集地包围在细胞体的周围，在较大的细胞体中，据说附着着数千个突触体。

式和速率、学习方法与效果等。个别差异的存在是普遍的，任何儿童都毫无例外地均有他特有的发展样态。因材施教之所以重要，理由亦在于此。

此外，对于儿童发展特点，美国心理学家布鲁纳认为，儿童智力发展过程是"动作式表象"、"图像式表象"、"符号式表象"这3个阶段的螺旋式上升的过程。它的速度不是固定的；以语言为媒介的教育作用可以加速这一过程。不遵循正确的发展阶段，无论怎么教，儿童是不会进步的。只要凭借适当的教育，不必等到一定的成熟时期，儿童也会变化。他强调，在儿童发展中，年龄（时间）是第二位的，重要的是学习的顺序，适应心理结构的教育方法比适应年龄的教育内容更为重要。

四、儿童发展的两种观点

儿童发展领域理论众多，我们不难从中归纳出两个基本的命题，以下分别阐述。

（一）成熟优势（主导）的发展观

成熟优势发展理论认为，成熟是任何一种发展的前提条件；无视成熟的练习和训练是徒劳的，不能持续的。特别是婴幼儿的发展，对内部成熟度的依赖程度大大高于外部环境的影响。

皮亚杰等人的结构主义理论[②]就是这个发展理论的现代代表。他认为影响发展的因素有4个：素质、自然环境、社会环境（包括文化和教育）及结构。他肯定了前三者的重要性，特别发展了结构理论。所谓结构，就是儿童发展的各个时期业已形成的活动图式，发展过程意味着个体在环境中依靠同化与调整作用展开的过程。这里所谓的同化，是指把环境刺激纳入既有的结构之中；所谓调整，是指凭借这种同化重构自己的结构。

皮亚杰的儿童发展研究侧重于精神发展的侧面。他把这种智慧发展的过程在功能上看作是上述一系列同化与调整的连续的平衡化过程；在结构上又划分了非连续的4个认知发展阶段（感觉运动阶段、前运算阶段、具体运算阶段、形式运算阶段），各个发展阶段的样态和实现的时期，随包括文化、教育在内的社会条件而异。尽管存在个别差异，但结构本身的基本特点和实现的顺序本身常常是一定的、不变的。

总之，本理论把认知发展看作是同化和调整的平衡化过程，这样环境因素对儿童认知发展的价值随儿童已有的结构而不同，是附属的。儿童的学习只有在儿童能够同化的程度上才能进行；实施符合于儿童各阶段的特别构造的教育活动才能推动儿童的认知发展。同时，学习不是环境刺激的被动摹写，而是儿童自身把它纳入自己的结构之中，"在儿童对他们的外部世界进行操作和探索的同时，他们积极地建构着自己的知识体系，认知发展是分阶段出现的"。所以，儿童的主体活动及其运算方式受到重视，由此产生的任何结构上的变化是否还在进行中，则受到最大的注意。

---

② 结构的概念可见于20世纪初的符兹堡学派和格式塔学派的理论。皮亚杰批判了前者把逻辑绝对化而无视结构的功能；格式塔学派强调全体结构却忽略了逻辑数学的结构性和构成性侧面，试图实证地阐明结构的形成过程，确立新的观点，在皮亚杰的结构概念中可以看出整体性、变化性、自我调节性的特点。

（二）学习优势（主导）的发展观

成熟优势的发展理论是把重点放在个体内的成熟过程与结构变化上的。学习优势的发展理论是从个体的外部条件，特别是从社会和文化侧面来阐明儿童发展过程的理论。

行为主义心理学的倡导者华生的 S-R 理论（刺激—反应理论）就是强调发展的所谓他动性变化的典型发展理论。他以美国的机能主义心理学与巴甫洛夫的条件反射学说为基础，把行为单位看作 S-R 的结合。他指出，刺激条件的设定与习惯形成的问题（外部条件）是制约发展方向的决定性因素。

维果茨基和布鲁纳等人的发展理论重视社会的、历史的文化作用与结构。尤其是维果茨基，批判皮亚杰的理论是一种生物学化的理论。他从马克思主义的基本概念——劳动是以工具为媒介的活动出发，认为人的心理的独特性就在于人会使用工具（语言符号等），新生儿的成长不是靠内部条件制约的自发性来完成，而是靠存在于个体外部的文化的介入，从而强调了教育在发展中的重要性。儿童的发展水平本来就有相当的幅度，除了靠自力能够达到的一定水准之外，还包括靠自力不可能达到、但只要有成人的帮助就可以达到的发展水准（最近发展区）。"维果茨基相信当成年人和更有经验的同伴帮助儿童领会文化意味的活动时，他们之间的交流就成为儿童思维的一部分。当儿童内化了这些对话的基本特征时，他们就能使用语言指导自己的行动，获取新的技术。"教育的任务不是凭借所谓的发展阶段，尽量地训练、强化靠他的自力能够达成的能力，而是凭借文化手段的有效使用，实现可以达到的最高水准，并确立最近发展区。好的教育不是追随在发展过程之后，而是要超越发展过程，引导发展过程。

五、关键期

（一）关键期

儿童大脑中的神经元比成人有更多的联结。新生儿在受到环境刺激的时候，其神经元的联结以令人难以置信的速度增长。环境越丰富，神经元之间联结的数量越多，新生儿学习的速度越快，习得的意义也越大。

当儿童接近青春期时，神经元联结的步伐开始放慢。其他两个过程被启动：脑内有用的联结被永久性保留，没用的联结将被消除（凋亡），脑基于过去的经验选择性地加强某些联结，并减少另外某些联结。此过程一直贯穿我们的一生，但 3～12 岁期间是最旺盛的，因此儿童期是大脑成熟的关键期。关键期表明了儿童发展领域的几个重要时期，在此期间，脑对某种类型的信息输入产生反应，以创造或巩固神经网络。图 4-1 展示了儿童发育主要领域的关键期，其中一些是非常关键的。例如，即使儿童的脑是正常的，如果在 2 岁之前没有接受视觉刺激，那么就会永久性失明。如果在 10 岁之前没有听到字词，那么将无法学习语言。当这些关键期过去之后，执行这些任务的脑细胞将失去这种能力。其他领域的发展时期有较大的可塑性，但是仍然具有重要意义，需要牢记的是，即使过了关键期，这些方面在以后的生活中仍然可以学习，但是发展水平可能不会很高。

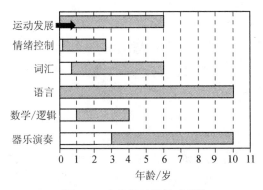

图 4-1　儿童学习的敏感期[3]

　　儿童在关键期学习各种技能最容易熟练掌握，同时通过在关键期的学习活动也能塑造大脑的结构。婴幼儿大脑发展的研究说明了大脑结构成长与功能性发育是不可分的。"即使在大脑发育这个层面，由极其复杂的神经网络所构成的神经系统在个体发育过程中也不断地得到塑造，这种塑造主要是通过经验的选择性削减来实现的。个体发展过程中大脑明显的可塑性再次表明了婴儿发展过程中遗传与教养之间的相互关系。"总之，婴幼儿期大脑发育的一个主要表现就是在个体成长过程中，神经联结由于经验的作用而不断被塑造。这种塑造在人类发展的早期阶段表现得极其活跃。婴幼儿期神经网络的发展离不开活动经验，因此大脑结构和功能关系是相互促进的。作为有意义的环境中的感知者和行动者，儿童自身的经验调节着大脑的结构与功能的关系。

（二）关键期的价值

　　关键期是自然赋予儿童的生命助力，如果关键期的内在需求受到妨碍而无法发展，就会丧失学习的最佳时机，日后若想再学习此项事物，不仅要付出更大的精力和时间，而且成果也会受到影响。而如何运用这股动力，帮助孩子更完美地成长，广大家长和教师所要考虑的问题有以下几方面。

　　1. 儿童的教育要及早进行

　　分析一下关键期的研究，我们就会发现，几乎所有的关键期都存在于人生的早期，因此家长和教师一定要对儿童及早施教，以免错过儿童身心发展的关键期。现代心理学的研究成果也已经表明，对儿童及早实行教育是可行的，也是可能的。现在有许多地方推广"0岁教育工程"，实际上就是要在儿童发展的关键期进行教育，许多优秀人才成长的经历也表明，及早对儿童实施教育是可以取得巨大成功的。

　　2. 注意发现并确定关键期的出现

　　虽然关键期确实存在于儿童期，但是关键期的出现和顺序却具有个人的特点，而且

　　③ David A. Sousa，2005. 脑与学习. "认知神经科学与学习"国家重点实验室脑与教育应用研究中心译. 北京：中国轻工业出版社.

不完全相同。因此家长和教师在对儿童进行教育的过程中，一定要认真观察和研究，以客观的态度细心观察孩子的内在需求、个别特质和外在表现，以确定儿童关键期出现和持续的具体情况，因人而异地制订促进儿童发展和教育的具体计划。

3. 尊重孩子发展的主动性

孩子是具有能力的天生学习者，是主动的发展者、建构者，他们是这个世界的主体，会遵循着自然的法则，不断使自己成长为"更有能力"的个体，外界的条件只是促进或阻碍他们发展进程和速度的因素之一，这是父母和教师首先要树立的观念。我国的新一轮课程改革强调儿童主动发展，就是对儿童自身发展能动性的充分肯定。

4. 布置丰富的学习环境

当成人观察到孩子的某项关键期出现时，应尽力为孩子准备一个满足他成长需求的环境。最开始时，儿童是通过具体的感觉来认识世界的，外界环境的刺激丰富程度如何，将直接影响到儿童的发展。因此，要在家庭环境和教室环境的安排方面认真考虑，尽量布置丰富多样的、适应儿童的身心发展特点和规律的、具有教育作用的环境，以此促进儿童的健康发展。

5. 采用科学的教育方法，鼓励孩子自由探索、勇敢尝试

吸取知识不经过体验，只靠记诵或单向的接受，知识会变成教条、会僵化，变成一种装饰品，变成徒有其表的社会地位与权力。教条的知识、死的知识使儿童从儿童自身异化出去，知识不再是儿童的一部分。相反的，儿童变成了知识的工具，儿童异化到死的知识中，如果这时候死的知识又被机构或他人利用，儿童便变成了机构或他人的工具，而不再是目的。

真实的、活的知识是儿童认识世界的过程与结果。知识应属于儿童自身。通过不断体验得来的知识才能逐渐形成智慧，儿童才成长为人。歌德把这个观念说的很深刻：只有在认识世界的同时才能认识自己。他更进一步指出：人只能在自身中认识世界，在世界中认识自己，每一样真正被人所接纳的新客体可以说是在我们身上发现的新器官。当然，儿童也不例外，经体验得来的知识，便成为儿童自身不能割裂的部分。所以体验是儿童重要的原始创造特质。教育和教学活动必须建立在儿童的认知发展水平和已有的知识经验基础之上。儿童是主动的探索者和发现者，而不是被动的接受者和没有思维的容器。当孩子获得了尊重与信赖后，就会在环境中自由探索、尝试。家长和教师一定要积极运用探究式学习的方式方法，并结合儿童的生活经验，鼓励儿童主动地去观察、探索，在探索的过程中认识事物发展的特点，发现事物发展的规律，让儿童在探究中体验学习的快乐，获得更快的发展。

关键期及关键期理论是现代教育心理学研究的一个重要内容，对儿童来说，在关键期内获得发展是十分重要的，但关键期的发展也不是绝对的，就是说错过儿童发展的关键期也不是不可补救的，家长和教师可以在专家的指导下，通过正确的途径和方法对儿童进行科学的教育，这样儿童仍然能够获得比较理想的发展。

阅读材料

运动发展。 发展过程的关键期在胎儿期,在母亲怀孕最后 3 个月的时候会出现胎动,这个时候胎儿的运动联结和运动系统都在巩固发展当中。儿童学习动作技能的能力在前 6 年是最明显的,看似简单的动作诸如爬行和直立行走都需要复杂的神经网络支持,其中包括整合从内耳传来的平衡觉信息以及输出信号到大腿和胳膊肌肉等,当然,过了关键期以后人们仍然可以学习动作技巧。但是,在关键期的时候学习动作最容易熟练掌握,并能塑造大脑中小脑的结构,使之功能更完善。

情绪控制。 发展情绪控制的关键期在 2～30 个月的时候。在此期间,大脑的边缘系统和大脑皮层理性系统为了获得各自所需,分别对各自的能力进行评价。如果儿童在关键期,总是通过发怒来获得要求的满足,那么他将在以后的生活中使用这种方法。当然,人们在关键年龄之后仍然可以学会控制情绪,但是在关键年龄学习的东西很难改变,它将影响在此后个体的生活。强有力的证据显示,父母或教师在此期间对孩子的情绪性反应将促进或抑制遗传特质的发展。生物遗传并非是宿命的,遗传基因的影响也不是不可避免的,遗传因素要想发挥作用,基因必须被激发。因此,智力、社会性或进攻性等方面的遗传倾向都会根据父母或教师的应对和其他环境的影响激发或减弱遗传的作用。

词汇。 人脑遗传性地预置了语言程序,婴儿在 2 个月的时候就开始发声,并开始牙牙学语。18～20 个月的时候,脑的语言区开始真正活跃起来。婴儿每个月可以学习 10 个或 10 个以上的词,3 岁的时候,词汇大约为 900 个,到 5 岁的时候,就增加到 2500～3000 个词。

有证据显示,交谈具有重要意义。已有研究表明,母亲与婴儿交谈得越多,孩子就会掌握越多的词汇,而且交谈还可以提高儿童的智商。

语言获得。 新生儿的脑并不像我们曾经认为的那样是一张白板。某些脑区专门负责对某些刺激(包括口语)产生特定的反应。婴儿出生后不久,获得口语的时间窗口就开启了,而到 10 岁或 11 岁时关闭。过了这个年龄,任何语言的学习将变得非常困难。由野兽带大的孩子(比如"狼孩"),常常已经形成了他们自己的语言。还有证据显示,人类获得语法的能力在早期有特定的关键期。

数学与逻辑。 人类目前尚不清楚发育中的脑是如何并何时开始理解数字的。然而,大量研究显示,婴儿出生时已具备了基本的数字感。这些能力跟某些特定脑区有关。这些脑区的目的在于根据"物体的数"对世界进行整合。开车的时候,可以看到原野中的骏马,人们可能会注意到它们是棕色和黑色的,也不自觉地会看到这些马匹可能有 4 匹,随着时间的推移,人类的这些数字脑区逐渐扩展,开始形成数学图式。

器乐演奏。 音乐创作的关键期在 2～3 岁。研究显示,3～4 岁的儿童在学习了钢琴和唱歌课程后,其空间-时间任务得分显著高于没有参加音乐训练的儿童。脑成像研究显示,音乐创作激活的脑区与负责数学和逻辑功能的左额叶的脑区相同。

　　结论。丰富的早期家庭和幼儿园环境有助于儿童建构神经联结，塑造儿童大脑的结构，使他们能够充分地利用心理能力。

资料来源：David A. Sousa. 2005. 脑与学习．"认知神经科学与学习"国家重点实验室脑与教育应用研究中心译．北京：中国轻工业出版社．

第二节　学前教育目标

一、学前教育目标概述

（一）从教育目的到学前教育目标

　　"教育目的"是指教育的总体方向，它所体现的是普遍的、总体的、终极的教育价值。教育目的是最宏观的教育价值，它具体体现在国家、地方、学校教育的教育哲学中，体现在宪法、教育基本法、教育方针中。"目的"含有"方向"的意味，表现普遍的、总体的、终极的教育价值。"目标"含有"里程"的意义，表现个别（特殊）的、部分的、阶段的教育价值。

　　教育目标是教育目的的下位概念，它所体现的是不同性质的教育和不同阶段的教育的价值。学前教育目标是教育目标之中的一个形态。学前教育目标是国家教育目的在学前教育阶段的具体化，是国家对学前教育机构提出的幼儿发展的总体目标和要求，是全国各类学前教育机构对幼儿进行教育活动的统一指导思想。学前教育目标是人们在学前教育活动之前，预先设想和确定的关于教育活动最终期望达成的结果。

　　从形式关系说，像教育目的→学前教育目标→学前教学目标那样，是从对于教育的一般性的方向作用，到日常教学中的具体教学过程所追求的目标。目的和目标是表示教育的抽象的、一般的方向作用乃至更具体的方向作用的。学前教育目标是介乎教育目的和学前教学目标之间的。同幼儿园教学和评价具有更直接关系的是学前教育目标和教学目标。要保持学前教育作用的统一性与一贯性，就得切实把握学前教育作用的方向，因而揭示明确的教育目标是不可少的。为了依据明确的意图和计划，统一、集中、彻底地从事学前教育的实践和理论研究，其先决条件就是必须有唯一整体的学前教育目标来统领多种多样的实践和研究。

　　教育目的决定着学前教育目标的状态、内容和方法，而教育目的又是基于某种教育价值的选择的，它必然体现了一定的教育哲学的观点。但教育目的必须加以具体化，使之成为同幼儿园课程的构成计划、教学实践、教育评价活动有直接关系的学前教育目标。以教育目的为基础引申出来的学前教育目标在幼儿园课程编制中就构成了"幼儿园课程教学目标"。作为这种幼儿园课程教学目标的学习结果，要用儿童在达到课程教学目标时可以显示的、可观测的行为来表达。这样学前教育目标就是儿童成功地实现幼儿园的学习过程时，即达到目标中所表示的学习结果时所表现出来的行为的转变，这里体现了目标的具体性。泰勒也说，"教育是改变人们的行为范型的一种历程"，"课程的目标可以在人们的行为变革中加以认识"。这里所指的"行为"就广义而言——除了包括儿童的外在行为之外，兼指儿童内在的思考与感情、行为变革，包括了知识、理解、技能熟练（精神、身体运动领域）、兴趣、态度、需要等牵涉儿童整个人格的基本习惯（卫生养成等）、思考方式、感情、情绪等的变化。

（二）学前教育目标类型及特点

1. 普遍性目标

普遍性目标是基于经验、哲学观或伦理观、意识形态或社会政治需要而引出的一般学前教育宗旨或原则，这些宗旨或原则直接运用于幼儿园课程与教学领域，成为幼儿园课程与教学领域一般性、规范性的指导方针。特点是把一般学前教育宗旨或原则与幼儿园课程教学目标等同起来，因而具有普遍性、模糊性、规范性，可运用于所有教育实践。

2. 行为目标

行为目标是随着课程研究领域的独立而出现并逐步发展、完善起来的课程目标模式。它是把幼儿园要达成的教育目标，以具体的行为方式加以陈述，指明教学活动结束后在儿童身上发生的行为变化；行为目标的设计，旨在目标的具体化和可操作性，用泰勒的话说是为了"有助于选择学习经验和指导教学"；这样的方式，在泰勒看来，应该是"既指出要使儿童养成的那种行为，又指明运用这种行为的生活领域或内容"。这样，目标实际上包括"行为"和"内容"两个方面。目标的确定与幼儿园教育活动的编制是一种对应关系。"目标的确定"是学前教育活动设计的依据；而活动的设计编排，又体现了目标系列。

行为目标趋向克服了普遍性目标趋向模糊性的缺陷，在幼儿园课程与教学领域科学化的历程中作出了积极的贡献。由于行为目标具有精确性、具体性、可操作性的特点，教师可将其教学内容准确地与教育督导、儿童家长、儿童展开交流。更重要的是，"行为目标"便于准确评价，因为行为目标对于基础知识和技能的熟练掌握，对于保证一些相对简单的教育目标的达成是有益的。

行为目标的实质是追求教育过程的可控制性，其特点是简单明了、易于把握，它对于保证一些相对简单的教育目标的达成是有益的。但是，如果试图用行为方式陈述所有课程目标，显然是不适合的。首先，因为教育的真正价值绝不仅仅是形成一些可以观察到的行为。意识不到这点，行为目标就会成为强加于教学过程的枷锁，师生的主体性都会在其束缚下泯灭。其次，行为目标追求目标的精确、具体，然而完整的儿童——人格的整体——是不能分割的，割下来的手就不再是手。除了一些简单的适于训练的知识技能可以进行一定程度的分解和具体化之外，试图将儿童的高级心理能力和素质分解开来培养很可能是南辕北辙。最后，儿童的许多高级心理素质如价值观、理解、情感、态度、欣赏、审美情趣等，是很难有外显的行为来具体化的，所掩盖的东西恐怕要比揭示出来的东西多得多，即使某些价值观和态度能够结合显性课程来培养，但更多的价值观和态度是通过隐性课程来培养的，这些通过隐性课程来培养的价值观和态度是不可能被预先具体化的。

3. 生成性目标

生成性目标是在教育情境中随着教育过程的展开而生成的课程目标。它是问题解决的结果，是人的经验生长的内在要求。"生成性目标"强调儿童、教师与教育情境的交互作用，正是在这种交互作用中，不断产生出课程目标，所以"生成性目标"是教育情境的产物，它最根本的特点就是过程性。如果说行为目标是在教育过程之前或教育情境之外预先设定的作为课程指令、课程文件、课程指南而存在的话，那么生成性目标则是教育情境的产物和问题解决的结果，是儿童和教师关于经验和价值观生长的"方向感"。

生成性目标在具体的教育过程中要解决好预先计划和生成性活动目标之间的关系。教师要根据自己对儿童的了解以及前期的经验对可能出现的种种情况作出假设，形成弹性目标，随时根据儿童的需要和兴趣作出变动。儿童的需要和兴趣可以是儿童在活动过程中表现出来的，也可以是教师推断出来的或教师引发出来的，教师和儿童都将不断讨论和挑战种种假设。教师的计划包括准备学习的空间、材料、想法、情境，给儿童提供充满问题的情境，让儿童在积极的探索中体验、学习。生成性目标是增加儿童创造与发展的可能性，试图促进孩子在认知、情感、象征性等多方面的发展，扩大孩子的交流渠道，使其掌握交流技巧和手段，同时意识到自己与他人之间是不同的，有不同的想法，由此认识到每一个人都有自己的想法和独特的视角，认识世界是多元的，由此增强每一个儿童的自我认同感、发展归属感和自信，维持社会学习的过程，帮助儿童学会学习。

随着探究的深入进行，新目标和新主题不断生成，儿童共同选择、确立、面对挑战、解决问题，而不是规定他们在学习后所必须获得的行为表现。这样，可以使儿童自由、自主地发展个性。

"生成性目标"取向在本质上是对"实践理性"的追求，它强调儿童、教师与教育情境的交互作用，正是在这种交互作用中，不断产生出课程与教学的目标。生成性目标是过程趋向的，有人曾这样描述生成性目标趋向所体现的教育价值观：教育基本上是一个演进过程。而且，它是渐进生长的，它扎根过去而又指向未来，从这个意义上说，它是一个有机的过程。在此过程的任何阶段上，我们提出的目的，不管它们是什么，都不能看成是最终目的，也不能武断地将它们插到后面的教育过程中去。

"生成性目标"是针对"行为目标"的不足而发展起来的。"行为目标"只强调外在行为结果而忽视内在心理过程，但有的学习结果很难行为化，这样它就不能完全反映学习的本质特征；而"生成性目标"否定预定目标对实际过程和手段的控制，对儿童和教师在课程活动中的主动性表现出应有的尊重。"生成性目标"的过程性决定了它不把重点放在特定的行为和结果上，而是放在认知过程和解决问题上。

"生成性目标"取向的基本宗旨是通过活动过程培养儿童获得以知识体系为支持的批判性和创造性的思维能力，这是使儿童进入"知识本质"的过程。在这个过程中，儿童获得了灵活运用知识的能力，即获得了运用所掌握的理论知识解决实际问题的能力。由于问题具有情境性，故解决问题的方式是多种多样的，不可能由外部事先予以明确规定。

为此,"生成性目标"强调课程要根据儿童在学前教育教学活动中的表现而展开,依照活动的实际进展情况提出相应目标。由于"生成性目标"的焦点集中在与活动过程相关的因素上,诸如儿童本身的个性特点及其兴趣的变化、认知的灵活性、能力的形成和个性的发展等要素,而这些要素影响着儿童解决问题的能力形成的速度与水平,所以"生成性目标"在培养儿童解决实际问题的能力方面比较有益。

生成性目标的内涵与特点决定了它不可提前确定和表述。这种不可确定性目标也正反映了教学过程的复杂性,与我们现在意识到的教学设计中应该留给教师自己设计的空间、发挥教师的创造性是相吻合的。

4. 表现性目标

表现性目标是美国课程学者艾斯纳提出的一种目标形式。表现性目标旨在培养儿童的创造性,强调个性化,因而超出了现有的文化工具并有助于发展文化。表现性目标不是规定儿童在完成一项或多项学习活动后准备获得的行为,而是描述教育"遭遇":指明儿童将在其中作业的情境、儿童将要处理的问题、儿童将要从事的活动任务,但不指定儿童将从这些遭遇中学到什么。"一个表现性目标既向教师也向儿童发出了一份请帖,邀请他们探索、追随或集中争论他们特别感兴趣或对他们特别重要的问题。一种表现性目标是唤起性的,而非描述性的。"表现性目标意在成为一个主题,儿童围绕它可以运用原来学到的技能和理解了的意义,通过它扩展和加深那些技能与理解,并使其具有个人特点。因而,使用表现性目标,人们期望的不是儿童反应的一致性,而是反应的多样性、个体性。艾斯纳强调,目标并不期望指明儿童在参加这些教育活动后能做什么,"而是识别儿童将遭遇的形式"。这样,对表现性目标的评价就不能像行为目标那样,追求结果与预期目标的一一对应关系,而应该是一种美学评论的评价模式,即对儿童活动及其结果的评价是一种鉴赏式的批评,依其创造性和个性特色检查其质量与重要性。

在艾斯纳看来,行为目标和表现性目标两种目标模式对课程来讲都是需要的,且也都存在于课程实践中,但它们需要不同的课程活动和评价过程。行为目标适合于表述文化中已有的规范和技能,从而使进一步的探究成为可能;表现性目标则适合于表述那些复杂的智力性活动,已有的技能和理解是这种活动得以进行的工具,并且,这类活动有时需要发明新的智力工具,从而导向创造性的活动,这使文化得以扩展和重构而保持勃勃生机。

表现性目标具有下述特点。首先,它反对把教学目标技术化的取向,明确提出教育及课程本质上的价值问题。其次,它以儿童的自主发展作为学前课程与教学目标取向的根本,注重儿童的自主性、创造性、个体性,注重课程情境的具体性。在儿童个人和社会既有文化的关系上,它强调个人接受既有文化时的个性化,强调个人对文化的创造性发展。再次,在前两点的基础上,它不主张完全取消行为目标,或者说它注意吸收行为目标所表达的内容对人的发展的作用,只是认为行为目标只能概括人的较低层面的素质,因而强调用高层次的表现性目标或过程整合行为目标,使之为总体上的人的发展服务。最后,鉴于高层次目标和人的发展的本质的不应控制性和不可预测性,它主张的目标表述都采取一种开放式的形态，不强求统一的规格和标准，而重视课程活动及其结果的个体性、差异性，一切视教师、儿童和教学情境的具体情况而定。因而，在有关学前教育评价的问题上，行为目标与表现性目标都不约而同地主张一种批评、鉴别式的评价方式。

5. 体验性目标

所谓体验性目标，不是以儿童表现出某种变化为直接目的，而是期待儿童自身产生某种特定内容的体验。因为，儿童是一个知、情、意的统一体，儿童是通过体验成长的。"体验"大体可以分为两种。一种是体验性活动或是生活体验之类的"直接体验"，另一种是谓之代理体验的"间接体验"。直接体验的代表就是游戏、活动等；间接体验的代表是读书、视听等。对于儿童成长来说，最为必要而且重要的是直接体验。从年幼时期开始获得充分的体验十分重要，因为儿童原本就是通过直接体验才得以生长的。但人的一生时间有限，间接体验的补充作用也是必要的。近年来之所以强调体验性学习，一是改造死记硬背书本知识的弊端，二是由于现代儿童借助生活体验进行学习的机会减少，缺乏同大自然的接触和社会生活体验。幼儿园应当通过多种多样的游戏、教育活动，实现两个"保障"。其一，"保障学力"——通过顺次地设定适当的教育活动，并予以充分的指导，使儿童系统地掌握知识、理解技能，以保障每一个儿童达到一定内容和水准的具体的学力。其二，"保障成长"——通过各种各样的活动，使儿童的身体、思考力、自主性、自信心和意志力，一步一步地形成起来，以保障每一个儿童的人格得到成长和发展。这两个保障具有同等重要性。

二、学前教育目标的功能

（一）功能的一般性分析

学前教育目标有 5 种功能：第一，明确学前教育进展的方向；第二，选择理想的幼儿游戏学习经验；第三，界定学前教育计划的领域范围；第四，提示学前教育计划的要点；第五，作为学前教育评价的重要基础。

学前教育目标的功能随着目标水平（宏观、中观、微观）的不同而异，但它们有着共同的功能，这就是：通过明示学前教育活动的目标，提示旨在达到目标的最优的活动与方法，并且成为评价教育活动结果的一种标准。

（二）学前教育目标与幼儿园课程教学

学前教育目标表示通过幼儿园的教学、游戏活动，儿童应当获得的成就。因此学前教育目标具有两个基本的功能侧面。其一是儿童中应当发展的行为种类——行为侧面；其二是表明这种行为所赖以实现的学习领域的内容侧面。

学前教育目标首先应当是幼儿园课程组织的基准。这种组织、活动的选择当然是以实现学生的行为的变革为目的。通过某种体验获得新的行为方式，就是教学目标。

然而，儿童具有什么样的经验，取决于儿童凭借什么样的课程、活动而发生的交互作用。因此，幼儿园的课程必须这样来组织：使儿童产生出有可能达到目标的学习经验。

（三）学前教育目标与幼儿园教育评价

目标只要具有组织课程、选择教育活动和变革行为的方面，评价也就得从这些方面进行：一是评价作为课程内容、知识，儿童是否掌握了；二是确认目标既然是要在儿童的行为中引起所期望的变化，那么，这种变化是否在儿童身上产生了。

三、我国学前教育目标的演变

（一）普遍性目标时期

就教育本质而言，中国传统的教育理念大致以儒家思想为主，是在性善说的基础上，着重主体性的精神自觉，故以德行为主开展整全人格的通识教育，因此在教育目标上，均希望学校教育能具有超越知识领域的功能，以启迪人心为主。教育的本质即以整全人格为终极目标，教育重心自然是以人格教育为主。而自近代以来现代化冲击之下，这些传统教育理念及其践行方式又遭遇极大的挑战。学前教育在中国作为一种制度化教育发轫于近现代社会系统之中，其教育目标也随着社会系统的演变而演变。

1. 我国学前教育初创时期的教育目标

20世纪初正是我国从传统封建社会向现代民族国家转变的时期。此时，日本工业发展，幼儿园也随之得到发展，并迅速传入中国。这个时期我国向日本学习学前教育经验的积极成果突出反映在癸卯学制中。1902年张百熙草拟了《钦定学堂章程》，即壬寅学制，此学制虽经颁布，却并未实施。1904年初又颁布了由张之洞、张百熙、容庆合订的《奏定学堂章程》（以下简称《章程》），即癸卯学制，其中包括蒙养院制度。癸卯学制是清末第一个在全国颁行的学制，第一次用国家学制的形式，把幼儿教育机构的名称确定下来，把社会幼儿教育机构的地位固定下来，使蒙养院成为我国最早的学前教育机构。可以说，癸卯学制所定位的蒙养院，是我国学前教育史上具有划时代意义的重要里程碑。

学制规定的立学宗旨是："无论何等学堂，均以忠孝为本，以中国经史之学为基，俾儿童心术壹归于纯正，而后以西学瀹其智识，练其艺能，务期他日成材，各适实用。"

蒙学堂立学宗旨是：培养儿童使有浅近之知识，能调护其身体，令其发育。使全国之民，无论贫富贵贱，皆能淑性知礼，化为良善。

从上述办学目标看，显示出国家认为一位现代国民除了能识字、具备谋生技能外，他还需要有国家观念、法治观念、基础的科学常识及健全的体魄和心性；教育目标也开始着重于培养国家未来生活的现代人，这是同以往历史上教育目标的显著不同。

2. 辛亥革命以后的学前教育目标

辛亥革命以后，资产阶级实行了一系列教育改革，在学前教育上建立了蒙养院制度。教育部于1912年9月公布了新的教育宗旨："注重道德教育，以实利教育、军国民教育辅之，更以美感教育完成其道德。"规定国民学校附设蒙养院，其宗旨是："蒙养院以保育三周岁至入国民学校年龄之幼儿为目的；保育幼儿务使其身心健全发达，善良之习惯，以辅助家庭教育。幼儿之保育须与其身心发达之度相符，不得授以难解事项及令操过度之业务，幼儿之心情容止宜常注意，使之端正，并示以善良之事例，令其则效……蒙养院长及保姆之用惩戒，依国民学校教员之例。"

从这些规定看，除增加了美育、军国民教育等目标之外，与清末蒙养院的宗旨没有太大区别。

3. "五四"新文化运动时期的学前教育目标

"五四"时期的新文化运动提倡政治民主和科学进步，反对为封建服务的旧传统、旧道德、旧礼教，并开始了马克思主义的传播。这一思想解放运动对教育的发展也产生了深刻的影响，在教育领域内掀起了一个空前深入广泛的批判传统封建教育和宣传、介绍西方教育理论、教育学说与马克思主义基本教育观点的热潮。在当时国外的各种对我国学前教育产生广泛影响的教育理论与教育思潮中，影响最大的莫过于杜威的实用主义教育思想与儿童中心论。儿童中心论反对传统的以教师、书本和课堂为中心，主张从儿童的本能、兴趣和需要出发，以儿童自身的活动为教育过程的中心。1922年9月，教育部通过了《学制改革系统案》，该学制是根据如下目标制定的（含有教育目标）。

适应社会进化之需要；发挥平民教育精神；谋求个性之发展，注意国民经济力；注意生活教育；使教育易于普及；留各地方伸缩余地。

1932年10月教育部公布《幼稚园课程标准》，提出幼稚教育的总目标。

增强幼稚儿童身心的健康；力谋幼稚儿童应有的快乐和幸福；培养人生基本的优良习惯（包括身体、行为等方面的习惯）。

总目标并没有一般地从德、智、体、美几方面提出要求，而是体现了尊重儿童及其发展，谋求儿童个性之发展、追求儿童身心健康、快乐和幸福及为人生发展奠基的总原则。这是我国第一个由国家颁布的《幼稚园课程标准》，由于是由我国专家学者在总结自己实践经验的基础上，根据我国的国情编订的，虽然也吸收和借鉴了西方的学前教育思想，但充分体现了洋为中用的精神，因此它很富有民族性；同时，它以心理学、教育学、卫生学等学科的理论为指导，对教育内容和方法所作的各项规定，都比较符合儿童的年龄特点和教育的要求，具有较强的科学性和操作性。它对我国学前教育向中国化和科学化的方向发展，提高我国学前教育质量，起了重要的作用。

（二）普遍性目标和行为目标的混合时期

新中国成立初期，我国教育界积极向苏联学习其幼儿教育理论和经验，这对改造我们的旧教育，建设新教育，起了积极的作用，取得了显著的成绩。但是，在学习的过程中，也出现了结合我国实际情况不够、生搬硬套的弊端。这些在1952年教育部颁发的《幼儿园暂行规程》和《幼儿园暂行教学纲要》两个试行草案中得到体现。其要点如下。

根据新民主主义教育方针教养幼儿，使他们身心在入小学前获得健全的教育；同时减轻母亲对幼儿的负担，以使母亲有时间参加政治生活、生产劳动、文化教育活动等。幼儿园全面发展的教养目标包括如下内容。

1）培养幼儿基本的卫生习惯，注意其营养，锻炼其身体，保证幼儿身体的正常发育和健康。

2）培养幼儿正确运用感官和语言的基本能力，增进其对于环境的认识，以发展幼儿的智力。

3）培养幼儿的爱国思想、国民公德和诚实勇敢、团结、友爱、守纪律、有礼貌等优良品质和习惯。

4）培养幼儿爱美的观念和兴趣，增进其想象力和创造力。

幼儿园教养原则包括：使幼儿全面发展；使教养内容和幼儿生活实际相结合；使幼儿有独立活动完成简单任务的机会，使幼儿习惯于集体生活；使必修作业、选修作业以及户外活动配合进行；使幼儿家庭教育和幼儿园教育密切配合。

新中国成立之初，学习苏联的教育理论和经验对有目的、有计划、有组织地实施全面发展的学前教育，作出了可贵的贡献。但是，苏联专家、学者及其教育思想对我国的学前教育的影响并不完全都是积极的，他们对西方当代教育制度和教育理论的片面观点，他们过分强调集体统一、正规化、教师的主导作用、课堂教学的作用等思想，也都影响了我们的学前教育工作。如加强了计划性，忽视了灵活性；注意了集体，忽视了个体；机械划一，重教轻学等。在学习苏联经验的同时，其片面的观点导致了对杜威实用主义、儿童中心论等的彻底批判。在当时实行的是苏联式的系统性、科学性的分科教学，抛弃了陈鹤琴、张雪门等学前教育先驱所倡导和试行的单元教学法。

（三）走向体验性目标

1. 改革开放时期的学前教育目标：过渡时期

经过"大跃进"、"文革十年动乱"，我国的学前教育事业遭受了严重的摧残，付出了沉重的代价。为了使学前教育科学化、规范化，国家出台了一系列幼儿教育工作条例，终于于1989年6月发布《幼儿园工作规程（试行）》，在规程中提出学前教育的总目标是：把儿童发展放在首位，创造和谐的环境，实行保育与教育相结合的原则，对幼儿实施体、智、德、美全面发展的教育，促进每个幼儿身心和谐发展。

随着我国改革开放的深入，当代西方先进的儿童心理教育理论、学前教育方案逐渐引入我国，对传统的教育观念产生了极大的冲击，如皮亚杰的儿童认知发展理论、维果茨基的社会认知发展理论等。这些理论认为学前儿童是自身发展的主体，在教育过程中要充分调动儿童的积极性、主动性和创造性。儿童的发展是通过自身与环境的交互作用得到实现的；儿童是在活动中不断发展的，课程应通过组织生活的、教学的、游戏的教育活动进行。学前教育应保证每一个幼儿在自己原有的基础上，在身体、认知、情感、社会性等方面获得最大限度的整体的发展，为每一个幼儿按自己的学习方式和速度进行学习创造条件。

2. 当代学前教育目标：体验性目标

为了更好地贯彻《幼儿园工作规程（试行）》（以下简称《规程》），打破应试主义教育的束缚，积极推进素质教育，2001年7月，教育部颁发了《幼儿园教育指导纲要（试行）》（以下简称《纲要》）。值得注意的是，《纲要》的宗旨是"指导幼儿园深入实施素质教育"，幼儿园教育的性质和根本任务是幼儿园教育是"基础教育的重要组成部分，是我国学校教育和终身教育的奠基阶段"，其根本任务是"为幼儿一生的发展打好基础"。在《规程》中曾将幼儿园教育方面的任务作为幼儿园的双重任务之一，规定为"对幼儿实施体、智、德、美全面发展的教育，促进其身心和谐发展"。在当今素质教育进一步深入的形势下，《纲要》在《规程》基础上，进一步将幼儿园教育任务的终极目的突显出来，以体现富于时代精神的终身教育理念和以儿童持续发展为本的学前教育追求。

《纲要》将幼儿的学习范畴按学习领域相对划分为健康、语言、社会、科学和艺术等五个领域，在对每一领域进行阐述时，均包含"目标"。目标表明了该领域重点追求什么，它的主要价值取向何在。所有领域的目标既比较集中地体现了该领域特有的价值，也体现了《纲要》的基本追求。在目标的表述中较多地使用了"体验"、"感受"、"喜欢"、"乐意"等话语，突出了情感、兴趣、态度、个性等方面的价值取向，着眼于培养终身学习的基础和动力。

第三节　学前教育的原则

理解学前教育的价值、目标，为教师热爱儿童、尊重儿童、确立学前教育的原则提供了必要的前提。

一、儿童本位的教育原则

（一）保障每一位儿童的学习权

20世纪中叶以后，人类教育进入"大众主义"时代。"大众主义"时代的学前教育谋求平等与高质量兼得。

"大众主义"时代的学前教育所追求的平等与高质量是怎样的关系？首先，平等与高质量是两种不同的价值追求。平等意味着每一个适龄儿童都有均等、公平的受教育机会，它强调的是机会均等。高质量意味着每一个适龄儿童所接受的是达到一定质量规格和标准的学前教育，它强调的是学前教育质量。平等与高质量的内在统一是教育民主化与教育公平理念的基本内涵。

"大众主义"时代的教育民主或教育公平意味着每一个适龄儿童都应当平等地接受高质量的学前教育。

然而在我国，由于历史的原因，无情的现实，特别是学前教育的市场化导向、城乡差异、家庭差异，严重践踏了教育平等。一方面，大多数儿童被迫接受劣质的、不能满足其基本学习需要的教育；另一方面，极少数儿童又在种种借口之下沦为教育的特权阶层，消耗着大量教育资源，尽管这极少数儿童所享受的未必是真正意义上的高质量教育，但他们所耗费的教育资源却超过了大多数儿童的总和。

教育民主新概念的具体要求是：积极消除教育差异，特别要积极接纳边际群体（如街头流浪儿、童工、偏远地区儿童或游牧儿童、某些少数民族儿童及其他处境不利的儿童），让每一个儿童依法接受高质量的学前教育；消除性别差异，确保女童及妇女受教育的权利；为有特殊教育需要的儿童（指所有残疾或学习困难的儿童）提供平等的受教育机会，依法贯彻全纳性教育原则，使每一所学校成为"全纳性学校"，使我们的社会成为受人欢迎的"全纳性社会"，确保每一个儿童的受教育权利，满足每一个儿童的基本学习需要。

当前我国的学前教育逐步转向谋求高质量与平等兼得。也只有平等与高质量内在统一的学前教育才符合义务教育的基本精神——教育民主与教育公平。中国当前深化课程改革过程中所产生的种种教育热点问题（如重点幼儿园、天价幼儿园等问题、学前教育阶段经费筹措问题、学前教育阶段教师待遇问题、城市与农村幼儿园差距问题等），大都反映了人们对教育公平的渴望，教育政策若不能妥善解决这些问题，将会影响到学前课程改革的深入进行，进而会影响到未来国民的素质的提高。

（二）热爱儿童、尊重儿童

在教育过程中坚持热爱儿童、尊重儿童是儿童正常发展的前提，为此，教师应注意如下几点。

第一，教师应热爱每一位儿童，不论其出身、家庭背景、性别、年龄、相貌、发展水平如何，都应一视同仁。

第二，要信任、尊重、民主地对待儿童。要相信儿童有处理同伴之间冲突的能力，在他需要帮助的时候，教师才介入；要让儿童充分协商地参与各种游戏活动规则的制订或废除。幼儿园的常规包括了角落的、生活上的、团体的，常规是可以通过协商讨论的，有问题可以大家来谈，是可以更改的，不断地讨论协商、不断地提醒过程，是可以内化规范的，而不是凭借外力的方式。常规形成后，教师必须首先遵守。尊重的教育理念，应体现在孩子的每一个生活层面中，师生间的互动、环境的设计、课程的产生、常规的建立，无不强调应以孩子自身的价值与需求为目的，应以民主、尊重的方式教育孩子，接纳、欣赏每一个孩子的不同，让他们都能得到最大的发展与成长。

第三，要鼓励儿童，帮助儿童建立自信心。

第四，要保护儿童的自尊心。教师不要当着第三者揭儿童的短处。

第五，要杜绝体罚儿童。教师不能歧视儿童、虐待儿童、体罚和变相体罚儿童、侮辱儿童的人格，以免损害儿童的身心的健康发展。

二、全面发展的教育原则

学前教育要倡导全面教育。强调课程要促进每个儿童身心健康发展，培养良好品德，培养终身学习的愿望和能力，处理好知识、能力以及情感、态度、价值观的关系，克服课程过分注重知识传承和技能训练的倾向。学前儿童在以下 6 个方面的发展是重要的，即自我意识、情感、社会性、交流能力、认知能力、感知和运动能力。

（一）促进儿童自我意识的发展

教师应创造一种支持儿童的积极的自我认识发展和增强儿童在日常生活中的独立

性的教学游戏环境。教育应在以下几个方面促进儿童的自我发展：自理能力——形成自己进食、穿衣和有规律地上厕所、睡眠的习惯；独立性——自我控制和对周围环境的控制；个人健康——形成有关身体部位、营养、卫生保健、防止毒品和吸烟、保持健康等方面的知识；个人安全——学习保护自己免受虐待、有关交通等安全知识，形成对周围环境中的不安全因素的意识。

（二）促进儿童情感的健康发展

儿童通过课程活动、游戏认识到自己是独立的、主动的和独特的个体。教师应鼓励儿童理解和接受他们自己的情感，增强人际关系以及促进他们成功地对付压力和变化的能力的发展。课程与游戏应促进儿童情感在以下几个方面获得发展：对情感的认识、接受和表达——认识到多种情感以及学会对他人表达情感；对各种状态做出反应的能力——学会对压力、冲突或变化做出适当的、健康的反应，而不是过激的或消极的反应；学会运用放松的技巧，学会解决感情上的冲突和问题。

（三）促进儿童的社会性发展

课程教学、游戏应为儿童社会性的发展提供一条途径，应使其在合作中进行，让儿童学会分享、学会合作，扩展对他人的同情心以及减少自我中心。教师可以通过为儿童提供各种途径去担当别的角色，通过允许儿童参与到制订或废除有关团体、角落、游戏等的常规中，以及提供解决同伴冲突的机会，来促进儿童的社会交往能力、协商能力的发展。教育应在以下几个方面促进儿童的社会性发展：社会交往——与同伴和成人的交往，解决冲突；合作——学会帮助、分享和轮流；保护资源——适当地运用材料和环境；尊重他人——理解和接受个体间的差异，理解多元文化。

（四）促进儿童交流能力的发展

教师应通过游戏提供一种自然情境，一种有助于分享思想、情感和新颖的想法的情境，从而促进儿童的许多语言技能的发展。在游戏中儿童以富有创造性的、丰富的方式运用着语言来扮演角色和交流彼此的需要、想法和愿望。教师通过游戏等活动促进儿童交流能力在以下几方面的发展：接受性语言——听从命令，理解基本概念；表达性语言——学会表达需要、愿望和情感，运用单词、短语、句子，清楚地有区别地进行表达；非语言的交流——学会运用适宜的交流方式、面部表情、身体姿态、手势等；听觉记忆与分辨能力——能理解口语，能区别不同声音。

（五）促进儿童认知能力的发展

教师应通过课程或游戏鼓励儿童积极地作用于环境，解决内部的和人际间的冲突，以及完成智力和认知方面的任务。以游戏为基础，允许儿童进行选择和自我指导的课程，鼓励儿童按照自己的速度学习，而且能让儿童获得主动感和成就感、有兴趣地快乐地学习和形成自我指导，信任自己和有良好的自我价值感。教师促进儿童认知能力在以下几方面的发展：问题解决能力和推理能力——能运用发散思维，能对同伴的问题提供解决办法，能有"如果……会怎样"的思考，回答问题，能有逻辑地扩展句子和故事；概念形成——理解空间关系，认识颜色、数字和形状；模仿和记忆——模仿、对过去事件的回忆、事件顺序；联想和分类——匹配、分类，组合、归类、分级、建立物体空间的相互关系。

（六）促进儿童感知和运动能力的发展

教师通过建立支持性的、开放的、具有挑战性的环境促进儿童的大肌肉运动能力和非大肌肉运动能力的发展。很多的运动机会传递下来的学习经验能增强儿童正在发展中的运动能力。教师通过游戏、体育课程等活动促进儿童以下几方面感知运动能力的发展：手脚眼的协调，大肌肉运动能力，非大肌肉运动能力，身体支配和控制平衡能力等。

三、个性化的教育原则

我们认为，以儿童为本的思想的确立表明在宏观的学前教育理念和学前教育政策上确立起了个性发展的方向。追求个性发展成为当今世界学前课程改革的重要价值取向。

事实上，在许多人心目中的所谓"有个性"，往往被视为其言其行有别于他者，诸如性情怪异者、执拗强辩者、我行我素者等。至于把"个性"混同于"个人主义"加以讨伐者，则恐怕是一种糊涂的偏见或地道的"左倾幼稚病"了。其实，所谓"个性"无非就是"个体拥有的'独特性'"。不过，它超越了"个别差异"的涵义，而是意味着"个性最能发挥其自身存在的社会价值的特性"。因此，个性问题，归根结底属于每一个人的内心精神世界的范畴，亦即牵涉主体的感受、本意、观点、思想方法和世界观的范畴。

怎样理解个性发展？我们认为有在以下诸方面所取得的共识。

第一，个性是完整的，创造力、想象力等品质是个性健全发展的表现。第二，个性是独立的、具体的、特殊的。尽管个性发展离不开与他人的交往，但个性首先具有内在的独立性。第三，个性发展内在地包含社会性的发展，每个人的发展必然带来整个社会的发展。把个性发展与社会性发展、每个人的发展与整个社会的发展孤立和对立起来或并列起来，都是二元论思维方式的产物，都不能正确理解个性发展的本质。第四，个性是一个永无止境的完善过程。《学会生存》一书中指出，人和其他的生物的一个重要区别是人的"未完成性"。就是说，人的生存是一个无止境的完善过程和学习过程。"事实上，他总是不停地'进入生活'，不停地变成一个人。"因此，终身学习不只是社会的要求，还有着个性发展的内在需求。

由此看来，个性是完整的，亦是独立的、具体的、特殊的，因此，培养个性应尊重个性的完整性、独立性。个性发展内在地包含了社会性，因此，个性的成长是在生活中、在持续地社会交往中进行的，个性发展是无止境的完善过程，因此，终身学习应成为每一个人的内在的需求。

基于个性化原理的教育，要求教师要充分尊重儿童的独立性和自主性，还要充分调动儿童参与探究的积极性，保障每一个儿童以多样个性为出发点的活动性学习、合作性学习；幼儿园的使命在于，培养每一个儿童成为自立的、活动的、合作的学习者，构筑学习共同体。个性化教育反对"一刀切式的划一的教育"，这种划一的教育以同样的方式对待每一个不同的人，以同样的方式学习同样的科目，并用同样的方式进行标准化的

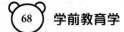

评估。这种表面的平等背后的假设是对儿童有效地管理和控制，是反人性的。

四、以游戏为主的教育原则

（一）游戏的定义

游戏是儿童自发的、不受外在施加的目标引导，是为了产生刺激而不是为了获得物体信息的一种活动模式。它具有以下特征及价值。

1. 非真实性

游戏事件是根据游戏的框架来界定的，与固定的日常生活经历有别。物体的通常意义被忽略，而常常代之以新的意义。

2. 自主自愿

游戏不受外在驱力或目标所驱动。相反，游戏的动机来自于个体自身。

3. 过程导向

当儿童活动时，他只关注活动本身，由于不存在追求目标的压力，从而儿童可以尝试各种行为和方式。

4. 自由选择

自由选择是儿童游戏概念中的一个重要因素，一个活动如果是儿童自由选择的就是游戏，如果是教师分配的就是工作。

5. 积极情感

游戏通常充满着"愉悦及欢乐"。在游戏中儿童能控制所处的环境，表现自己的能力和实现自己的愿望，从成功中获得愉快。

由于游戏的上述特征，游戏特别适合儿童身心发展的特点。儿童的认识过程带有具体形象性和情绪性特点。而游戏是具体形象的、是社会的，游戏中有动作，有活动，有玩具材料。游戏内容丰富多彩，灵活多变，引人入胜。所以儿童乐于从事游戏，教师适当地介入，儿童能在游戏中受教育。

（二）游戏的教育意义

教师可以通过多种方法来应用游戏达到推动儿童发展的目的。

1. 通过提供支持性的游戏环境进行"情境教学"

教师可以通过儿童在装扮性游戏中对真实道具、非真实道具的使用以及根本不使用道具，来测定儿童在语言、想象和表征能力方面的进步。这样教师就可以对游戏活动中已有的物品作出适当的调整以便儿童在游戏中使用，而且教师应该对假装性游戏中各角色和主题出现的困难作出敏锐的反应，使角色和主题更接近儿童的生活经验。

2. 深刻理解游戏的社会实践性，促进儿童的社会性发展

在游戏中，扮演不仅表达游戏主题及情节，也展示了在游戏情境中的社会因素，游戏是人际关系重建的社会实践活动。这样一来，教师就对游戏的性质有了更多认识：游戏内的社会关系重建和游戏外的社会关系的表达有怎样的联系？教师通过这种方法来考察游戏，就能够敏锐地察觉到教室或幼儿园内的人际关系。这对评估和引导每一个儿童的社会发展方面很有价值。

3. 游戏是表演，是一个舞台事件，以此来扩展儿童的各种智能

游戏是儿童的表演，要求教师尊重儿童装扮的游戏世界与真实世界分离开的界限。所以教师无论是作为一个成人试图进入游戏世界的时候，还是试图帮助一个儿童加入一个正在游戏的共同体组织的时候，都应保持高度的敏感。因为过多的干预会破坏儿童自发地在游戏者、游戏同伴、导演、制作人和观众之间形成的默契、和谐。如果教师觉得需要给孩子一些指导让他们受益，那么可以通过担当游戏情境中的一个角色而不是以局外的权威人物来提出帮助。

儿童在整个游戏进程中，不仅是游戏者，他们还是导演、制作人和观众——真的和假想的，所以在游戏中教师能够观察到儿童在这些不同领域的不断增长的技能。这些游戏中所体现的行为技能可能成为儿童智力和语言能力的另一个指数。而且，儿童的这些技能具有不可避免的个体差异，教师如果能够用这种方式来观察记录游戏，就能够更好地促进这些技能的发展。

4. 把游戏作为儿童"作品"来阅读，生成儿童的课程

教师通过观察儿童在游戏中的所作所为，可以评估儿童知道什么，儿童是如何组织经验及如何表达它们的，以及什么对儿童来说是重要的。然后教师就可以抓住儿童的特殊兴趣，生成儿童喜欢的课程。

 本章小结

本章首先探讨学前教育对儿童发展的价值——提出儿童发展的关键期和儿童发展的特点，在此基础上阐述了学前教育的意义所在；继而探讨学前教育的目标含义、类型演变及适当性；并在上述基础上阐述了学前教育应坚持的原则——坚持儿童本位、全面发展、个性化和游戏的教育原则。

思考与练习

1. 名词解释：

教育价值	关键期	教育目的	学前教育目标
普遍性目标	行为目标	生成性目标	表现性目标
体验性目标	游戏	大众主义教育	精英主义教育

2. 阐述你对"关键期"的教育实践的认识。
3. 试比较本章介绍的几种学前教育目标类型的异同点？
4. 请谈谈你对学前教育目标功能的认识。
5. 请谈谈你对学前教育原则的认识。

第五章

学 前 教 师

要全面提高学前教育质量、使每位儿童获得发展，提高学前教师的地位、道德和专业素质是根本。本章从职业特征、角色、专业素质及专业成长等方面具体阐述了高质量的学前教师的内涵、特征及养成。

第一节 学前教师的职业特征和角色

一、幼儿园的作用

幼儿园作为一种社会公共教育机构，是伴随着资本主义工商业的发展而出现的，以后逐步纳入学校教育体系。

1840年，德国教育家福禄培尔创办了世界上第一所幼儿园，此后，这一名称被普遍采用。在他看来，所谓幼儿园是"儿童的乐园"，也是幼年儿童幸福的标志。

福禄培尔认为，幼儿时期是人的发展过程中的一个非常重要阶段。"人的整个未来生活，直到他将要离开人间的时期，其根源全在于这一生命阶段……取决于他在这一阶段的生活方式。"因而儿童早期教育的重要性高于一切。如果我们看不到人类发展这一自然和神圣的起点，我们就将看不到人类发展的方向，以至只能建立空中楼阁。基于这种认识，福禄培尔把学前教育有机地列入到完整的教育过程中，看做是人的真正教育的开始。

福禄培尔提出，幼儿园应当帮助那些无力照顾孩子的家庭解决照管孩子的困难，同时更重要的是培养学前儿童参加与其本质相适应的活动，特别是通过游戏活动发展他们的体质、感官、心智等多方面的力量，为初等学校和未来生活做好准备，这是幼儿园的首要任务。

幼儿园还应当对家庭育儿提供指导并培训幼教工作者，介绍推广学前教育经验。这也是福禄培尔创办幼儿园的目的，并作为幼儿园应承担的任务。

进入20世纪以来，各国学前教育随着普及义务教育的实施得到了迅速的发展，3～6岁儿童入园率一般达到50%以上，在一些国家比例更高。欧美一些发达国家的幼儿园（幼儿入学前1～2年在这里受教育）作为义务教育的组成部分，这部分教育是国家的职责。我国 20 世纪 90 年代以来，3～6 岁儿童入园率不断提高，目前达到 40%左右，学前一年则达 60%。幼儿园被纳入基础教育，成为整个教育体系的有机组成部分，成为终身教育的基础。学前教育关系到儿童一生的可持续发展和国家之兴盛。

随着幼教事业的发展，规模不断扩大和量的增长，迫切需要提高幼儿园教育质量并改进其社会服务功能。这些都对教师工作提出了更高的要求，也是对教师素质的挑战。

二、学前教师的职业特征和角色

（一）教师——通向未来的职业

教师是世界上最古老的一种职业，也是永恒的职业，它伴随着人类社会的始终而永存。

早在两千年前，中国古代思想家荀子就曾对教育和教师对国家兴衰、法制存废的重要性有过论述："国将兴，必贵师而重傅；贵师而重傅，则法存。""君师者，治之本也。"

在整个人类历史发展历程中，教师用自己的心血传授社会伦理、生产技能和文化知识，造就一代又一代适应时代发展的社会成员，对人类的生存和延续，对人类知识的传递与发展有着重大的贡献。近现代学校制度的建立和发展，教师的作用日益突显。教师职业促进了社会生产力的发展，推动了社会文明和民主的进程，推动了科学技术的进步。正是因为教师职业在人类历史进程中的巨大贡献，17 世纪捷克教育家夸美纽斯誉之为"太阳底下最光辉的职业"。

幼儿园教师的工作对象是幼小的儿童。儿童虽然弱小稚嫩，但他们是人类的未来，是国家和社会的希望。学前教师是代表国家利益，培养新生一代的；学前教师是引领幼儿走出家庭，走向社会，进入正规学习生活的重要中介和桥梁。学前教师从事的是"根的事业"，根深才能叶茂。

学前教师的职业关系到儿童打好身心健康的基础及其一生能否持续发展，同时也关系到国家命运、人类文化之兴衰。教师肩上承担着重要的使命，是"负有上帝和国家使命的人"。"教育就是促进人类的自我完善……没有一种目的比整个人类和教师的自我培养与自我完善的目的更为崇高的了"。

美国教育家卡内基教育基金会主席欧内思特·博耶说，"在我看来，教师是一种对年轻一代具有最深远影响的专业人员，是一种比任何其他职业都神圣的职业"。

教师职业的作用主要体现在对儿童个人成长的作用，进而表现为传递人类文明的作用。教师的教育工作在促进社会进步和公平方面也在发挥着越来越重要的作用。

（二）教师的角色

角色，可以理解为一个人在社会群体中的身份和与他身份相适应的行为规范。在社会生活中，每个人都属于一定的团体或群体，在团体里，每个人都有一种身份，处于某种位置或分担一份责任，作为群体中的一员，他还需要作出相应的关于应该做什么和不应该做什么的行为规范。当一个人按照自己的社会身份所规定的责任或行为规范去行动时，便充当着角色。

教师这一社会角色是指教师在学校、幼儿园等教育机构中专门从事教育教学活动的角色，这个角色的特殊身份和与这个身份相适应的行为规范，要求教师在其角色行为方式上表现出与其他职业不同的特点。

1. 伙伴、倾听者

在幼儿园，教师不是教育专制者、权威人物，而是儿童的合作伙伴，是"更有能力的其他人"，师生是平等的合作伙伴，师生之间的关系是伙伴关系。教师研究儿童，提供机会，在重要的时候介入儿童的活动，与儿童分享高昂、热烈的情绪。教师不是裁判和评价者，而是儿童的一项课程资源。当儿童需要支援时，他可以从教师那里获得帮助。因此，师生之间的交流主要是以儿童感兴趣的话题——主题，作为交流内容的，很少涉及纪律和常规。这是一个不必要的纪律和常规自然消失的过程——当教师和儿童的心智在彼此都感兴趣的问题上聚焦，当他们同等地参与到所探索的事物、所使用的材料和方法、所设想的可能性以及活动本身的进程之中的时候。这样的互动包含着智慧的激发与碰撞、经验的交流、情感的共享，每个人都能感受到来自对方的支持。教师在传统意义上的作用并没有被彻底否弃，而是得以重新构建，他们从存在于学生情境之外转化为与学生的情境共生、融入、共存。在这样的平等互动中，教师身上所负载的社会文化以"润物细无声"的方式影响着儿童，同时，在这样的互动中，教师的职业幸福感也从中获得生发。

教师应坚持认为"幼儿是自己生长过程中强大的、积极主动的、有能力的主角"，而且还应在行为上让儿童相信教师们确实是这样认识的。由此，体现教师观念的首要行为便是倾听。"倾听"的意义代表着对幼儿全心全意的关注，意味着理解和尊重，意味着对别人以及别人的意见敞开心扉，意味着教师尝试越过成人世界与儿童世界隔离的高高的围墙，去理解成人曾经走过却已为成人遗忘的儿童世界。教师应全神贯注地关注孩子，倾听他们的言语，观察他们在各种情境中表现出来的行为方式，分析他们的心智发展，找出他们当时所遇到的问题。

在幼儿园教育工作中，倾听者是幼儿教师的基本角色，教师应把"倾听"儿童放在教师角色的中心地位。因为倾听意味着对这个世界深入的理解，给孩子们最好的礼物就是尽可能花时间倾听儿童的心声。倾听并不只是对儿童的语言和行为的知觉和记忆，而是包括对它的意义的建构和解释。这个过程不仅直接表达了教师的态度，而且帮助教师更好地理解孩子，理解他们的学习方式。倾听意味着儿童在学习过程中扮演主角。倾听是幼儿园教育教学活动进行的前提，教师理应是在倾听儿童对生活中或学习中的所见所闻的看法的基础上提炼出活动的主题。幼儿园中的教师在儿童学习的过程中不应急于介入儿童的工作，而是站在他们的身后，先观察一下孩子学习的方法，再等待介入的时机。在这个过程中，教师应倾听并观察儿童在活动中的种种表现，并根据这些表现来决定课程教学活动的进展方向。同时，将听到和记录下的内容作为了解儿童、与家长交流的依据。

"倾听"（包括观察）是理解的基础，它在幼儿教师的工作中处于中心位置。教师在倾听和观察的基础上，将所见所闻记录下来，形成一种观察记录。在幼儿园，教师工作的主要方法就是去发现、观察、现场感受、重点关注，还有创造、收集和文件共享，包括列表、记录、照片、录像、笔记、资料等。教师应广泛地对儿童进行观察并对儿童个体和小组工作作档案记录，并探索和解释儿童的学习过程。记录可以是评论、照片、艺术品以及代表儿童对概念理解的任何制作品。档案每年都同家庭一起分享，教师应经常同家长一起讨论孩子的发展问题。教师也可以准备"日志"或者回忆册子、相片、有趣的小事的记录、儿童的作品和其他一些有意义的记录来追寻每一位儿童在学校的经验。这些记录帮助儿童仔细考虑他们作为个体和小组成员的表现，并帮助他们把记忆融入到他们生活的描述中。最后，教师帮助其他的儿童制作精巧的建筑物、艺术作品并总结方案学习的表现。记录帮助教师尊重并研究儿童的想法、理论和理解力。这种记录应贯穿于儿童活动的始终，它传递给儿童一种"价值感"，使孩子对自己的工作更加认真负责，也使儿童得以回味或学习别人的工作，从而提高其学习的广度和深度，并发展其自评和互评的能力，而教师也主要是通过记录的资料了解每个儿童学习的过程和困难。同时，记录也为家长了解幼儿，与幼儿互动，与幼儿园互动提供了机会。

因此，教师必须放弃一些权利和决定，而允许儿童自由地探索和建构他们自己的主题课程。这样的主题课程和经验不仅允许教师对儿童个性化的探究，也允许儿童成为关键时刻的思考者。

2. 支持者、引导者

在幼儿园教师应认真对待孩子的"工作"，让他们感知"教师认为重要之事"。教师应努力追随和参与儿童正在进行的积极主动的学习活动（孩子的"工作"），分享他们的激动和好奇，与他们共同体验喜怒哀乐。这不仅是出于密切师生关系的需要，更是一种对儿童、儿童的活动的严肃认真的态度。教师的这些行为会向儿童传递一些信息：老师关心的是什么；老师认为有趣的、值得做的、值得花费时间和精力的事情是什么；老师赞同和欣赏的行为是什么。当儿童感知到教师认为的重要之事之后，就会自然而然地为这些重要之事而努力。

帮助儿童发现、明确自己的问题和疑问。在学前教育者那里，把知识呈现给儿童或回答他们的问题，并不是教师的主要任务，帮助儿童自己发现答案比前者重要得多。教师相信，儿童在进行他们感兴趣的活动时自然会遇到一些想探索或需要解决的问题，教师的作用就在于帮助儿童发现问题、明确问题。在鼓励、支持儿童自己去解决问题的时候，教师一般也不提供现成的解决方法，而是帮助儿童聚焦于问题的关键点或难点，并形成假设。有时，教师的帮助甚至不是为了使学习变得顺利或容易，而是使问题复杂化，以引发、促进更有价值的学习。

学前教师应十分重视为儿童提供交流与合作的机会。在幼儿园，儿童平日的自由交往、游戏已经自然地作为课程与教学的主要形式的项目活动，一般也是由3～4人组成的小组进行的，这无疑更为儿童自由而充分地表达、相互倾听、相互启发、询问、质疑、争论、讨论、互助、协作提供了丰富的机会和条件。在幼儿园，认知上的冲突被理解为所有成长（心智、社会性）的动力，因此，教师应十分珍惜儿童之间的认知冲突或不一致的意见，不是赶快去压制、协调或统一，而是设法展开它，引起孩子的讨论，或者把它变成一些可以被检验的假设、可实际进行的比较，让孩子们通过讨论、检验、比较来发现"真理"，这也是儿童之间的一种真正的合作活动。鼓励儿童同伴相互交流、共同活动、共同建构知识。

3. 教师作为儿童活动环境的创设者

（1）创设物质环境，提供丰富的操作材料

环境有教育的作用，环境被看作是刺激学习的"第三位教师"。马拉古奇说，我们重视环境，因为环境有能力去组织、提升不同年龄的人之间的愉悦关系，创造出美好的环境，提供变化，让选择和活动能更臻完善。而且环境的潜能可以激发社会、情感和认知方面的种种学习。在幼儿园，建筑结构、空间配置、材料提供都须经过精心的挑选和摆放，以传达教育的意图，通过环境激发人与人之间以及人与物之间的交流和互动。环境可能是儿童经验积累的容器和研究和探险的内容。老师对环境的所有方面应给予仔细的关注，寻找方式增加对儿童的教育，增加审美和体验社会的机会。所有幼儿园都应有与主题课程有关的游戏结构和空间。幼儿园内部和地面是为孩子、老师、父母和社区引以为豪的资源。

学前教师是环境的准备者，给儿童提供发现和学习的机会，是儿童与环境之间的动态联结。这是因为环境对教师来说具有重要的作用。马拉古奇曾说，我们学前学校的墙壁会说话，也有记录的作用，利用壁面的空间暂时或永久地展示幼儿及成人的生活。环境需要教师花费很多的时间和精力去进行设计，需要他们共同研究、共同创造和实践。幼儿园的环境都理应是根据幼儿、教师和家长的需要和特点以及学校的实际情况所创设的，它的环境在任何地方都不能完全被复制出来。环境记录是教师辛勤工作的体现，它帮助教师理解儿童工作的过程，发现儿童的个体差异以及在选择表达方式上的性别差异，不断修正自己观察和记录的方法，促进了教师的成长，促使教师反思教学过程中的得与失。

教师在创设环境的过程中要为儿童准备大量真实的物质材料。儿童是主题课程活动的主体，是自我内部成长的主人。教师一方面要根据儿童的年龄特点和个别差异，为儿童准备丰富的可以刺激他们好奇心，能满足他们求知欲的真实的物质材料，另一方面还要根据课程活动的预设、进度情况，为儿童准备具有形象性、可操作性和探索性的材料。同时，教师还应为儿童提供自由操作的时间，在儿童操作的时间里，教师不必进行干涉，让儿童自己思考和探索，能运用多元性的符号以及美术材料来表达自我。儿童在对各种物质材料进行操作、摆弄的过程中，把对客观世界的直接感知内化到自己的认知结构中，促进了其想象力和潜能的发挥。

（2）创设精神环境，使儿童在自由、愉快的氛围中成长

环境不仅包括物质的环境，还包括精神的环境。物质环境是基础，但精神环境的作用是不能被忽视的。精神环境能激发儿童学习的热情，是儿童学习动力的来源。学前教师不仅要为儿童创设具有支持性的物质环境，还应更重视为儿童创设良好的精神环境。在幼儿园中，儿童应感到他们是安全的，是被关注的，是被理解的，无论儿童之间的差异有多大都能感到是被教师信任的。倘若教师能以儿童的思维方式看待世界，把自己看作他们中的一员，那么，教师就能以儿童的眼光看世界，能理解他们的奇思妙想，理解

他们的古灵精怪，能分享儿童的内心世界，保护儿童的好奇心和创造性，尊重儿童的热情，与他们一起协商课程活动的主题。在课程活动进行的过程中，教师不应轻易介入儿童的操作中，而应在旁边认真地观察和记录，给儿童留出学习的空间。教师不会急于直接教给儿童任何知识，也不急于对儿童的操作下结论，也没有规定儿童通过操作要达到一个具体的目标。即使在这个过程中儿童犯了错误，教师也能理解和原谅，而不会因为儿童的错误而排斥和否决他们。在这样的氛围中，儿童能真实地感受到教师的"爱"，感受到在幼儿园的自由和愉快。

4. 实践者、学习者、研究者

20 世纪 50 年代以来，教育发展提出了教师专业化的要求，教师不独是一种职业，而应成为一种专业，这意味着教师要立足岗位，伴随其职业生涯，不断实现专业发展和成长。现代教师观包含对教师的三点基本看法：①教师是专业人员，教师要具有专业知识、专业能力和专业精神；②教师是持续发展的个体，教师的专业发展与成长是与教育发展与改革创新同步并进的；③教师是学习者与研究者，教师应该同时也有能力在教育实践中对自己的教育行为加以思考、研究并不断调整、改进。教师要自觉主动地反思自己的教育工作，不断进行自我教育完善，在从事教师职业活动中不断成长，实现个人的人生价值，从而也使教师工作和教育事业成为充满智慧的事业。

"知识在社会情境下协调建构而成"的观念，或许最能说明学前教师把自身角色定位于学习者和研究者的深层背景。在这样的知识观导引下，作为学习者的自我形象意味着教育者自然不能把自己看做是一个知识的专门传授者，而是看做一个知识的汲取者、创造者。持续不断的学习通过研究者的角色得以实现。他们收集大量的资料，把自己沉浸在研究与学习的氛围中；与同事合作共同分析和解释资料，形成对儿童、对儿童的学习与发展、对教育教学活动的多彩描述和资料，并形成教育假设，在实践中加以验证。系统化的记录和研究使教师成为研究的"生产者"，而不是传统教育中的"消费者"，教师的学习和专业成长也就浸沉其中了。教育的意义是由教师来承担的，教师也需要承担自身的意义，即伴随职业活动，持续地自我发展和专业成长。

在幼儿园，教师不仅仅是一个教育活动的实践者，更是一个研究者。这个角色是教师工作保持动态的核心。学前教师并不是一个知识的专门传授者，而是一个知识的汲取者、获得者。在幼儿园主题课程生成的初期，教师"只能从儿童那里学习一切与儿童有关的事情"，教师并不是所有知识的代表和权威者，而是研究者。学前教师要成为名副其实的研究者，他们需要用欣赏的眼光来看待孩子并帮助孩子。教师不仅要把自己视为研究者，还要把孩子们也视为研究者。教师同孩子们一起发现问题，一起学习。教师研究孩子，也研究教学法。为了更好地教育孩子，他们尽量了解每一个孩子。学前教师不应相信实行了多年的预设的僵化的幼儿园课程。教师集体观察、记录并研究，进行广泛的批评和自我批评，每一位教师在教学思想上都会有所提高。记录帮助教师提高他们的教学技能，如知道什么时候应该介入，什么时候让孩子们自己解决。在学习经验中收集到的资料可用来帮助他们解答儿童怎样才能更好地学习。这些记录的经验的积累将引起教师对更多问题的探索。因此，研究的过程将继续，教师和儿童也在这种"螺旋上升"

的学习过程中不断进步、成熟。

5. 教师作为中介者、协调者的角色

幼儿园是幼儿、家庭、学校和社区之间相互融合而成的一种教育组织管理形式。幼儿教育是整个社会的事情，不仅包括教育行政当局在内的政府力量介入到幼儿教育的管理中，还应有由家长、幼儿园的教职员工和教学协同研究人员共同组成的幼儿教育共同体，直接参与幼儿教育的管理。在幼儿教育中，家长、学校和社区之间的紧密联系及家长对自己孩子的学校的较高的参与程度，可以使幼儿园成为一个健全的、高效率的教育机构。家长在幼儿园中一直是具有重要的作用。家长对幼儿园有知情与参与的权利，并通过各种形式真正参与到幼儿园的管理和教学中来，具体体现在幼儿园政策的制定上，课程的计划和评价以及主题课程活动的组织等方面。而教师的作用是要在家长、学校和社区之间架起桥梁，起到"中介者"的作用，包括通过不同的方式来向家长和公众介绍儿童的成长情况，与家长一起讨论儿童活动的策划，与社区协商活动的场地，根据公众的意见调整或修改主题课程活动的内容和进程，让家长直接参与儿童的主题课程教学活动等。教师还会根据主题课程活动的需要去联系家长和社区的支持和帮助，家长、学校和社区在儿童教育实践上的沟通，形成了三者之间相互协调、相互促进的关系。

阅读材料："瑞吉欧"学校中教师的作用

瑞吉欧学校认为，在一个特定的教育情景中，"对于教师要做什么和怎么做往往没有最权威的和统一的答案，这一问题完全要看当前班上的具体儿童到底需要什么样的教师"。另外，教师也不断地对自己的作用提出质疑和改进。概括来说，瑞吉欧学校中教师的作用主要体现在以下几个方面。

一、给儿童的学习提供合适的环境和材料

教师在这方面的作用在提法上和我们相同，但在内涵上有点不一样。瑞吉欧学校认为，环境是第三位教师。他们非常强调环境本身的教育作用。如有关方案活动的过程，儿童在活动中的发展，完成的作品等经常在教室中展示出来。不仅展示给儿童看，也展示给成人看。展示给儿童看的目的是可以帮助儿童回顾已有的学习经验，进一步激发他们的学习兴趣，培养自信心。展示给成人看的目的一是帮助教师进一步了解儿童的发展和学习特点，帮助教师对已经完成的方案活动进行反思，从而积累经验；二是帮助家长了解自己孩子的发展情况，了解幼儿园的活动内容，这样可促使他们与幼儿园加强联系，并与幼儿园的教育一致起来，更有目的地对自己的孩子施加影响；三是让公众了解幼儿园并得到他们的支持。优美的学校和教室环境是瑞吉欧学校的一大特点。他们对环境的设计和安排非常细致，并强调环境的审美意识。在材料的准备上也强调材料的颜色、质地和类型的多样性和审美价值。提供的材料要能激起儿童去触摸、欣赏和使用的愿望。给儿童提供多样的材料是鼓励儿童运用多种表征手段来表现的必要条件。

二、成为儿童学习和探索的合作伙伴

教师既是教育者同时也是一个学习者，这是瑞吉欧学校中教师作用的一个特

点。教师在方案活动中具有双重身份。既以平等的身份参与又在参与过程中进行引导。教师平等地参与儿童的学习活动传递给儿童的一个信息是，他们所从事的活动和完成的作品都是很重要和有价值的。

教师的平等参与也给教师提供了一个极好地了解儿童的机会，因为在这种时刻，教师可以更多地看到儿童所遇到的问题和解决问题的方法，从而更有可能根据儿童的反应、兴趣和发展水平来提供反馈；教师的平等参与也给儿童提供了控制学习过程和自由表达的机会。教师和儿童一起在方案活动中深入和详细地探索儿童感兴趣的东西，并在此过程中有效地提供对儿童的能力有一定挑战意义的问题情景和解决问题的机会，以此来激发儿童的思考，促使儿童自己主动地建构知识。瑞吉欧学校的教师把这种具有相互作用特点的学习过程喻之为在教师和儿童之间传递一只球。譬如儿童在活动中的反应好比一只球抛给了教师，教师根据儿童的反应来改变环境，或增加材料，或提供经验等，这就好比把球又抛回给儿童。这样，教师或儿童一方的观点和兴趣引起另一方的反馈，如此循环往复。

三、仔细倾听和观察儿童

瑞吉欧学校认为，教师作用的核心是倾听。倾听也就是跟随和进入到儿童的主动的学习过程中去，注意倾听儿童的语言表达、对话及在其他表征方式中表现出来的无声语言。倾听也就是让儿童扮演主动的角色。瑞吉欧学校认为，教师在儿童学习的过程中最好不要急于介入，教师可以先靠边站一会儿，给儿童的学习留点空间。教师先观察一下儿童在这一学习情景中用了什么方法。当教师真正理解了儿童的学习方式时，他们的教学方法就会有所改变。瑞吉欧学校强调教师的动作要慢下来，去倾听儿童的声音的重要性。它意味着不仅仅是在与儿童对话的过程中要慢一点，而且要慢下来去研究儿童的语言表达、图像的表征和游戏。教师可坐着倾听，注意儿童说话的内容，然后重复或解释给其他儿童听，帮助儿童持续他们的交谈。教师还可以把儿童说的话写下来，然后再读给他们听。教师在倾听的同时也应该尝试如何用有效的方法去鼓励和引导他们，并在可能的情况下把倾听和观察的东西记录下来。

四、对儿童的学习过程、进步及成果进行分析和解释

通过各种手段如文字、图画、图解、录像、录音及儿童的作品对儿童的发展和学习行为或方案活动的进程进行系统的书面记录，使每一个教师成为研究的主体。"当教师对儿童的行为进行分析和解释，并把这种信息作为他们教学工作的一个部分时，其结果是他们作为一个教师的角色发生了变化。他们从教儿童变成研究儿童，通过研究儿童来向儿童学习。"也就是说，教师的作用不仅仅是传统意义上的课程的执行人，还是课程设计的主动参与者。

系统的书面记录和分析能帮助儿童记忆和回顾他们讲过和做过的事情，并给他们下一步的学习提供一个起始点；它能给教师提供一个研究的工具和不断改进的依据，并有利于提高教师的教育水平；它还能给家长和公众提供详细的信息，从而使他们了解和支持学校。毋庸置疑，教师对儿童的观察了解应该是教育教学工作的前提和保证。对观察记录的分析无论对提高教育质量、促进儿童的发展，还是对提高

教师本身的水平来说都是受益无穷的。问题在于，详细的记录和分析需要一定的条件，特别是时间来保证。瑞吉欧学校给教师从事这种记录分析提供了较好的条件。

首先，他们每个班的儿童数量（25 人）比我们少，且在儿童从事活动时，往往还有第三位教师（艺术教师）在场。第二，儿童总是有较长的时间在从事自己喜欢的活动，没有我们那么多的环节转换。这样教师就有可能对儿童进行观察和记录。第三，教师的这种观察、记录和分析可以得到外来的理论上的帮助和指导（视导员）。这些视导员不仅熟悉教师，也熟悉儿童和家长，因而可以在分析儿童的发展方面提供重要的理论上的帮助。另外，他们还借助了录音、录像及其他的现代技术条件。我们目前的幼儿园大多还不具备这些条件。如果我们的教师要对儿童进行研究的话，可以从一些可行的事情入手，如注意收集和保留儿童的作品成品和半成品；对儿童的对话和活动过程做一些书面记录并作简单的分析；有选择地在教室里展示一些方案或主题活动过程；教师定期对儿童的行为和进步进行讨论和交换意见（在有条件的幼儿园，教师每天抽半个小时来交流，讨论一下儿童的当日学习活动情况及下一步的对策）等。这样就可以把教育计划的制定和儿童的发展情况更紧密地联系起来。当然，这种尝试也要得到各方的支持，特别是幼儿园的评价体系也要相应调整。

五、照料儿童和引导儿童的发展

瑞吉欧学校中提倡教师带有引导性质的参与，这一概念进一步阐明了教师在儿童的学习过程中的双重角色的特点。尽管教师没有预先计划好教育过程，但他们在教育过程中对儿童的反馈不应该是随机的，而要在支持和引导儿童的学习过程中有意识地促进儿童在身体、认知、社会和情感方面的发展。当一个方案活动开始以后，在让儿童自由探索的同时，教师也提供一些事先设计好的情景或活动。他们也通过介绍材料和工具的特点和使用方法，通过推荐新的材料、工具和活动，通过提供与方案有关的生活经验，通过一定的问题情景来支持和引导儿童的学习过程。瑞吉欧学校特别强调教师在提供材料和活动时，可以有意识地在小组活动中给儿童设置一些难题和问题情景，让一个小组的儿童作为一个整体通过合作来共同解决这些问题。教师的作用是引导每一个儿童在小组共同探索的情景中参与和发展。

在瑞吉欧学校所有的活动中，教师鼓励儿童具有"我们"的意识。儿童的大部分作品和成果都是在小组的形式中完成的。他们认为，就儿童的发展而言，儿童与其他儿童一道感受、思考合作工作和进步的过程，甚至比方案的实际活动内容本身更重要。教师的一个工作难点是帮助儿童找到大小和难度都比较合适的问题。如哪些问题可作为全班儿童都参与的大的方案活动的内容，哪些问题比较适合于作为小组和个人日常生活中的活动内容。在儿童设法解决这些问题时，教师的作用在于帮助儿童去形成他们自己的假设。教师不是通过简化或降低这些问题的难度来促进儿童的学习，而是设法使这些问题更有挑战性和吸引力。另一个工作难点是如何在教师设计和提供的活动情景和儿童自己的自由探索活动，这两者之间保持一种较好的平衡。瑞吉欧学校的教师在引导儿童学习的过程中强调儿童对已有经验的回顾和运用多种语言来表达和表征他们的经验和重要性。因为经验的回顾一方面可帮助儿童在新旧知识之间建立联系，另一方面还帮助儿童从多种角度来看待同一个问题。

六、给儿童树立一个良好的榜样

瑞吉欧学校认为，如果我们要培养儿童的民主参与意识，合作学习和解决矛盾的能力，成人首先要在这些行为上提供良好的榜样作用。如教师之间的公开讨论、批评和自我批评，可以给儿童和家长提供一个如何参与和合作的榜样，从而促进人与人之间的开放和坦诚交流的气氛。

七、促进家长、学校和社区之间的联系

家长、学校和社区之间的紧密联系及家长对自己孩子的学校教育的较高的参与程度，在瑞吉欧学校中也是一个很重要的特点。瑞吉欧学校成功的一个重要因素，是因为它有一个健全的、高效率的社区网络。这一网络中的各个系统、各方人员相互支持和影响。家长的参与体现在对学校的政策制定、课程的计划和评价及方案活动的组织方式等方面参与意见。教师的作用是在这几个方面架起桥梁，包括通过不同的方式来向家长和公众介绍儿童的成长情况，根据家长的反馈意见来调整学习的内容和进程；也包括让家长直接参与儿童的方案教学活动等。

6. 学前教师是幼儿教育的社会宣传员

幼儿教育受到社会方方面面因素的影响，要取得良好的教育效果，就需要实施开放教育，而不是封闭地仅限于做好班级教育工作。学前教师作为专职教育者，其工作范围不仅是要立足教育机构的工作，还需要发挥宣传、引导、辐射作用。从这个意义上，教师还应担负起一定的社会工作者职责。教师要通过积极的社会宣传，创造有利于儿童发展和教育的大环境。有人提出，教师的职责还应当包含这样两个方面：一是研究教育，二是与公众分享对教育的看法。这表明，教师要研究自己的教育实践，还要担负起普及科学育儿知识的责任。"身为教师，还身兼改善社会风气的责任"。2001年国家教育部颁发新《纲要》体现了具有时代特点的新的教育思想，是指导幼儿教育改革的行动纲领。然而改革并不能仅限于教育系统内部，而是要对全社会进行正确教育观念的大宣传、大教育、大普及，幼儿园教师责无旁贷。例如，可以就什么是"优质幼儿教育"，什么是"健康儿童"，与家长、社区公众展开交流讨论，传播、引导、影响社会氛围，在全社会树立正确教育观念和"儿童优先"的意识，共同营造良好的教育大环境。

阅读材料：新《纲要》对学前教师角色的定位

在传统学前教育中，常常听到这样的话："一、二、三，快坐好"、"请你跟我这样做"等，显示出教师是教育方案的设计者、执行者，是知识、技能的传递者，是幼儿行动的指挥者。新《纲要》在以人为本思想的指导下，关注幼儿终身发展，要求学会学习，掌握学习方法，自主学习，合作学习，探究学习。因此，对教师角色进行了重新定位，倡导"教师应成为幼儿学习活动的支持者、合作者、引导者"。这种定位使教师由传授者变为促进者，由管理者转化为引导者，由居高临下转向"平等中的首席"。这就要求学前教师更新观念，不断地改善自己的知识结构，从观察幼儿、理解幼儿、尊重幼儿入手，促进幼儿的全面发展。

（一）教师是幼儿活动的支持者

教师要成为幼儿学习活动的支持者就是要求教师对幼儿的学习活动要提供物质上和心理上的支持。物质上的支持包括创造丰富的物质环境，为幼儿与物质环境互动提供前提和基础；在幼儿缺乏或需要某些学习资源时及时地提供给他们，等等。心理上的支持首先是指教师对幼儿的关怀、尊重和接纳的态度，对幼儿自发的探究活动、新异的想法和发现的支持、肯定和鼓励；还有对幼儿的问题、困难和需要的敏锐的把握，对幼儿想法和感受的倾听与接纳等。由于受语言水平的限制，幼儿自我表达能力较弱，对其自身状态的把握能力也较差。所以，在学习的过程中，他们会遇到许多实际问题，需要教师的鼓励。作为教师，就要像蒙台梭利所说，要将自己的眼睛训练得如同鹰眼般的敏锐，观察到幼儿最细微的动作，探知到幼儿最殷切的需要，并支持他们具有积极意义的需求，达到与幼儿间的沟通。

（二）教师是幼儿活动的合作者

教师要成为幼儿学习活动的合作者就是说教师要以"合作伙伴"的身份参与到幼儿的学习活动中去，共同促进学习活动的不断延伸。在以往的教学中，幼儿只是接受知识的容器，常常是教师一方对幼儿的强制性灌输，只有教师主动地"教"，而没有幼儿主动地"学"，教师和幼儿不是共同地相互作用，而是主要由教师向幼儿发号施令，幼儿只是被动地执行和服从，大多数活动对幼儿都是单向作用。所以新《纲要》提出，要关注幼儿活动中的表现和反应，敏感地察觉出他们的需要，及时以适当的方式应答，形成合作探究式的师生互动。要求视"教"为教师与幼儿的合作，而非教师仅凭主观意志，单方面主宰的活动。视幼儿为平等的合作伙伴，而非被动地接受灌输的容器。如设计主题活动时，教师不应只考虑自己教什么、怎么教，而是必须深入了解幼儿的兴趣、需要、经验、认识水平、个性特征等，应随时根据幼儿的反馈调整计划、活动内容以及自己的教育行为，以赢得幼儿积极的配合和响应。因为每个班级的幼儿有不同的特点，每个主题在探索的过程中幼儿会产生不同的问题，所以只有针对幼儿的不同特点和发展水平产生的课程才是最有生命力的。

（三）教师是幼儿活动的引导者

教师作为幼儿学习活动的引导者是教师作用的最突出的体现，"引"意为"指引"，"导"意为"导向"，教师作为引导者就是说教师以教育目标为导向指引幼儿不断地朝教育预期的目标发展。引导者的角色是教师最难扮演好的角色，因为教师的引导离不开对幼儿学习状况的了解和对幼儿面临问题或矛盾冲突的把握，教师需对这些状况进行价值判断，找出他们与教育目标之间的联系，从而指引幼儿向着积极目标方向发展。一般来说，幼儿的发展需要经历一些共同的发展阶段，但是每个幼儿发展的方向、起点、速度及最终达到的水平都存在着差异，这就决定了引导的差异性。教师应及时抓住这种差异性，根据不同幼儿不同的需要进行正确引导。例如，在做手工活动时，教师可尝试观察幼儿的操作，从幼儿小肌肉的发展入手，发现他们的差异。在布置任务时，按幼儿不同水平提出不同的要求，基本做到任务难度略高于幼儿的现有水平。总之，哪个幼儿能做什么、不能做什么，通过引导又能做什么，教师都要做到心中有数。引导的关键是教师必须准确地把握住幼儿的最近发展区，把握住幼儿发展的"下一步"，因人施教，满足幼儿不同的发展要求。只要通过耐心引导，幼儿都能获得成功和满足，使每个幼儿在其原有水平上，以不同的速度去实现自身的发展。

总之，教师工作的意义也因其角色的转变而转变，教师需要淡化的是主宰的、冷漠无"情"的、高高在上的教育，着力于无痕迹的、帮助、引导式的、动"情"的教育，教师应该是幼儿活动的观察者（支持者）——心中有数，是幼儿意见的倾听者——了解状况，是幼儿的合作者——忧乐与共，是幼儿的欣赏者——尊重与理解，和幼儿一同学习，一同探究，成为幼儿学习活动的"伙伴"，真正实现教师角色的转换。

第二节　学前教师的专业素质

学前教师素养是教育史的永久命题。幼儿公共教育机构的创始人欧文曾这样告诫教师：你们的职责是善于发现孩子们的兴趣，以人道主义对待孩子。他还要求教师始终如一地对孩子们和颜悦色地说话。有"幼儿园之父"美誉的福禄培尔认为：教师是儿童学习的指导者，是良好环境的卫士。我国学前教育的泰斗陈鹤琴先生在《怎样做人民的幼稚园教师》一文中写道："热爱儿童是做一个优秀教师的起码条件。"他说："一个热爱儿童的教师，他是全心全意地为儿童谋幸福，继续不断地改进自己的工作的。反之，一个不热爱儿童的教师，他是不会时时刻刻想到如何指导儿童的生活，如何使儿童得到合理的教养的。"

一、认识自我

教师作为"一个人"，而不是作为职业知识与技能的拥有者。作为教师，意味着什么？我希望成为一个什么样的教师？这些不是预先存在的事实，而是必须以人的经验、价值、信念为中介去寻求的可能性。于是，"自我"对于教师自己解释其工作的本质的方式，是一个重要因素。要准确了解教师专业行为，须分析教师如何看待自己作为教师的身份。教师获得、维持、发展其认同与自我感觉的方式，对于了解教师工作上的行动与职志是很重要的基础。

苏格拉底的名言"认识你自己"，便是对那些不断成长和发展的教师下的最好的一个注解。自我是一种概念、态度和承诺。自我是一种个人的整体的主观环境，它是经验和意义的独特中心。不论是过去的经验或是现在的经验，都会影响一个人的成长与专业发展。影响教师发展的因素之一，是教师对自我的认知。一个积极的自我或自我观点，可提供信心和保证以应付严肃的专业生活，并将积极的感觉传播给儿童。

认识自我即是"自我"建构历程。在此历程中人们追问"我是谁"、"为什么我是现在这个样子？"在这个问题的追问中，人们借由自己与他人的各种关系，反思自己的特质与外界赋予的意义，寻求统合其不同地位与角色，以及分歧的各种经验，以成为一个自我意象，并确立自己所在的位置、期望与行动。一个人借着统整自己的过去、现在、未来，在与外界的互动中构建自己的身份认同。所以，自我的形成是一个人生命历程中经验的诠释与再诠释的持续过程。人们透过认识自己及其行动建构出意义，在过去到现在的旅程中发现秩序与一致性；让他得以在其所站立的、与他人关系的位置上工作，并为其态度、行为辩护。自我认同涉及一个人的知识、价值、情感取向，是透过社会情境的磋商及自我评估过程建构而来的，随着社会情境的变动，自我的认识也在不断变动中。

佛瑞德在一篇探讨优秀教师素质结构的论文中提出了一个教师改变的洋葱头模型，如图 5-1 所示。

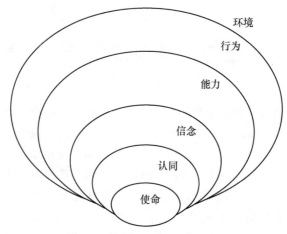

图 5-1　教师改变的洋葱头模型

他指出，在这个洋葱头结构里，内层和外层之间可以相互影响，外层比较容易改变，而内层的改变相对较为困难，但是根本性的教师改变却依赖于内层的信念、认同和使命层面的改变。因而，教师教育的任务就不能够仅仅停留于教师行为和能力的外部改变，而是应该转向对教师专业身份认同的积极关注，实现教师内在的深度改变。诚如布洛所言，"教师身份认同对于教师教育非常关键，它是意义产生和进行决策的基础……教师教育必须从探讨教师身份认同开始"。唯有得到教师自我内在的专业身份认同，教师才可能采取符合教育变革的根本行动，教师个体的生命发展才能得到强调，教师个体的专业自主发展才能成为现实。

二、事业心

事业心是教师从事教育教学工作的根本动力，事业心是个体对自己所从事事业的热爱和努力把工作做好的执著追求。学前教师的事业心表现在以下几个方面。

（一）热爱学前教育事业

对事业的爱是建立在对事业的认识的基础上的。人才的成长是一个连续教育、培养的过程，在这个过程中，学前教育是不可缺少的重要阶段，它是为培养合格人才打基础的。学前教育质量的提高，关系到国家的兴旺、民族素质的提高。有了这种认识，学前教师才会产生高度的责任感，也才会增强对学前教育事业的情感，对工作才会倾注满腔的爱和热情，任劳任怨，不计较个人得失，在任何情况下，竭尽全力把工作做好。

（二）热爱儿童

教师对儿童的关心和爱护是儿童身心健康发展的重要条件。成人的爱抚，能使儿童得到情感上的满足，产生积极的情绪体验，增强自信心、安全感。爱也是做好教育工作的前提条件之一。教育家苏霍姆林斯基说过："学习——这不是把知识从教师的头脑里移注到学生的头脑里，而首先是教师跟儿童之间的活生生的人的相互关系。"教师和儿童间的良好关系，可以使儿童乐意接受教育。儿童喜欢什么样子的教师？用儿童的话说就是："小朋友哭了，马上给他擦眼泪的""经常给小朋友系鞋带的""不厉害的""不发脾气的""不打人的""不把小孩拉出来的"……一句话，爱孩子的教师受小朋友欢迎和喜爱。

教师对儿童的爱是一种理智的爱，俗称教育爱，这就意味着教师要爱儿童，对待儿童态度温和、宽容、不偏爱、尊重儿童的人格，保护儿童的合法权益，做儿童的教师，也做儿童的朋友。

三、健康的身心

健康的身体是搞好学前教育工作的重要保证。教师要教育和照管一群天真活泼的幼儿，需要有良好的身体素质。身体健康的教师，精力充沛，工作效率高，与幼儿一起活动，给幼儿带来自信和欢乐；如果教师体质差，精神状态欠佳，则班级气氛压抑沉闷，影响幼儿心理健康。

教师的心理素质影响幼儿的个性品质形成。心理素质较差的，如情绪欠稳定、主观武断、易冲动的教师，其工作方式可能是专制型的，凡事都要求幼儿按自己所说的做，所任教班级幼儿可能守纪律、听话，但胆小、缺乏自信，依赖性强；又如缺乏独立性、自信心的教师，其工作方式通常是放任型的，对幼儿态度好，但胆子小，做事优柔寡断，所任教班级幼儿可能大多能力强、有主见，但纪律性差，缺乏自制力。具有优秀心理素质的教师，其工作方式倾向于民主型，心胸开朗，思维敏捷，情绪稳定，善于自制，对幼儿充满热情，工作主动，处事机智灵活，所任教班级幼儿大多守纪律，有礼貌，与人亲近，能友好相处。

学前教师必须加强身心修养，在幼儿面前，展现出自身的人格魅力，以获得幼儿的信赖和喜爱。

四、专业知识

学前教师在就职前，必须了解和掌握学前教育的基础知识，了解学前教育发展动向和最新研究成果。学习这些知识将有助于教师掌握学前教育规律，提高工作的目的性、计划性和工作效率；也有助于教师树立正确的教育观念。实际上，每个教师都是按照自己对儿童发展与教育的观点和看法来组织教育教学的。教师的教育观念决定了他在教育过程中确立什么样的教育目标、教育内容和教育策略，对儿童采取什么样的态度。可以说，有什么样的教育观念就会产生什么样的教育行为，它影响教育的效果和儿童发展方向。学前教师只有不断学习学前教育知识，关注教育形势的变化，研究教育实践，才能使自己的教育观念不断更新。

长期以来，社会上有一些误解，认为学前教师所教知识浅薄，没有很高的学术性，谈不上专业性。其实这种看法是片面的。学前教师和一般教师职业一样，是具有双专业性的职业，即不仅要具备所教学科的专业知识和技能，解决"教什么"的问题，同时，要具备传递知识技能的技巧，解决"如何教"的问题。教师同医生、律师一样，必须经过严格的、持续不断的专业训练，能"诊断"、"分析"、"开处方"，成为教育方面的"临床专家"。与一般教师职业不同的是，学前教师不是某一学科的教师，而是担负着幼儿全面教育工作，学前教师对幼儿的教育内容涉及自然、社会、语言、艺术、健康等各个领域，教师需要有比较广阔的多学科知识和教育艺术，才能满足幼儿发展的需要，才能胜任幼儿园的工作。

五、专业实践能力

高尔基说过，教育儿童的事业是要求学前教师要实现自己的职业理想，成为教育幼儿的行家里手，应将教育理论知识转化为教育教学实际能力，这是搞好教育教学的重要条件。如表5-1所示。

表 5-1 教师专业知识结构

知识结构	所掌握知识能否适应教育教学的需求					
	不能		一般		完全能	
	人数	百分比/%	人数	百分比/%	人数	百分比/%
科学文化基础知识	3	1.6	79	40.9	111	57.5
专业技能知识	3	1.6	81	42	109	56.5
专业基本理论知识	120	62.4	25	12.4	48	25.2

（一）观察和了解幼儿的能力

教育幼儿是一门科学，只有了解幼儿，才能教好幼儿。而观察是了解幼儿最重要的途径之一，由于幼儿自身控制能力差，情绪易外露，其内心活动、身体状况常通过表情、动作或简短语言表现出来。幼儿的一个小动作、一刹那的活动，常反映一个真实的内心活动。如：幼儿很重视教师对自己的评价，并在行动中不经意地表现出来。犯了错误常常不自觉地望教师一眼；当值日生分苹果，将小苹果留给自己，大苹果让给小朋友时，常充满希望地看看教师。教师如果能理解其外在行为所传递的内部信息，敏感地觉察出幼儿的最迫切需要，并根据该幼儿的特点做出及时的、有利于幼儿发展的恰当反应，那么教师就赢得了教育的主动权。

学前教师需要具有观察的技能。教师观察的技能表现在随机的观察和有计划的观察中。随机观察时，教师应尽可能准确而又客观的察看幼儿，要不断提高观察的敏锐度，尽快地捕捉到幼儿最细微的动作，探知到幼儿最细微的需要，了解幼儿某个行为的意义，并做出及时反馈；有计划的观察时，可先拟定观察项目，列出观察要点，选出有代表性的场景。进行观察并详尽地做下记录，观察一段时间后，要仔细地思考分析这些记录材料，综合归纳出每个幼儿的优点和缺点，为幼儿设计出适宜的学习方案。

（二）组织管理班级的能力

教育全班幼儿，使幼儿在体、智、德、美几方面全面发展是教师的中心工作。在班级组织管理中，教师肩负着重大职责。从教育内容看，有德、智、体、美诸方面；从工作任务看，有保育和教育两方面；从教育途径看，有集体教学活动、劳动、游戏、日常生活活动等；从组织形式看，有集体、个别、小组活动等。教师要将这些内容和活动形式合理计划、科学安排，并做出最佳方案，促进幼儿发展，这不是一件容易的事，需要教师具有很强的组织管理能力。

教师的组织管理能力包括：制订班级教育工作计划的能力；创设与本班幼儿发展相适宜的环境的能力；建立一个良好班集体，包括确定班级教育目标，树立良好班风，建立班级常规，维持正常的教育教学秩序和纪律的能力；按照幼儿的发展水平，进行分组及灵活地指导各小组同时进行活动的能力；组织幼儿开展各类教育活动并进行评价的能力等。

集体教育活动的组织和管理是教师组织管理班级的一个重要方面，新教师开始时难以一下子学会。但是当班级管理不善时，活动的无序和混乱就会侵占幼儿的学习时间，弄得教师疲惫不堪，即使教师准备很充分，不良的组织管理也会导致幼儿的纪律问题和行为不良等，妨碍教师运用教育指导策略，这一点在小组合作学习、实验和手工操作等活动中反映更为明显。对此，教师可预先制订活动规则，规定违反规则所应承担的后果，提高幼儿的自律能力，同时加强师生之间的交流，加强对教育过程的监控，教师的管理效果就会增强。

教师组织管理能力的提高是有一个过程的，每做一件工作，事先经过周密的设计，考虑好行动的每一步骤，实施时认真细致，每一次行动结束，都认真总结经验教训，教师的组织管理能力就会在不断的锻炼中得到提高。

（三）沟通能力

沟通是人与人之间通过信息交流，彼此相互理解，彼此接纳对方观点、行为，彼此协调，达到默契的过程。沟通的方式主要有言语沟通、非言语沟通等。教师与幼儿、家长之间的沟通能力是教师重要的基本功。

1. 教师与幼儿的沟通

沟通的方式有言语的和非言语的两种。

教师与幼儿的言语沟通，通常是围绕一个话题开展的，教师应注意谈话的策略，观察、发现幼儿感兴趣的话题，将幼儿引入交谈主题之中，运用简洁有趣的提问，保持幼儿交谈的兴趣，幼儿发言时，教师要表现出极大的热情和耐心，注意倾听并给予鼓励。

与幼儿进行言语沟通时，教师本身的语言素养非常重要。鉴于幼儿的知识经验和理解能力较差，教师的口语表达应符合幼儿的接受水平，如说话的态度温和，使幼儿有一种安全感，并乐意听从；语气坚定，使幼儿感到教师充满自信；表述简单明了、从容不迫，使幼儿容易听懂；尽量用愉快的声调并走到幼儿身边说话，而不是老远地大声嚷嚷，因为这样做会使幼儿感到恐惧。教师应讲究语言艺术，由于幼儿的思维具有直觉行动性和具体形象性，因此教师的口语应该生动形象，引人入胜，并伴有动态语言。教师始终要用积极的语言与幼儿谈话，告诉幼儿应当做什么，而不是指出他不应当做什么。比如说"请轻轻地搬椅子"而不说"别把椅子碰得叮咚响"，说"请把积木放在筐子里"而不说"别把积木放在地上"。教师的语言不仅是向幼儿传递信息、进行思想教育的重要手段，也是幼儿模仿的对象，教师的语言应该为幼儿树立榜样。

教师与幼儿的非言语沟通主要是指教师运用微笑、点头、抚摸、搂抱、蹲下与幼儿交谈等方式与幼儿沟通。这种方式比言语更容易表达教师对幼儿的尊重、关心、爱护和肯定，符合幼儿的心理需要。教师的这种动态语言的运用，是建立在教师对幼儿的爱的基础上的，教师如果像母亲一样对孩子从内心充满爱，这种内心的爱的情感就会自然而然地流露出来并转化为动态语言。

2. 教师与家长的沟通

家园之间互相沟通、关系和谐，是协调各种教育因素，形成教育合力的重要保证。家园关系建构中，教师处于主动的一方，教师对家长的了解和尊重是沟通的前提，教师需要了解家长对子女的期望，家长的个性、职业、文化水平、教育观念和方法等，在此基础上，确定自己的工作方法和策略。

（1）本着关心孩子成长的目的，确立平等信任的态度

教师应与家长建立情感上的联系，在与家长沟通时，应发自内心地关心其子女成长，主动向家长介绍幼儿在园情况。对不同个性的家长采取宽容的态度，主动邀请家长参加幼儿园课程设计、实施和评估工作，仔细聆听家长的想法和意见。在教育孩子的问题上发现矛盾时，绝不互相指责，而是设身处地的为家长着想，尽自己所能解决家长在教育子女方面遇到的困难，使家长感到教师是爱孩子的，这样才会调动家长主动与教师沟通的积极性，共同为孩子的进步而努力。

（2）掌握沟通的技巧

在与家长沟通时，掌握沟通的技巧很重要，如与家长面对面交谈时聆听的技巧；适宜于不同家长个性的谈话技巧；向不同个性的家长汇报孩子发展情况的技巧，等等。只要教师本着爱护、关心孩子的目的，注意沟通的技巧，同时利用谈话巧妙地指导家长掌握科学育儿的方法，就能够在沟通的过程中得到家长的尊重、理解与支持。

（3）利用多种形式与家长沟通

家长的工作性质不一样，接送孩子的时间也不尽相同，教师可利用家长接送孩子的时间短暂交谈，或采取家访、家园联系手册、写简信、便条等方式与家长沟通。

（4）教育监控能力

教师的教育监控能力是指教师对自己组织的教育教学活动进行积极主动的自我认识、自我调节和自我反思的能力。它包括以下几方面内容。

1）计划与准备：在具体的教育活动之前，教师应根据教育任务、材料，幼儿的兴趣与需要，幼儿的发展水平与潜能，教师自己的教育教学能力，确定适宜的教育目标，计划各种活动，选择活动内容与实现任务的策略，安排教育活动步骤，构想出各种解决问题的可能办法，预测可能达到的效果。

2）反馈与评价：教育过程中，随时监控班级情况，获取反馈的信息，根据教育目标，针对自己的教育过程、教育策略、教育行为、教育效果及幼儿发展状况做出初步的评价。

3）控制与调节：在教育过程中，根据反馈信息，发现和分析存在的问题及原因，及时调节活动的各环节，对下一步活动进行调整和监控。

4）反思与校正：一次或一阶段教育活动完成后，教师应深入总结和反思，如回顾自己组织的教育活动，反省自己的活动是否适合幼儿的实际水平，是否能有效促进幼儿发展，分析哪些方面是成功的，哪些方面有待改进，反思自身教育行为的特点与不足，对所发现的问题或不足，找出其主要症结，假设一种或多种解决办法或途径，进行相应的调整并采取补救措施。

教师教育监控能力是教师综合素质的具体体现，教师对自己的教育过程进行监控，是教师运用专业知识和教育观念审视教育实践，发现、分析、解决问题的过程。这有助于教师明确问题是否解决，解决到了哪一步，还有什么问题需要进一步解决，在此基础上发现新的问题或提出新的假设，不断反思教育活动的过程，把教育实践提升到新的高度。因此，对自己的教育过程实行监控，是教师提高自己的专业素养，改进教育实践的一种学习方式，是使教师由单纯的教育者成长为研究型、专家型教师的重要途径。

（5）教育研究能力

苏霍姆林斯基说过："如果你想让教师的劳动能够给教师带来乐趣，使天天上课不至于变成一种单调乏味的义务，那你就应当引导每一位教师走上从事研究这条幸福的道路上来。"教育科研能力是基础教师教育所必备的能力。现代教师要从经验型转向科研型，要成为新的教育思想、教育理论、教育内容、教育对象、教育方法和教育实践的研究者。为提高教学水平，培养适应社会发展的创造性人才能力，那种"教教材"的"教书匠"的传统做法已不适应现代教育的需要。高效率地提高学生素质，迫切地呼吁教师的创新智慧。所以，教师必须以研究者的姿态进行教育教学，并在不断的研究与探索中有所发现、有所创造。图5-2为某校教师量化考核中的科研素质内容。

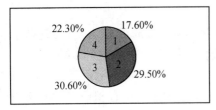

图 5-2 某校教师科研考核
1—参加科研；2—教学过程评价能力；
3—教学活动反思的能力；
4—发表与教育相关的文章

学前教师的教育研究以解决教育中的实际问题为主，其研究的步骤主要是：学习教育理论；运用教育理论对自己的教育实践进行诊断，发现问题；制定解决问题的方案；实施方案直到问题解决。如国家、地方、幼儿园三级课程的实施，意味着教师将成为幼儿园课程的开发主体之一。为此，教师必须学习有关的课程理论，明确课程开发的顺序和方法。对原有课程进行反思，研究确立课程的目标；考虑怎样利用本园和社区教育资源，并将其转化为可供幼儿学习的材料；考虑怎样创造性设计一种开放的、有利于师生合作或儿童独立探索的学习环境；研究怎样利用现代教育技术，并用灵活多样的形式和方法，使学习过程更多地成为儿童提出问题、解决问题的过程。教师成为研究者，能更快地促进教师的专业发展。

第三节 学前教师的专业成长

《纲要》的最终目的是创造高质量的幼儿教育，促进儿童的健康成长。但是，新《纲要》所追求的教育理想是需要通过教师的工作去实现的。因此，对高质量幼儿教育的要求最终会转化为对教师的要求。与此同时，新《纲要》也表达了对教师的尊重和关怀。这种尊重和关怀的集中表现，就是对教师主体性的肯定和对教师专业成长的期望。"教师运用专业知识审视教育实践，发现、分析、研究、解决问题的过程，也是其自我成长的重要途径。"

一、专业成长的阶段特征

教师专业发展需经历一系列阶段，相关的研究有助于了解教师专业发展的特点与规律，应采取相应策略，进行有效的专业指导与培训促进其发展和成长。教师专业化理论研究颇多，对我们启示较大的是美国学者斯特菲的教师职业生涯周期理论，该理论将教师的职业社会化过程分为 6 个阶段：实习教师阶段、新教师阶段、专业化教师阶段、专家型教师阶段、杰出教师阶段和退休教师阶段。

实习教师阶段。实习教师是尚未走上工作岗位的师范生。实习是师范生的一项重要学业活动。我国实习制度不健全，多流于形式。

新教师阶段。这一阶段始自教师个体在一所学校正式任职，接受教学任务，直到能将所学知识和具体的教学实践实现系统化整合，积极应对实践问题，而且对自己的教学工作充满信心。刚刚入职的新教师所处的这一阶段，是教师职业社会化的一个关键时期。初任教师面临着所承担的社会角色由师范生向正式教师的转换，也面临着所学专业理论与具体教学实践的磨合。对学校环境难以适应，对教学环境的生疏，无法将大学所学的观念及技能转化为实际的教学效能时的无力感等，使新教师阶段成为教师职业社会化中的一个适应困难时期，新教师体验到强烈的职业焦虑和无助感。我国逐渐建立了入职培训制度，新老教师结对帮助新教师发展。

专业化教师阶段。专业化教师具有较强的工作能力，稳定、可靠、成熟是其典型特质，多被儿童描述为仁慈的、耐心的、善解人意的、善于助人的。渡过新教师阶段后，掌握系统的教学技能，具备较强的班级管理能力和满意的师生关系，与其他同事保持密切联系等，教师的职业社会化进入专业化教师阶段。这是一个教师专业结构稳定、持续发展的时期，自信心也日渐增强，专业学科知识和教学法知识成为教师知识结构改进的重点。

专家型教师阶段。专家型教师有能力预期儿童的反应，并修正和调整教学行为以促进儿童的成长与发展。他们掌握了课堂教学活动的内部机制，更加关注儿童是否真的在学习，教的内容是否适合儿童。在学生观上，不仅把儿童看作工作对象，更认识到儿童是学习的主人；在教学观上，不再把教学看作是教给儿童如何去理解的过程，而是帮助儿童去理解并建构其意义的过程。

杰出教师阶段。斯特菲认为，仅有极少数专家型教师才能达到这一发展阶段，杰出教师具有更丰富和更广泛的教学经验，其知识、行为和道德水平都超出对现实教师的期待。

退休教师阶段。退休意味着教师职业的结束。

教师的专业发展并不是自然的，教师要坚持自主、主动地发展。同时，教师任职的机构要创造条件，给予指导帮助，促进教师的发展。基于教师发展的阶段性，予以有针对性的指导是非常重要的。应注重在教师的入职初期和职业中期的积极引导，进行现场的专业培训和辅导，促进教师的角色转换，使其能够胜任教师工作，并不断提升、发展，趋于成熟。

二、专业成长的必要性

（一）教师专业成长的本质是教师个体专业不断发展的过程

教师专业化既是社会外部的要求，更是教师自身自主的追求，是内在的奋斗追求。教师专业化涉及教师群体的专业化，即教师群体为争取教师职业的专业化地位而进行努力与奋斗的过程，同时也是指教师个体的专业化，即教师个体专业水平提高的过程。教师专业化是集体专业化与个体专业化二者的统一，后者是教师专业化的本质方面。

教师在整个职业生涯中，通过终身教育训练，获得教育专业知识，实现专业自主，表现专业道德并逐步提高自身专业素质，成为一个良好的教育工作者。这是教师个体专业成长的过程，是一个动态的发展过程，具有累积和持续的特性。

（二）新《纲要》迫切要求教师转变角色，提升专业素养

知识经济的最大特点就是知识的不断创新。这种特点使人类社会的生存发展从对自然资源的依赖转向对人类自身素质的依赖。"教育在培育民族创新精神和培养创造型人才方面，肩负着特殊的使命。"（江泽民同志在第三次全国教育工作会议上的讲话）教育

功能所发生的深刻历史变革，必然会体现在教师身上，引起教师角色的变化。道理十分简单，创造型的学生只能由创造性的教育和创造型的教师来培养。为了点燃幼儿的探索欲望，唤醒创造潜能，教师必须以"支持者、合作者、引导者"的角色与幼儿互动、交往，必须"创造性地开展工作"，以使他们的童年充满快乐，充满探索和发现，充满惊讶、惊喜、兴奋和成功的体验。这种创造性教育要求教师具有相应的角色承担能力，需要相应的专业素养。为此，教师还必须成为学习者、研究者，在研究中学习，在学习中成长。

新《纲要》中对幼儿园教师角色的界定，既是对教师的要求和对教师成长的期望，也是对广大幼教工作者（首先是幼儿园教师，同时包括从事各种类型的教师教育的机构和人员）的挑战。这是历史的挑战，只能应战，别无选择。

（三）教师的专业成长是提高幼儿园教师职业之社会地位的需要

一种职业的社会地位和学术声誉，首先取决于它的专业化程度。国际上早有人在着手研究，认为一项专业化的职业应具备的基本特征有如下方面。

第一，其成员采用的方法与程序有系统的理论知识和研究作为支持（技术标准）。

第二，其成员的服务对象的利益为压倒一切的任务（道德标准）。

第三，其成员不受专业外力的控制和限定，有权作出"自主的"职业判断（关键因素）。

我国学前教师都具备这些特征吗？

第一，要有系统的学前教育专业理论知识作支持，有专门的幼教技能作保证。这一条要求我们是符合的，我们有教育心理学、学前教育学、儿童科学等学科知识，我们的教师从业人员也都有教师资格证等技能要求。

第二，要以儿童的利益高于一切作为行动的原则。这一条我们也是符合的，我国的《纲要》以及各幼儿园自定的教育方针和服务理念也大都能体现这一点。

第三，要有"专业自主"的外界环境和自身能力——能够运用专业知识独立判断、决策。在这个方面，我们却是存在缺陷的。在我国很多地方，任何人都可以办幼儿园，很多地方学前教育"正规军"办不过"杂牌军"，甚至有些地方把开办幼儿园作为下岗职工再就业的一个先进经验进行推广。

我们的教育工作必须按照专业人员的要求和规则进行，我们的从业人员也必须遵循专业的判断。

教师的专业化水平并不等同于专业技能水平，它不是指歌唱得好不好，琴弹得好不好，而是指能不能达到专业的基本特征要求，能不能按照专业化的标准来要求自己。我们的园长、教师在这方面还有大量的工作要做。我们可以对比 20 世纪，美国的全美幼教协会曾对学前教师专业化提出过七条标准：第一，对儿童发展有着深刻的理解和体悟，将心理学、教育学知识运用于实践；第二，善于观察和评量儿童的行为表现，以此作为计划课程和个性化教学的依据；第三，善于为儿童营造和保护幼儿健康安全的氛围；第四，会计划并实施儿童发展的课程，全面提高儿童的社会性、情感、智力和身体各方面的发展；第五，与儿童建立起积极的互动关系，支持儿童的学习和发展；第六，与幼儿家庭建立积极有效的关系；第七，尊重和理解儿童在家庭、社会、文化背景等方面的差异，支持儿童个性的发展和学习。

（四）教师的专业成长也是教师实现内在生命价值的需要

教师职业的内在魅力，首先在于它是人与人之间心灵的交流，智慧的对话，生命的呼唤。这应该是一项十分具有挑战性的工作，需要教师充分调动自己的聪明才智去研究、去思考、去创造；也应该是一种能体验成长欢乐——学生的成长和自己的成长——的工作。只是，传统教育的功能定位，使教师的工作降低了它的挑战性和创造性，失去了它原本应该具有的魅力，也使得教师的生命价值难以在教育过程中充分实现。

新《纲要》对教师角色的重新定位，无疑会促使教师职业焕发出应有的魅力，让教师在付出的过程中体验收获、体验创造的欢乐。

以上从四方面简要分析了教师专业成长的必要性。但要强调的是：儿童的健康发展是最为重要的原因。教师的成长和幼儿的发展是一个连续体，只有教师持续不断地发展才能不断地为幼儿提供有意义的学习经验，从而促进幼儿的发展。因而，为了儿童，教师必须不断提高自己的专业化水平。

那么，教师怎样获得专业的成长呢？怎样才能达到真正的专业化呢？国际劳工组织、联合国教科文组织《关于教师地位的建议（1966）》指出，教师职业是一种"要求教师具备经过严格而持续不断的研究才能获得并维持专业知识及专门技能的公共业务"。

三、专业发展特征

有人认为，在新的条件下，应更有效地促进教师的专业发展，使教师更好地适应社会的、学生的要求。有效的教师专业发展应该具有这样一些特征。

第一，应是目标明确的、现代的发展——目标明确的发展，不仅仅是指一个教师要有明确的发展的目标，还意味着这个目标是符合时代特点的，是按照现代社会对教师提出的要求的变化而发展的。

第二，应是自主的、能动的发展。自主的发展，首先意味着教师要有发展的内部动力，而不是依赖于外部的要求，这种内部动力来自于教师自己的人生目标。自主的发展，还意味着和别人的发展是不完全相同的，是自己的发展，是根据自己的实际提出的，是有针对性的，是个性化的发展，而不是千人一面的发展。

第三，应是开放的、有刺激的发展——教师的发展离不开一定的环境和条件，教师要开阔自己的眼界，获得新理念的刺激，首先要搭起自己和外界沟通的桥梁，以便从外部源源不断地获得新信息，保持大脑的活跃性和创造性；其次要建构学校内部的信息环境，主要是指教师的交流、互动、互助、研讨等活动。

第四，应是循过程、按阶段、有规划的发展——无论学校，还是教师个人，都要有"过程概念"、"阶段概念"。具体地说，要了解教师发展有几个阶段，"我"现在处于什么样的发展阶段，主要应解决的问题是什么，学校对于不同阶段教师的发展任务和困难能够提供哪些帮助等。

第五，应是多种路径和模式的发展——发展不是一个模式，每个教师的情形有很大差异，他们的优点往往各不相同，教师的发展往往是发挥自己的优势，克服自己的劣势的过程。

四、专业成长的途径

在《课程研究与编制导论》一书中，期腾豪斯提出教师专业发展有三条途径：通过系统的理论学习；通过研究其他教师的经验；在教室里检验已有的理论。后面两条途径都涉及"研究"。

教师常常认为，专业发展最主要的方式是参加各种讲习班学习理论，即斯腾豪斯所指的第一条途径，但这里往往有一种误解：认为成人的学习主要是间接知识的学习，是通过讲解和阅读进行的高级的理智的学习。然而，即使如此，这种学习也必然是一个主动建构的过程。从这个角度上讲，教师的学习同儿童的学习道理一样，同样不是靠外部的灌输，而是在自己原有经验的基础上，不断探索、研究、验证、发现，不断吸收同化各种新信息，从而建构整合成"自己的"教育理念、形成教育能力的过程。近年来大量的研究表明，以先进的理论为指导，研究自己的教育实践活动是教师成长的重要途径。当前教师教育中使用频率很高的一个词——反思性教学，指的就是这样一种教师的"研究性学习"。

（一）反思性教学——教师的研究性学习

反思性教学或称为教学反思，指的是教师在先进的教育理论的指导下，借助于行动研究，不断地对自己的教育实践进行反思，积极探索与解决教育实践中的问题，努力提升教育实践的科学性、合理性，并使自己逐渐成长为专家型教师的过程。

教学反思被认为是"教师专业发展和自我成长的核心因素"。没有反思的经验是狭隘的经验，至多只能形成肤浅的知识。只有经过反思，教师的经验方能上升到一定的高度，并对后继行为产生影响。美国心理学家波斯纳提出了教师成长的公式：教师的成长＝经验＋反思。如果一个教师只满足于经验的获得而不对经验进行深入的反思，那么他的旧有理念及不适当的行为就很难改变，结果是他的教学将可能长期维持在原来的水平而止步不前。可见，教学反思对教师职业成长的影响作用是巨大的。

1. 教学反思的特征

教学反思，从其定义来看有 3 个基本特征。

（1）立足教学实际，创造性地解决问题

它可以提出假说，并通过实践检验假说，直至解决问题。其一，它有两种形式，既可以是个人经验反思，也可以是群体性（教研组）教学反思；其二，它有实践检验过程，其反思既是内隐的思维活动，又是外界的实践行为，以确保结果得到检验，并使反思性教学越来越具有合理性。

（2）两个"学会"加速师生共同发展

"学会教学"即要求教师把教学过程作为"学习教学"的过程，向自己的经历学习，逐步成为学者型教师。学会教学是反思教学的直接目的，学会学习是终极目的，要求教师从学生学会学习的角度去思考，最终实现两个"学会"的统一。

（3）在探索中提升教学实践合理性

反思性教学的教师不仅完成教学任务而且追求更好地完成，不仅要知道自己的教学效果，而且要对效果及其有关原因进行"为什么"的思考，无止境地追求教学实践的合理性。

2. 教学反思的类型

从时间角度分，教学反思可分为教学前、教学中、教学后3种。

教学前反思的主要根据是经验，有利于对教学过程的合理设计。教学前反思这一环节，要求各位教师在对前一阶段教学工作中的信息收集、分析和总结的基础上，运用已有教学经验，并借鉴他人教学中的长处，以局外人的身份，对自己的教学准备、设计过程和结果进行分析，通过充分酝酿，反复比较、选择，形成教学设计和准备的最优化，达到最佳的教学准备状态。教学中反思的主要根据是学生的反馈信息，有利于教师及时、自动地调节自己的教学过程。在这一环节，教师要努力提高自己的教学监控能力，面对课堂复杂的、动态的情况，能够敏锐地洞察，迅速地作出判断，发现问题及时调节、修正，创造性地解决问题。教学后反思其实是对某一教学活动或某一阶段教学活动结束后，进行反思总结。在这一环节，要求教师在教学活动结束后，有充足的时间进行反思，对教学的整体结果进行归因和评价，及时地通过自述回忆、模拟、角色扮演等形式广泛吸取有关经验，收集自己教学活动中的信息，深入细致地探讨教学中的长处和不足，总结自己的教学实践，通过不断反复地实践、反思、总结、概括，逐步提高教学水平。

教学后反思的主要根据是在教学过程中获取的新信息，有利于教学经验理性化。常用的几种类型如下。

"课后思"：一堂课下来就总结思考，写好课后一得或教学日记，这对教师非常重要。

"周后思"或"单元思"：也就是说，一周课下来或一个单元讲完后反思，摸着石头过河，发现问题及时纠正。

"月后思"：对于自己一个月的教学活动进行梳理。

"学年思"：召开学生座谈会，听取家长意见，从而进行完整的整合思考；也可以是一个学期、一个学年或一届教学的宏观反思。

3. 教学反思的内容

教学反思用平实的话，即教后想想，想后写写，认真思考一下得与失，想一想，教学目标是否达成，教学情景是否和谐，儿童积极性是否被调动，教学过程是否得到优化，教学方法是否灵活，教学手段优越性是否体现，教学策略是否得当，教学效果是否良好。想想后，动动笔，写中有学，学中有思，不能成文，作为随笔或记录，经常翻翻，也算多了一个不会说话的教师。也可把教学中出现的问题或困惑利用调讲时间提到教研组中去讨论、寻求解决的办法，再结合自己的教学实践，进行反思。若能成文，再把它投寄出去，或作为一个课题加以研究，若能得到其他教师的指导会更好，想得多了，写得多了，它就是无价之宝，就能品尝到其中的乐趣。

孔子曰："学而不思则罔，思而不学则殆。"这句话用在我们的教学工作中也有深刻的借鉴意义。大教育家苏霍姆林斯基也曾经建议：每一位教师都应写教育日记，写随笔和记录。这些记录是思考及创造的源泉，是无价之宝，是搞教科研的丰富材料及实践基础。多一点教学反思的细胞，就多一些教科研的智慧，经常进行教学反思，益处多多。常用的形式有教育叙事、教学日记、教师博客。

（1）记成功之举

将教学过程中达到预先设计的目的、引起教学共振效应的做法；课堂教学中临时应变得当的措施；层次清楚、条理分明的板书；某些教学思想方法的渗透与应用的过程；教育学、心理学中一些基本原理使用的感触；教学方法上的改革与创新等，详细得当地记录下来，供以后教学时参考使用，并可在此基础上不断地改进、完善、推陈出新。

（2）记"败笔"之处

即使是成功的课堂教学也难免有疏漏失误之处，对它们进行回顾、梳理，并对其作深刻的反思、探究和剖析，使之成为以后再教学时应吸取的教训。

（3）记教学机智

课堂教学中，随着教学内容的展开，师生的思维发展及情感交流的融洽，往往会因为一些偶发事件而产生瞬间灵感，这些"智慧的火花"常常是不由自主、突然而至，若不及时利用课后反思去捕捉，便会因时过境迁而烟消云散，令人遗憾不已。

（4）记学生见解

在课堂教学过程中，学生是学习的主体，他们总会有"创新的火花"在闪烁，教师应当充分肯定学生在课堂上提出的一些独到的见解，这样不仅使学生的好方法、好思路得以推广，而且对他们也是一种赞赏和激励。同时，这些难能可贵的见解也是对课堂教学的补充与完善，可拓宽教师的教学思路，提高教学水平。因此，将其记录下来，可以作为以后丰富教学的材料养分。

（5）记再教设计

一节课下来，静心沉思，摸索出了哪些教学规律；教法上有哪些创新；知识点上有什么发现；组织教学方面有何新招；解题的诸多误区有无突破；启迪是否得当；训练是否到位等。及时记下这些得失，并进行必要的归类与取舍，考虑一下再教这部分内容时应该如何做，写出"再教设计"，这样可以做到扬长避短、精益求精，把自己的教学水平提高到一个新的境界和高度。总之，写课后反思，贵在及时，贵在坚持，贵在执著地追求。一有所得，及时记下，有话则长，无话则短，以记促思，以思促教，长期积累，必有"集腋成裘、聚沙成塔"的收获。

（二）教师专业成长的"第三条路径"

"第三条路径"即指没有外在行政命令和群体意识的前提下，来自教师个体的、内在的发展意识和动力，通过自我反思、自我设计，以充实生活，丰富体验，加深文化底蕴，以实现自我专业发展和更新的目的。其特点有如下方面：首先，它是教师来自个体的、内在的发展意识和动力。其次，强调内容的人本化，它是教师自觉地发掘专业生活中的有利因素，使自己的内在专业结构不断更新，以完善人生，充实个人生活为目的。再次，它是提升教师素质要求的补充和辅助的机制。"第三条路径"强调教师对自我专业发展阶段的反省认知，提高其专业发展反思意识与能力，促进教师对教育活动的反思和研究，要求教师进行终身自我教育。

1. "第三条路径"的意义

（1）有助于教师成为专业成长的主人

它使教师拥有个人专业发展的自主性，实行自我专业发展管理，并能够自觉地在日常专业生活中自学。

（2）有助于教师将自己的专业发展过程作为反思的对象

它要求教师参照专业发展的一般路径不断对自己的专业发展过程进行批判性反思，并将此作为采取进一步专业发展行动的依据。

（3）有助于教师建构本体现代学习理念

它倡导自我学习、自我提升的个体内化，推崇知识学习和实践体验的有机结合，强调文化底蕴和能力的形成与迁移。

（4）有助于塑造现代教师新形象

它重视教师对生活内容的感悟和学习，注重现代文明素养的学习和提升人格能力内容的学习。

2. "第三条路径"实施的基本策略

（1）努力提升教师专业自主发展的内驱力

幼教机构和学校应有意识地增强教师的专业发展的责任感，努力提升教师专业自主发展的内驱力，提升教师自我发展意识，这是教师真正实现专业素质提高的基础和前提。

（2）倡导教师个人生活实践的体验和感悟

它倡导教师从自身的实际生活出发，积极进行人生的实践和体验，并在其中感悟、学习、提高。它要求教师自主地学习社会、学习做人、学习生活，使教师在各自不同的体验感悟中实现自我的学习和升华。

（3）强调教师自我反思的系统化、经常化

专业发展所要求的大量的理论知识和实践智慧，只有靠教师自己在日常教学实践中不断反思、探索和创造才能获得。尤其要注重对教学经验的科学反思。反思的目的在于增加教师的理性自主，使教师对其实践信念和实践的因果决定因素有更多的自我意识，从而使教师的成长始终保持一种动态、开放、持续发展的状态。此外，还应经常记录对自己专业成长影响较大的关键事件，为反思专业发展历程提供基本的原始素材，为能够更好地实行专业发展的自控和调节奠定基础。

（4）寻求与同行之间的交流、合作

"第三条路径"要求教师自己主动地、积极地追求专业发展，保持开放的心态，随时准备接受好的、新的教育观念，更新自己的教育信念和专业技能。为此要充分发掘、利用各种有助于自我专业发展的资源，寻求与同事的合作与帮助。尤其是当专业发展道

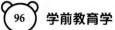

路遇到各种困难和障碍时，需要同事和学校的帮助和支持。

 本章小结

　　《纲要》中指出：教师应成为幼儿学习活动的支持者、合作者、引导者。《基础教育课程改革纲要（试行）》中提出："教师在教学过程中应与幼儿积极互动、共同发展，要处理好传授知识与培养能力的关系，注重培养幼儿的独立性和自主性，引导幼儿质疑、调查、探索，在实践中学习，促进幼儿在教师指导下主动地、富有个性地学习。教师应尊重幼儿的人格，关注个别差异，满足不同幼儿的发展需要，创设能引导幼儿主动参与的教育环境，激发幼儿的学习积极性，培养幼儿掌握和运用知识的态度和能力，使每个幼儿都能得到充分的发展。"学前教师是幼儿园教育的实施者，教师的素质直接影响着学前教育的质量，提高教师的素质是当前学前教育的当务之急。

思考与练习

　　1. 名词解释：

专业发展　　　反思性教学　　　"专业化的教师"　　　教学反思

　　2. 简答：

　　1）学前教师的职业特点。

　　2）学前教师应具备的素质有哪些？其具体的内容是什么？

　　3）教师专业成长的路径。

　　4）要提高组织教育活动的能力应从哪些方面入手？

　　3. 论述：

　　1）幼儿园反思性教学的内容有哪些？

　　2）有人说，学前教师不是专门性职业。谈谈你的看法。

第六章

幼儿园课程设计

幼儿园课程处于幼儿教育的核心。"课程"一词的涵义从不同的儿童观和不同的知识观来说是不同的，理解幼儿园课程的涵义，了解幼儿园课程的主要模式，有助于设计出更有利于儿童发展的高质量的、有效的课程。

第一节 幼儿园课程概述

儿童如何了解情境，如何建构意义？如何过有尊严的生活？个人的价值感为何？他们注意到什么声音？这些都必须从儿童本身的观点来研究。儿童呈现的、他们看到的、意识到的正是幼儿园课程最适合的研究典范。所以教师要"倾听童音"、"了解童心"，诚心地倾听他们说些什么，多方面的、合作地参与他们的世界；成人与儿童互相倾听，彼此关怀，真诚相待，共享喜悦，将彼此的生活关联起来，积极地参与民主社会的建构，以实现社会正义和人性关怀。

儿童作为一个人，有其复杂的世界，有了解世界的多元方式，能利用声音表达喜悦或愤怒，也应该有抗拒的情绪。成人与儿童不是分离的，而是连续的，"儿童是日常生活中成人的空间的一部分"，儿童参与成人的活动，和成人一样，处理许多复杂的问题，人类世界并没有严格区分为成人和儿童。儿童不仅是独特的个人，更是集体的存在；儿童并不是一个白板，而是生来就具有丰富的潜能和可塑性，儿童是自己的文化的一个成员，能主导自己的学习，并从中获得转型。教师和儿童都是学习者，与世界直接接触，积极思考，主动寻找答案，在团体中建构知识。教学或学习不再是成人主导的，而是对话的、合作的、缜思的过程，不能再将儿童视为课程发展的目标，科学研究和管理的对象。

儿童是自己生活的主体，不是被观察、保护、操作或被控制的对象；他们不能脱离自己的世界和每日生活的经验，他们是行动的创发者，是他们世界中的动力的源泉。儿童是自己命运的作者，创造文本是一种自我建构的活动，是觉知世界的一种方式。儿童的文本就是课程，幼儿园不再是复制权威、再现声音的场所，而是说故事和表演的舞台，教师要邀请儿童现身，鼓励他们分享自己的故事并表演和发表。师生阅读、书写和修正"成长的故事"，在对话中学习，儿童参与表演的过程，与教师共同落实课程，课程不是强迫给予的，而是师生共同建构的。儿童与教师和其他人对话，也和另一个自我对话，他们参与到自我的人生履历之内，在自己的故事中创造自己，成为生活的表演者，自己人生的研究者。能改变世界的是儿童自己，成人儿童是成长旅程中的伙伴，成人要真诚地听他们的声音，相互对话，共同分享世界。

学前教育就要奠基在这种儿童观之上，作比较前瞻性的规划设计，幼儿园课程设计不仅只是在奠定学习的基础，还有它自己的教育目标和理想。最重要的是要激发儿童的感官和潜能，鼓励他们去思考、观察、操作；去感觉、同情、表达情绪；去想象、梦想，甚至幻想；去决定自己的生活方式，规划自己的生活途径；去作积极的主体的建立，建构社会的、道德的主体。因为他们生存的是一个多元的、复杂的、剧变的社会，需要有批判思考、解决问题，价值澄清、作决定和社会行动的能力。这些都要师生一起去学习、去培养。通过幼儿园课程的学习，应使幼儿具有广泛的学习兴趣和初步的学习能力，同时对周围环境有良好的认知和适应能力。尤其重要的是，务使幼儿获得愉悦的学习经验，使他们真实地体验到学习是一件快乐的事情。尽管教师们也会赞同幼儿园课程应该让幼儿参与、应该带给孩子快乐，但这种取向在本质上仍然表现出教师对现成的、系统的、知识性教学内容以及接受性教学的偏爱。为此，我们从以下几方面来理解、扩充我们的幼儿园课程观。

一、发展儿童个性、激发儿童主动探究的课程

教师在设计课程、实施教学时，要以儿童为学习的主体，以落实有意义的学习；要以儿童的想法和意愿为学习的起点，让儿童从好奇、有趣、好玩中产生学习的动机，从实际体验、操作的学习活动中感受到认知的喜悦、发现的兴奋，从讨论、对话、探索中不断地重建自己的知识，统整自己的经验，增进自己的能力，享受学习的乐趣。要加强儿童与周围的人、社会和自然的交互作用，使他们有直接的接触和体验；利用看、摸、接触、制作、栽培、游戏等方式来体验和学习；将在这些活动中体验到的快乐、成就或挫折等感受或觉知，用文字、语言、绘画、动作、戏剧等方式表达出来。在此过程中，发现每个儿童的优点和可能性，以每个儿童的想法和愿望为出发点，掌握儿童在活动中表现出来的表情，身体的律动、行动和节奏，让儿童的个性成长、开花。幼儿园课程就是在发展儿童的个性，提供发展主体性的基础。

幼儿园课程要激发儿童认知的好奇心和探究心，展开主体的学习；从每个儿童的生活中涌出疑问，热衷于各种活动和体验，由此产生自然的感动、惊奇、疑问和发现；刺激儿童的敏感性，丰富经验和知识，发展创造力；将儿童引到深奥的、复杂的、未知的世界，在此儿童一起游戏，互相学习；开展学习生活的原貌，这种对土地、地方、当地社区、家庭的爱，连接到对文化和传统的理解，以及对人的爱，是发展人性和社会性的基础。

幼儿园课程是师生的知性之旅，人不只是信息的接受者，而且是知识的建构者。知识不是客观存在的，而是主观的、解释性的、脉络化的；知识不是专家生产、然后传递给教师的，也不是由教师传递给儿童的，而是社会情境中建构出来的。"早期教育方案更多注重个体儿童身心发展的需要，而不是强调社会需要和知识体系；更多强调

儿童直接经验的获得，而不是间接知识的传授；更多注重'整个儿童'的发展，而不是（儿童）某个方面的发展。"正如杜威所言，"教育首先必须是人类的，随后才是专业的"。教师、儿童都是学习者，但传统的课程或学习理论将学习视为知识传递的过程，而知识被窄化为大百科全书的文化，是一种人工物，是货物的储藏室，囤积知识的或信息的法则，因此丧失了生命的活力和动力。知识只有融入求知的过程中，才变成生活的一部分，否则就是死的，如果将儿童嵌入僵化的知识中，脱离了自己的和他人的世界，儿童也是僵化教条的。例如在科学活动中，儿童不仅在学科学，他们也学到自我知识和经验与学习社区的紧密关系；他们在与科学对话；发现参与的意义；意识到一股震撼；实际构成生活的意义；经验不能独立存在于生活之外。这种科学教学才能促进学生的主体意识，认识自己的立场和承诺，才能决定什么是善，什么是有价值的，什么是有价值的生活形式。文学的活动是让儿童有机会去读、去写不同的文化，将儿童的经验作为学校课程的核心，让他觉醒：知识不再只是等待消费的产品，而是特定形式的文本权威、社会关系和价值的集合，课程是某些人的故事，呈现了某些人的知识、价值和信念，容易合法化特定阶层的利益，因此要呈现所有人的文化、历史和故事，兼顾所有人的利益。

知性之旅强调快乐学习，但为了避免流于嬉戏，"快乐"而没有"学习"，要激发"知性的觉察"。所谓"知性的觉察"是指在活动和体验中伴随而生的觉知，也就是说，儿童觉察到对以后的活动有帮助、可以运用的一些因素，将发现到的事物和现象的直观特征和想法进行比较和关联后，所获得的思考方式，将它当作是自己的理论，表达出来，这就是"知性的觉察"。知性的觉察可以加强儿童主体的参与直接体验的活动，自己发现问题，利用感官收集资料，验证、归纳结果，并加以发表；培养学习能力和方法，从而进行不断的学习。这些是科学性的思考和认识、合理的判断，以及审美的、道德的判断的基础。

二、对话、情感和伦理的课程

尊重儿童，表示他们是自由的、开放的、探究的人，有思考的能力，也有兴趣于思维，生活于复杂社会中需要的批判思考能力，就是由此奠定的。把儿童的学习界定为"对话性实践"，即儿童就其体会到的事，同客观世界对话（建构世界，学会认知，也就是文化性实践）；与教师、儿童作双向的、深度的沟通，即同他人对话（结交朋友，学会合作，学会共处，也就是社会性实践）；同自己对话（形成自我，学会生存，学会做人，也就是自我伦理性实践），这样就实现了弗莱雷所谓的对话的教育。教师和成人在与儿童讨论和对话中，从儿童的哲学睿智中，体会到对社会和世界的新的观点和视野，这是儿童赐予教师和成人的最好的礼物。教师可利用批判教育学强调的对话和思考的方法，在关怀中为儿童赋权增能，尤其是增强儿童集体责任的意识，加强集体的交互作用，发展儿童尊敬和包容的多元性。因此要激发儿童的新奇、创新、开放、探究心和想象力，而不是强加给儿童一些定型化的能力。

儿童社会中也有独特的典礼、仪式以及内化信仰的意义。课程也是道德的文本，有道德的、伦理的声音，沉淀于人的心灵最深处，因此要加强情绪关联，要将生活、感情，道德和精神、想象等层面结合起来。教学和创造意义要揭露表层，深及人性的主观的深层，看到完全存在的个人，而非记忆一系列的学门或学科。教师要接触学生的心灵状态，激发尊敬、敬畏、惊奇、反省、前瞻、承诺和希望等情感，这就是一种诗性智慧，是师生的一场心灵的旅程。

三、统整的课程

幼儿园课程内容的组织与呈现，从分科课程到单元和分领域课程再到主题式课程，整合程度在不断提高。而在实践中，"主题"往往成了"问题"。在新旧经验的冲突中，分科教学与主题教学这两种截然不同的课程组织逻辑和教学视角，使教师们面对一个个没有内在逻辑联系的主题深感困惑，要么一味追随孩子们自发的兴趣需要，而失去了对教育目标的把握和调控，于是，主题活动走向"脚踩西瓜皮，滑到哪里是哪里"的另一极端；更多的教师则表现为对主题活动形式的过度关注，追求表面上的轰轰烈烈、热热闹闹，忽略了孩子们心智的真正参与，以及有效经验的获得；或在主题的"包装"下，仍然固守传统的分科模式，穿新鞋走老路。为了避免流于嬉戏，"快乐"而没有"学习"，要激发"知性的觉察"。

幼儿园课程要"跨越疆界"，善用多元的求知方式。知识不是由单一的思考系统界定的，儿童探究知识的方式也不只一种，除了传统重视的科学的形式以外，还有审美的、人际的、直觉的、叙说的、实际的和精神的等求知方式，都能启迪儿童心灵，丰富儿童思考。课程和教学一定要考虑到儿童认知形式的多元性、丰富性，不可偏于一种形式；儿童的生活也是十分丰富的，要鼓励每个儿童发展并善用各种求知方式。知识要与儿童的生活结合，要置于儿童经验的脉络中才有生命，才有活力。尤其是在诗歌、戏剧、音乐、创作等方面，更不可忽略，这些语言是不可预测的、想象的、热情的，与感觉的客观实体联接在一起，统整到儿童的主体意义之内。

为实现上述的课程，要建构幼儿园为学习者的小区，重视探究、论述、创造意义、反省、共享理解和尊敬，教师和儿童一起成为研究者，学习真正的、真实世界的问题，儿童提出问题，创造、争论和协商，教师分析、深化和扩充儿童的问题。

课程所组织的知识不仅表现同该知识所属的制度化的学科关系，也表现以这种知识为媒介所组织的人际关系，亦即表现同该知识所参与的知识的共同体的关系。"即课程所组织的不仅仅是教育内容，还包括知识与人的关系以及人与人的社会关系，这些构成了教学的社会背景。""学习"这一活动是参与文化传承与再造的过程，是发现并编织同隐蔽的他者之亲和纽带的活动。从这个意义上说，"学习"原本就是"协同性"的社会合作的实践。以"共同学习"领域构成的课程中寻求学习共同体的旨趣，可以说，体现了恢复学习中关联性与协同性的努力，师生积极的沟通、交流和交互作用，达成理解和互信，尊重他人的观点、经验和专业，质疑彼此的假设和偏见，反省个别差异、求知方法和经验世界的方式，并互相尊重。这种学习小区增进学习，促进理解，丰富学生探究能力，协助儿童创造意义。在学习者的社区中，学习是社会建构的行动，是对生活经验的思考，提出问题、发现答案、继续研究；学习不是消费理念，而是理念的创造和再创造。学习社区中，儿童和教师不断地探究和想象，生产知识，寻求和协商不同的观点和诠释。儿童是知识的积极的社会建构者，他们的生活叙说决定课程，每一个声音都要被听到、被尊重，这些声音创造探究和论述的社区，建构个人的主体和精神，同时也建构集体的主体。这个学习小区的潜在课程告诉儿童：你最重要，你的故事最重要，你在学校内外的生活最重要，你提供的什么都很重要。

第二节　幼儿园课程模式

一些系统化的课程模式是从学前教育的主要理论发展而来的，在学前教育理论的指导下，学前教育工作者经过长期的大量的实验研究，建立起了许多幼儿园课程模式。本节将对这样的一些课程模式进行简单的描述，这些课程模式是被广泛地运用和研究的。这些课程模式可以为教师根植当地社区文化设计课程和选择课程提供参考框架。

一、海斯科普课程模式

（一）理论依据

该课程主导思想就是让儿童在主动的活动中学习并获得发展。其理论是以皮亚杰的认知发展理论为基础的。20 世纪 60 年代，当人们在争论遗传与环境在儿童智力发展中的作用时，许多教育者就开始支持并运用皮亚杰的有关儿童是一个积极的创造者和知识的建构者理论了。在这些模式中，"儿童通过自己的计划、实施和反思进行最好的学习，成人观察、支持和扩展儿童的游戏活动"。教师对儿童的发展水平进行评价，并为他们提供与发展水平相一致的材料和活动。教师也为儿童提供了很多的机会来探索问题的答案，而这些问题存在于环境中，由儿童自己发现的，而不是那些教师认为儿童理应知道答案是什么的问题，教师要参与到儿童活动中，与他们交谈，以扩展他们的计划并帮助他们学会思考。

（二）创立与发展

20 世纪 80 年代末以后，海斯科普课程模式在 20 世纪 70 年代课程的基础上进一步得到完善与发展，逐渐成为美国被运用得最为广泛的课程。无论是城市，还是乡村，无论是对处境不利儿童还是正常儿童，无论是公立还是私立学校，海斯科普课程几乎无处不在。同时由于海斯科普课程在课程推广、课程研究上卓有成效的工作，它在国际上也声誉日隆，在英国、爱尔兰、墨西哥、新加坡等国家也有了自己的拥护者。据统计，在世界各地已经有几千所运用海斯科普课程的学校，这是对海斯科普课程国际地位的最好注解。

海斯科普课程的发展从时间上可以分为三个时期，分别是 1971 年之前，1971～1979 年，以及 1979 年以后直到现在。1971 年，海斯科普课程出版了第一本介绍海斯科普课程的著作《认知中心课程》，这是海斯科普课程模式初步形成的标志，正如书名——认知中心，这时期它以皮亚杰的认知理论为基石，把重点放在如何发展孩子们的认知与智力上。1979年，第二本著作《活动中的幼儿》出版，这本书对第一本书进行了很大的改造，第一次把孩子的主动学习和强调知识建构作为课程的核心思想。从服务对象而言，不再是只为处境不利的特殊儿童服务，开始面向所有的儿童。从目标来看，不再只是把目光放在儿童认知思维的发展上，而是提出以认知发展为中心，同时注重儿童的社会性与情感发展的全面发展目标，该书基本奠定了海斯科普课程模式的基本框架。1979年以后，出版了一系列的关于海斯科普课程的著作，比如1988年的《早期方案管理者指南》，1989年的《教师思想概述》，1991年的《支持年轻的学习者》，以及1995年的《教育幼儿》。它们或多或少对1979年《活动中的幼儿》作了一些修改，尤其是1995年的《教育幼儿》，除了对以前的版本进行了修改完善之外，还提出了一些新的思想观点。二十多年的发展，海斯科普课程模式不断在演进，日趋成熟。

具体而言，在二十多年的发展中，海斯科普幼儿园课程模式的变化主要体现在以下几个方面，建构了自己的主要特点。

（三）主要特点

1."主动学习"成为一日活动的核心

在这个课程模式中，"幼儿既是积极的学习者，又是学习过程积极的计划者"。早在二十多年前，海斯科普课程就提出了"主动学习"这一术语。所谓主动学习，是指由学习者发起的学习，是学习者主动地建构关于现实知识的过程。这一概念背后是皮亚杰关于动作的认识，皮亚杰认为处于前运算期的幼儿，逻辑运算能力尚没有充分发展，他们主要依靠动作，直接作用于环境而获得经验。因此海斯科普认为只有向幼儿提供丰富的材料，鼓励他们对材料的操作、转换、组合，孩子的认知才能得到发展，而不能依靠教师手把手地教或传递进行学习。

在《活动中的幼儿》一书中，主动学习还只是八大关键经验之一（其他几个分别是语言、经验和表征、分类、排序、数概念、空间关系、时间关系），虽然它被放在所有关键经验的前面。但到20世纪80年代中后期，主动学习从关键经验中抽离出来，它已经不再是一个关键经验，而是凌驾于所有关键经验之上的核心原则，成为整个课程模式的核心和根本，无论是一日活动的安排，家长与教师之间的合作，还是对学生的评价，与孩子间的互动，对学习环境的设置，都必须围绕主动学习这一核心原则行事。

当主动学习还是一个关键经验时，虽然海斯科普课程也赋予它很高的地位，称它为课程的基础，但实际上，海斯科普课程还没有摆脱认知中心的倾向。这时的主动学习更多的是一个手段，也就是说，要发展儿童的思维、智力，必须借助于主动学习这一手段，因为孩子在主动学习中，思维、认知的发展是最有效的。海斯科普课程认为，社会性、情感的发展只能是间接的，是认知发展的副产品。可是当把主动学习当作整个课程的核心时，主动学习不再只是一个手段，更多的它是一个目标了。当课程的一切都围绕主动学习这一原则进行时，其最终的目标必然是孩子成为一个主动学习的人。而主动学习当然不是一种技能、技艺，而是一种态度，一种精神。这显然不同于 1971 年忽视情感、社会性发展，过于强调认知的海斯科普认知中心课程，也不同于 1979 年把主动学习当作手段之间的关系。把主动学习当作海斯科普课程的核心原则的意义在于在评价孩子发展的情况时，不再根据孩子认识多少字，会算怎样的题，而是放在孩子对学习的态度，孩子的兴趣，孩子的社会性、主动性上。可以看出海斯科普课程已经逐渐摆脱了认知中心课程的帽子，但这不是简单的回到美国传统的目标上去，在社会性、情感的发展和认知的发展两个目标之间，他们似乎找到了平衡，因为主动性的社会性的发展与认知的发展从来就不是对立的。

主动学习是一个完整的过程，一个真正的主动学习包括直接地操作物体，在活动中思考，来自幼儿内在的动机、需要和问题解决。简而言之，主动学习就是儿童在内在兴趣需要的基础上，对物体进行操作，开展活动，在活动中不断思考，发现问题并解决问题的过程。同时为确保主动学习这一原则被遵循，海斯科普课程对主动学习进行具体化、可操作性的规定，这也是它比 1979 年的思想更完善的一个表现。它认为一个主动性学习的环境应该包括以下五个部分：材料，要提供丰富的、能适应孩子不同发展需要的材料；操作，要给孩子提供进行操作、转换、组成等活动的机会；选择，孩子们应能自由地选择自己操作的材料与活动；来自孩子的语言，孩子们有机会描述事物、表达自己的想法，孩子之间能很好地交流；来自成人的支持，教师应支持鼓励孩子的选择与活动。这五个成分是一个主动性学习环境的必要条件，是主动性学习发生的前提。这些具体的标准与规定为保证主动学习这一核心原则奠定了基础。

2. 教师与儿童的交互作用

20 世纪 80 年代，海斯科普课程对教师角色最贴切的描述是：儿童解决问题活动的积极鼓励者，他的主要作用在于提供材料，提出问题和建议，并明确要求儿童运用某种方式制定计划。要求教师的角色是儿童的观察者、倾听者。总的来说，海斯科普课程中主张教师说得更少，听得更多，因为他们认为，只有少说多听，多注意孩子的意愿与活动，孩子才有可能多说，思考才会更多。以前教师关心的是自己如何做，而现在，教师的重心开始转向学生，转向学生的活动，学生的兴趣。他不再是孩子活动的局外人。

20 世纪 80 年代之后，海斯科普课程吸收了社会生态学的观点，开始重视教师与学生之间的积极互动。这种互动必须能保证孩子对自己进行的活动有一个建构性的理解过程，而不是直接把关键经验教给孩子。根据社会生态学的观点，教师与学生之间的关系，更具体地说是这种关系所形成的一种心理环境、心理氛围对孩子的学习作用重大，它是师生积极互动的基础。所以教师与学生之间的互动，很重要的一点就是要营造一个支持孩子主动学习的氛围，创设一个孩子自由探索、心理宽松安全的环境。因此，海斯科普课程要求教师与孩子分享控制权，比如教师控制环境的布置，而孩子决定自己该学习什么；要求教师关注孩子的实际水平，找出孩子的兴趣点，并围绕孩子的能力水平与原有经验作出计划；与孩子建立真诚的伙伴关系，给孩子具体的反馈，并认真对待孩子的问题；与孩子一起游戏，支持孩子的游戏活动。具体而言，教师的工作包括：提供材料，活动区的划分，一日常规的建立，倾听孩子的声音，记录孩子的发展等。

3. 关键经验

杜威把经验分成两套东西，一套是经验的事物，一套是经验的过程。也就是说一个指客观的事物，一个是主体的体验的过程。皮亚杰认为关键经验是主客体之间的相互作用。最初，海斯科普课程没有关键经验一说，最初说法是表征水平和内容区，然后是目标序列。直到 20 世纪 70 年代中期，对关键经验的认识才最终得到确定，提出教师所做的一切都是为了孩子们获得重要的关键经验。这实际上反应了海斯科普课程的重心由孩子不会做什么（目标）向孩子能做什么和正在做什么（关键经验）的转变。这个术语的产生让教师把重点放在提供材料和挑战性情景以使孩子的思维能力得到练习上，而不是从一个低水平向一个高水平的发展。

根据海斯科普课程的阐述，可以说关键经验是对孩子社会性、认知、身体发展的一系列陈述，由几个大关键经验组成，同时在每个大关键经验下又分成若干小的关键经验。它是成人支持、观察孩子活动并作出计划的指示物，也是评估儿童发展状况的指标体系。关键经验的来源主要是海斯科普课程的研究者与实践者长期观察实验，长期与孩子共同学习的结果。这些关键经验首先是孩子发展必不可少的，同时它们又是连续的，不是一次就能发展的，所有的关键经验的获得都要依靠主动地操作物体、与他人交流以及经历事情。20 世纪 80 年代中期，在推广海斯科普课程的培训方案中，意识到以前的关键经验对孩子发展的描述是不全面的，比如有人提出海斯科普课程低估了孩子的社会性学习和社会性的发展。因此在 1991 年，把自主性和社会关系列为关键经验之一，并把主动学习这一经验移走。同时在借鉴加德纳多元智力论的基础上，在 1987 年把音乐并入关键经验之中。另外，海斯科普课程还改变了一些关键经验的名字，如把经验和表征改为创造性表征，加上语言与文字、自主性与社会关系、运动、分类、音乐、排列、数概念、空间、时间概念组成十大关键经验，而小关键经验由 1979 年的 49 个发展到现在的 58个。随着研究与实践的进一步深入，关键经验将会有所改变和增加。

4. 家园合作

20 世纪 70 年代末 80 年代初，海斯科普课程为家长与教师之间建立良好的关系提供了许多好的建议。就教师而言，要求他们定期进行家访，创办简报，安排家长的参观日，鼓励家长留在教室观察孩子，对家长的兴趣、意见和关心的问题以及观察的内容做一些非正式的记录，并鼓励家长成为班级的志愿工作人员。总之，尽一切努力让家长参与到学校里来。

经过二十多年的实践，海斯科普课程除了帮助家长了解自己的孩子，支持学校的工作，鼓励家长的参与以外，他们在家长工作的观念上有了一个大的变化。他们认识到家长是幼儿最重要的教育者，而家庭环境、家庭的生活习惯对孩子有直接的影响。因此海斯科普课程要求教师对每个家庭的文化、习俗、习惯、兴趣、信仰要有所了解，并根据每个家庭文化背景的不同，在海斯科普课程学校里向孩子提供他们家庭文化的环境。

二、蒙台梭利教育模式

这一教育模式是以玛丽亚·蒙台梭利的教育思想为基础发展起来的。在教育的观点上，蒙台梭利提出了孩子"吸收心智"和"敏感期"的关键概念，而其教学原则提出了"尊重儿童"与强调儿童的"自由独立"。因此，"蒙台梭利的教育方法主要是为了促进幼儿个性和认知能力的发展，他们鼓励幼儿自我约束、自我指导和发展幼儿独立性，为幼儿准备环境和材料。大部分的活动是幼儿独自完成的，即幼儿通过与材料的相互作用而不是同别的幼儿交往完成活动。教师的作用就是为幼儿准备一个能满足幼儿需要的环境，使幼儿在其中通过正确地操作材料来进行自我教育。"

（一）教育主张

蒙台梭利提出"吸收心智"的概念，她认为幼儿是以生命本身的参与认识世界；此外，她也把"敏感期"之说运用在幼儿的发展上，她提出的敏感力，是从幼儿内部激发的一项独特的潜能，用以完成其发展的任务。

1. 吸收心智

蒙台梭利发现，儿童智能形态和成人是截然不同。在其著作《幼儿心智——吸收性心智》中，她认为："我们是用我们的心智来获取知识；然而儿童是直接将知识吸取到他的生命中……在他的体内有一种心智的化学作用在进行着……这些印象不只进入儿童的心智中，而且构成了他的心智，成为儿童身体的一部分，儿童利用他周遭的环境所发现的一切，创造出自己的'智能肌肉'，我们称这样的智能形态为'吸收的心智'。"换句话说，儿童并不是用他的头脑去吸取这些印象，而是以生命本身的参与来认识世界；借由这种智能形态和能力，儿童得以自我教导，了解生命的本质。

吸收心智分为两个阶段。

（1）无意识的吸收

无意识与生命的冲动同时存在，是一股促使幼儿与环境互动的原动力。出生至3岁间，幼儿处于无意识的吸收状态，此时期的幼儿对于环境中的事物采取完全的接收，不具选择能力。

（2）有意识的吸收

在3~6岁，幼儿的意识发展到有意识的吸收阶段。幼儿已能从环境中的众多事物中选择自己所感兴趣的、需要的，来加以吸收，进而发展自我。在此阶段之前，"幼儿只能辨认简单的颜色，但一旦幼儿发展到'有意识的吸收时期'，他就能拥有分类、区别、配对的能力了"。

2. 敏感期

蒙台梭利认为："此一敏感期，是指一个生物刚生下来，还在成长的时候，所获得的一种特别的感觉力。此一感觉力是一种短暂的倾向，只限于取得一特定的特质。一旦取得这个特质或特征，这些特殊的感觉力就会消失。借由这种随时都会消失，但又不断出现的新潜能的帮助，生物因而出现各种特定的特征。因此，人类的成长，不是因为遗传了一个不明确的倾向，而是因为有一些间歇性或短暂的易逝的本能，不断指引幼儿取得特定的能力。"这种本能，显现在幼儿身上就是"一种没有任何明显理由，而长时间重复某种活动的强烈兴趣，这种重复行为会延续至一种新的能力爆发式的出现为止"。

借由这种特殊的敏感力，从儿童内部激发时，就好像一道光芒只照射在某些物上，这些物便成为儿童的整个世界，儿童不但有强烈的欲望，还有独特运用物品的潜能，用以完成其发展的任务。所以父母、教师需要细心观察幼儿的"敏感期"，"帮助幼儿的自我发展，细心观察与尊重幼儿的意思，适时提供幼儿成长所需要的一切。"然而，各种潜能的敏感期出现的时间不一，如图6-1所示。

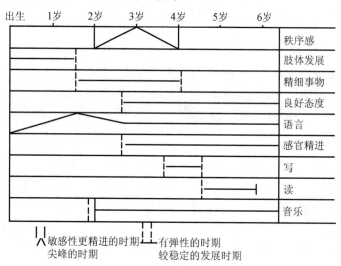

图6-1　各敏感期出现时间图

蒙台梭利所提出"吸收心智"和"敏感期"的重要发现，唤起了我们对幼儿的重视，但每个孩子都有其个别差异，所以教育工作者应该要了解孩子具有的潜在能力，尊重孩子的个别需要，并时时注意，教育是帮助孩子的生命和心理发展，而不要强制孩子记忆成人的语言和思想。

（二）教学原则

自由与独立是两种相互影响的态度，孩子唯有在个体独立的情况下，才能享有充分的自由，但自由须规范在某种程度的限制下，以尊重他人或团体。而尊重孩子，是蒙台梭利教学中的一项原则。

1. 自由·独立·纪律

蒙台梭利主张的教育方法，是以自由为基础的教学法。她在《发现儿童》一书中提到"以自由为基础的教育必须掌握住两点原则。第一是协助孩子获得自由，另一个是避免限制孩子自发性的活动"。孩子具有发展生命的天赋能力，成人不应该限制其自发的生命历程，因为"孩子刚要开始积极表现自己时，便去阻止这些自发性的行动，我们无法得知结果，不过可能扼杀了生命的本体"。所以受到压抑的孩子，其生命力的自发性不会展现他们原来的本性，给孩子自由，才能促进他们自发性地表现自己。然而蒙台梭利所谓的给孩子自由，并非放纵或为所欲为的意思，而是"以独立为前提，重视纪律"的自由。

自由的意义可以由一句话来概括,那就是活动。活动的性质:让孩子自由选择对象物、让孩子自由决定工作要做到何种程度、让孩子顺其内在的生物法则以增强生命力。因此,教师观察孩子时应辨别哪些行为该禁止,要观察哪些活动。蒙台梭利曾提到,维持纪律的基本原则,是让孩子学会辨别是非,并知道什么是不应当的行为。譬如无礼、任性、暴力、不守秩序及妨碍团体活动等,都要严格禁止,渐渐加以根绝,且必须耐心地辅导他们。

2. 尊重儿童

人们是以大人的心态去看待孩子,以为孩子依赖大人,其实大人也依赖孩子。蒙台梭利认为孩子不是成人的缩影,他们和成人之间是相互影响的,并且认为孩子是"成人之父"。蒙台梭利说:"孩子是生命中最重要的因素,因为在童年时期,人格基础就已经奠定了,换句话说,成人的生命形态是在童年时期决定的,在早期就已经奠定了,所以孩子是成人之父。"

因此,蒙台梭利认为孩子是应该被尊重的,孩子本身就具有天赋的内在驱力与特殊的心智状态,应该让孩子依照自己的特殊形态来发展自我,成人不要干预。教育是在帮助孩子的自我生命的发展,而不是替他们成长。这个理念在蒙台梭利教学法中随处可见。具体表现为:在环境方面,选用合于其身体所需尺寸的器具和布置;在工作方面,让孩子有选择上的自由,尊重其专注行为,不任意干扰,尊重孩子自发性的活动;在课程内容方面,是为了孩子发展,而不是为了文化发展来看待教材等,都是尊重儿童的表现。

(三)教学法

蒙台梭利所展示出来的教学法具有完整的教学体系,以孩子为中心,包括三要素,环境、教具和教师。这是她配合自己的教育理念,和对孩子的观察与研究的结果,其间的关系如图 6-2 所示。

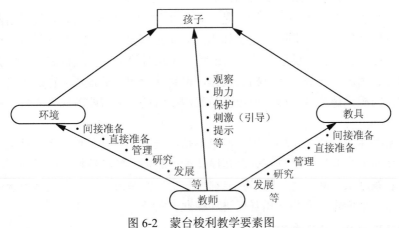

图 6-2 蒙台梭利教学要素图

孩子在预备好的环境中,安全自由且独立地探索,经由和环境中的人(教师和其他的幼儿)、物(教具和环境)的交互作用,自然地开展其内在的本性。

（四）教师的作用

蒙台梭利对教师有这样的描述："他必须很谨慎、很细密而且很多变。他的话不必多、不必费力也无须很严格。但他必须有慧眼才能明察秋毫；他需要帮助孩子、接近孩子、离开孩子、应说话时要说、应该安静时要安静；他必须拥有其他教育制度所不需要的道德情操——镇定、有耐心、有爱心和有人性，让美德成为他的主要特质。"蒙台梭利所谓的教师是以"精神预备"为其首要条件的新教师，同时是一位观察者、示范者、孩子的解释者、环境的预备和保护者、学校与家庭、社区的联络者和沟通者。

三、瑞吉欧·艾米利亚课程方案

（一）理论基础

1. 儿童观

罗利斯·马拉古兹认为，"质朴而又开放的理念来源于儿童。那些关于儿童和为了儿童的东西都是向儿童学习的结果。我们知道这些是多么真实，而同时又是多么不确定。但是我们需要这种主张和指导原则，它赋予我们力量，并将最终成为我们集体智慧的重要组成部分。"

也就是说，所有儿童都是有潜力的，他们对与人交往、建立社会关系、建构学习和适应外部环境充满着好奇。教师只有深入地认识到儿童的这种潜力，他们所进行的所有工作和为儿童创设的环境才可能是合适的。

2. 学校作为生态系统

瑞吉欧课程方案创建人之一马拉古兹认为社会建构主义对自己教育工作影响甚大。在他看来，他所创办的教育体系是社会建构主义的一种形式。美国麻省理工大学的教授乔吉·弗曼对社会建构主义与瑞吉欧的关系作了如下阐述。

社会建构主义的基本假设是知识是一种关系体系的建构。所以，仅仅用两种刺激或者刺激与反应之间的简单联系来定义知识的建构过程是不够的。儿童只有在广泛的关系体系中，经过重新解释、反思和重温的过程，才能对他们在某次特定经历中获得的体验进行组织。这个过程就是个人建构的过程，也是社会建构的过程。在这个过程中，儿童是自己知识的积极建构者。这一观点也是我们了解的"瑞吉欧方法"的哲学和实践的基本假设。

教育要关注每一个儿童的发展，但绝不是原子式地看待他们，而要从关系的、生态的角度看待他们，要把他们与家庭、其他儿童、教师、学校环境、社区和广阔的社会环境等要素联系起来。每一所学校都应被看作一个生态系统，在每个生态系统中都包含着所有的关系，他们相互联系、相互促进和彼此支持。

3. 空间的作用：第三教育者

瑞吉欧的教育者认为，学校空间是"第三教育者"，是信息和可能性的"容器"。空间环境的建构应显示出对进入学校所有人的欢迎之情，并有利于表现积极的气氛，促进交流和合作结构的布局、物品的摆放和活动的安排都应有利于解决问题，促进儿童在学习过程中的探索。

瑞吉欧学校在空间上很有特色：到处是儿童自己的作品，到处有儿童的油画、图画、纸工和铁丝制作的各种造型，透明的美术拼贴把灯光变成彩色，汽车模型缓缓地在头顶行驶……有时甚至会在不起眼的地方如楼梯、盥洗室中出现儿童的作品。这样的环境不仅鼓励儿童更仔细地观察周围所发生的事，而且提醒他们，他们和其他儿童都做了什么。在教室里，还有对其他儿童作品的展示，这提供给儿童机会，反思他们以前的能力和所理解的事物。

（二）课程目标

目标体现于过程之中，课程目标的来源是"与幼儿有关的事和为幼儿做的事仅仅是从幼儿那里学来的"，教师"根据自己对幼儿的了解以及工作的经验对教学过程中可能出现的种种情况作出假设与预测，在此基础上形成开放的、变化的教育目标"，即教师依据幼儿的兴趣和爱好与幼儿一起确定主题，随着活动的展开过程中幼儿遇到新问题情境而变化。

（三）课程与教学展开过程

瑞吉欧的教育工作者反对将课程固定化、模式化，认为幼儿有自我发展的潜力和权利，幼儿是课程主题和实施的生成者和创造者。诚如马拉古兹所说："我们是真的没有计划或课程，但是若说我们只依赖那种令人羡慕的技巧，像临时起意的课程，那也不正确，我们依赖机会，因为我们相信我们也可以期待某些我们尚未了解的事物。我们知道，与幼儿一起共事，是三分之一确定，以及三分之二的不确定和新事物。"确定部分是指促进幼儿潜力的全面发展，不确定部分则意味着课程方案随着活动的进展从幼儿兴趣出发不断生成。瑞吉欧的教育工作总是不断地尝试并反思方案教学，拒绝将其模式化、固定化。总体上看，瑞吉欧的方案教学是一个完整的、自然连贯的过程。为了便于介绍，我们将其大致分为呈螺旋式上升的三个阶段。教师可依据主题的性质、幼儿的反应等不同情况灵活运用。

1. 活动的发起和准备

确定主题、提出要探究的问题。教师根据幼儿兴趣、材料等选择方案研究的主题。主题来源很多，如幼儿及教师的兴趣，幼儿发展的阶段性任务，物理环境中的事物，社会环境中人，突发事件，共同生活中的事情，社会文化、社区和家庭的价值观等。尽管主题来源众多，但主题的确定还是以幼儿的兴趣和需要为主要依据。幼儿的兴趣和需要不仅指幼儿在活动中的自发表现，还包括由教师推断和引发出来的兴趣和需要。因此教师要有敏锐的眼光，善于洞察幼儿活动和反应中所蕴涵的学习价值。如戴安纳幼儿园的大班教师发现，孩子对恐龙的兴趣非常浓厚，很多孩子把自己的恐龙玩具带来，在游戏过程中总有些孩子注意力转移，情不自禁地玩起恐龙玩具。于是就确立了恐龙方案。确定好主题后，教师和幼儿根据主题充分互动，利用"百种语言"充分回忆，尽可能了解并调动幼儿与主题相关的原有经验。

2. 活动的开始与发展

教师的主要任务在于创造支持性环境，提供丰富而适宜的课程资源，如材料、暗示和建议等。幼儿主要是获得直接经验，围绕主题进行活动前准备，对问题解决进行假设并验证它，探究问题和事实。幼儿需要对自己要观察和探究的问题进行讨论、记录、思考。接下来幼儿开始对问题进行实地探索，教师要提供各种材料、建议进行协助，然后进行小组或全班讨论。最后，幼儿需要重新整理自己的经验，记录所见所闻等，利用草图绘出细致的图或做出模型，或查阅参考书提出新问题等。

3. 展示、总结、反思、建构

幼儿以各种形式整理自己在探究过程中的发现及作品，然后交流、分享学习经验、回顾讲述活动展开的过程，也可以用富于想像的方式如艺术、故事或戏剧表演的方式来内化经验。教师帮助幼儿精心选择交流材料，引导孩子回顾评价整个活动过程，也可以利用幼儿的兴趣和想法生成一个新的方案。

此外，还有行为主义课程模式、银行街课程模式、进步主义教育模式等，在此不一一详述，只简述一下行为主义课程模式。

行为理论的一个主要特征在于它以经验证据为其扎实基础。巴甫洛夫、华生、桑代克、斯金纳的先驱性工作以及行为分析家目前进行的研究累积起来给了我们关于行为的越来越好的解释，从而提供了改进儿童教育和父母行为的清晰的方法。行为主义是一门解释行为的自然科学方法，它假设现象是合乎规律的，任何事件都有前因后果，因而事件是可控制的。表现在早期儿童教育上，作为自然科学家的行为主义者，认为儿童行为是合乎规律的，因果关系能被发现并用来帮助管理和指导儿童的进步。教师运用直接的教学来教授数学、阅读和言语等内容。课程和活动是由教师发起和指导的，而且还要求教师进行结构化的、不断重复的教学。奖励，包括实物和表扬，被用来激发幼儿的学习动机和鼓励幼儿。幼儿学习经验主要是封闭的、有固定答案的内容，学习则是为了寻求预期的正确答案。

第三节 幼儿园园本课程设计

我国现行的幼儿园课程管理政策是"由国家教育行政部门颁布教育指导纲要，规定总的教育目标、教育内容和实施原则，由各地教育行政部门制定执行纲要的具体指导意见，再由幼儿园为主确定本园的具体课程"。由此可见，《纲要》要求幼儿园创造性地进行幼儿园课程的设计，用多种的组织形式为每一位幼儿提供适宜其发展的活动。这为幼儿园课程实现园本化指明了方向。毫无疑问，各地、各幼儿园都应该在《纲要》指导下，紧密结合各自的实际与需要开发独具特色的园本课程。

一、幼儿园课程园本化的意义

（一）含义

何为"园本课程"？简单说，就是幼儿园自主开发的"以园为本"的课程，实现课程园本化。课程园本化是指幼儿园组织及其成员，根据国家或地方政府关于幼儿园教育纲要的精神与幼儿园自身发展的实际需要，充分利用园内各种教育资源所进行的课程选择、课程生成、课程重组的相关研究与管理过程。

（二）特点及其价值

首先，课程园本化是持续和动态的课程改进、发展过程，是幼儿园有组织、有目的、有计划的行动过程，是幼儿园课程建设与管理不断完善的过程，是课程决策不断走向民主化的过程。

其次，课程园本化有基本的方向性依据，有利于幼儿园形成个性特色鲜明的校园文化。

再次，幼儿园所设计的课程应当是以幼儿的需要和兴趣、父母的价值观和期望，以及教师的特点和能力之间的协调或联系为特征的，因而能使课程更加适合本园每一位幼儿的需要。"课程应当反映幼儿、父母和教师的需要，因为满足这三种群体需要的环境和教育的状态决定了教育的总体质量和教育的有效性。一种为教师提供差的工作环境和对父母的重要作用没有给予足够重视的教育就不能为幼儿提供最好的教育。"

最后，幼儿园设计的课程除了满足幼儿的需要外，课程"在某一具体社区的背景下必须是突显其文化价值的，并且是与当地文化相适宜的和有意义的"。不同的幼儿园应根植当地的文化、语言、价值观、需要以及家庭和社区的利益，设计自己个性鲜明的课程。

阅 读 材 料

全美幼教协会和教育部的全国幼教专家协会为评价课程的内容提供了具体的标准（1991）。课程设计应当符合以下标准。

1）它能促进幼儿间相互学习和鼓励幼儿进行知识建构吗？

2）它有助于实现幼儿在社会性、情感、身体和认知方面的发展目标吗？

3）它在鼓励幼儿的学习倾向和情感积极发展的同时，有助于幼儿的知识和技能的学习吗？

4）对幼儿来说，它是有意义的吗？与幼儿的生活有关吗？通过把课程和幼儿个人已有的经验联系起来，能使课程变得更有意义吗？

5）在这个时候，对幼儿的那些期望是切合实际的或是可以实现的吗？或者幼儿以后能更容易和有效地获得知识和技能吗？

6）它对幼儿和教师来说是有趣的吗？

7）它对文化和语言上的差异保持敏感和尊重吗？它尊重、允许和欣赏个人间的差异吗？它能促进和家庭间的积极关系的建立吗？

8）它是建立在能发挥幼儿现有的知识和能力的基础之上的吗？

9）它能通过帮助幼儿在有意义的背景下建构他们自己的理解来发展对概念的理解吗？

10）它能促进相关内容在传统学科领域之间的一体化吗？

11）根据各相关领域的已有的标准，它所提供的信息正确和可信吗？

12）课程的内容有学习价值吗？现在幼儿能有效地学习它们吗？

13）它鼓励幼儿积极地学习，允许幼儿做出有意义的选择吗？

14）它有利于幼儿的探索和调查，而不是强调"正确"的答案和完成任务的正确方式吗？

15）它有助于幼儿的高级能力，如思维能力、推理能力、问题解决能力和做出决策能力的发展吗？

16）它促进和鼓励幼儿与成人之间的社会交往吗？

17）它尊重幼儿的生理需要，如活动的需要、感官刺激的需要、对新鲜空气、休息和营养、排泄的需要吗？

18）它有利于幼儿的生理安全、心理安全感和归属感的发展吗？

19）它能提供促进幼儿成功感、学习能力和学习兴趣发展的活动吗？

20）它给予幼儿和教师一定的灵活性吗？

二、园本课程的组成部分

幼儿园的园本课程由四个重要部分组成，分别是哲学思想、课程目标、班级活动和对课程的评价。

（一）哲学思想

哲学思想指的是对课程其他组成部分的理论解释，它包括幼儿作为学习者的观点、在幼儿学习中教师的作用、环境的作用、父母的作用等。它也包括在幼儿教育中众多的发展理论和流派中所坚持的一种，或几种相关理论的结合。这些观点，在上一节我们介绍的课程模式：瑞吉欧·艾米利亚课程方案、海斯科普等课程模式中都有反映，这是进行课程设计的前提。这正是我国幼儿园进行课程设计最需要加强的地方。

从某种意义上说，课程即思想。对幼儿园来说，这个思想即指办园指导思想，园本课程应该是幼儿园办园思想的具体体现。这个思想既是园长的，更是得到全园教师普遍自觉认同的。纵观中外幼儿园，不难发现，每一所成功的幼儿园都无不具有鲜明的办园思想和充分体现这一思想的独特的课程体系或模式。我国现代幼儿教育的奠基人陈鹤琴先生倡导"活教育"的思想，在这一思想指导下提出"做人，做中国人，做现代中国人"的目标，形成"大自然，大社会，都是活教材"的课程观和"五指活动"的课程体系，以及"做中教，做中学，做中求进步"的教育方法。瑞吉欧学校的教育哲学思想是"走进儿童心灵的儿童观"，"我就是我们"的互惠交流和互动合作观等。没有这一先进而独特的"瑞吉欧教育哲学思想"，就决不会有独具特色的"瑞吉欧"课程模式。

（二）课程目标

园本课程作为一个课程体系应当包括整体的发展目标和幼儿在不同发展领域的学习目标。其中的发展领域是指认知、社会性、情感和身体运动等领域。尽管在园本课程体系中，我们把幼儿各方面的发展说成是具体和独立的部分，但幼儿的发展还包括跨领域的能力的发展。幼儿的发展是一个复杂的、相互联系的过程，因此，园本课程的设计应当实现课程的统整，支持幼儿这种综合能力的发展。

要设计出适宜性发展的课程，教师必须具备有关幼儿发展和学习方面的理论知识和实践经验，要深刻理解班级中的每一位幼儿个性特点，了解幼儿的不同家庭、社会和文化背景的特殊性。教师还必须不断地从反思性教学实践中研究、学习，才能对"什么对幼儿是最好的，怎样才是对幼儿最好的"这一问题，做出富有见识的课程决策和设计。另一方面，"作为照顾他们的成人来说，我们替儿童选择了我们的价值观的东西；同时我们需要把我们的计划变成一种开放式的，以便儿童能作出反应。作为积极主动的学习者，儿童为自己作出选择"。能进行聪明的选择的能力是课程的目标之一，也是儿童的最重要的生活技能之一。

（三）班级活动

计划和实施班级活动指的是设计幼儿的日常活动。班级活动必须体现幼儿发展的所有领域。班级活动的设计实施包括两部分，一是准备一个幼儿发展的支持性班级环境，二是运用有效的教学策略。

在班级活动过程中，强调记录儿童学习过程的重要性，也强调儿童和教师重温学习时刻的重要性。通过记录，成人和儿童有机会个别或集体重温已经发生过的学习计划和任务，使儿童建构知识的方式看得见。对于教师而言，记录儿童的学习不只是去关注儿童的作品，更为重要的是去了解和摸索儿童建构知识的过程，加深对儿童的能力和兴趣、不同的表现和表达方式，以及在不同领域内获得概念的特征等方面的了解，从而改变自己的教育决策和教育行为。对于儿童来说，记录能帮助他们回忆自己和他人的想法。让儿童观看自己以前的绘画等作品，重温以前发表过的意见，评价自己以前的想法，听取同伴的意见，这为他们提供了一个自我评价、反思、评价其他儿童的机会。这样，儿童不仅能发现自己的学习，还能了解他人的学习。这个过程把儿童放置于一个可能会导致认知冲突的社会情境之中，使他们在与他人的比较中建构或重新建构自己的知识。

（四）课程评价

对设计的园本课程效果的评价是一个全面的过程，它要求仔细地记录幼儿在不同发展领域的进步，观察记录幼儿在活动中的表现，对课堂环境的利用等。

评价过程要吸收父母和同事的参与，把自己的同事和幼儿的父母吸收到课程评价的过程中，可以扩大信息的来源并扩展评价过程中的不同的观点。应让幼儿的父母定期参与到对书面工作计划的评价中来，并在日常生活中的交往和家长会中获得反馈信息。邀请自己的同事来观察教室里的活动，并为他们提供有关幼儿参与活动和教学策略方面的决策设计。

评价应当强调每一个幼儿的独特性。我们不能利用评价来对每个幼儿进行比较，而应正确地指出通过课程中的变化而表现出来的幼儿发展上的差距。

发展评价的内容：收集记录从父母那里得到的信息；观察记录幼儿在游戏活动中、在日常常规和交往中的表现；全面综合评价每一个幼儿；持续不断地观察和评价课程计划、课程实施状况；教师应定期地对教室进行观察，分析在不同区域活动中儿童的数量；教师应对教室的每一区域进行观察，看幼儿是否是以有意义的方式来使用教室里的所有的区域的。

最后，联系我们上一节介绍的不同的教学策略和课程模式方面的理论成果，适当地对教学策略和设计的课程做一些改变，以更好地适应每一个幼儿的需要。

三、园本课程设计的三种组织形式

在我国传统的幼儿园教育中，分科课程与集体划一的、传递式教学是其最重要的特色。随着我国幼儿教育改革的深入，西方国家幼儿课程与教学设计的三种组织形式——区域活动、主题活动和小组活动被引进到我国，并迅速发展，成为我国幼儿园主要的课程设计形式。但在实际应用中，仍存在很多问题，没有发挥其应有的作用。因此，下面就这三种课程设计的组织形式进行探讨。

（一）区域活动

1. 区域活动的涵义及价值

区域活动即学习中心、兴趣中心活动，它是教师从儿童的兴趣出发，为使儿童进行高效学习、获得最佳发展而精心设计的环境，儿童可以自由地进出各个区域，开展游戏活动。区域活动是布置环境的有效方式，便于儿童根据自己的需要，有选择地进行游戏活动；区域活动适合于任何年龄阶段的学前儿童，并能使儿童从中受益；不同的区域活动对儿童的成长虽然有着不同的影响，如积木区利于儿童习得大小、形状、长度、序列和空间关系的知识，图书区利于儿童获得阅读、听说的技能，但它们都能增强儿童学习的主动性、积极性和创造性，提高儿童的决策能力。此外，教师还认为区域活动也有助于他们及时观察了解儿童，以儿童最近发展水平为基础，设计出更适宜的环境，促进儿童身心更好地发展。

区域活动是针对传统的班级划一、传递式教学而提出的一种新型的课程与教学设计的组织形式。传统的教学方式影响了儿童的积极性和创造性，遏制儿童的主动性和自主性，忽视了儿童发展中的个别差异。区域活动通过为幼儿提供有准备的环境，让幼儿在这种环境中与材料互动，有助于激发儿童的创造性和自主性，尊重幼儿的个别差异，使每一个幼儿都获得发展。

2. 区域活动的种类及设置

设计哪些种类的活动区，一般是幼儿园中教师根据儿童发展的需要来划分的，即按照儿童发展领域来进行划分。但是不同的幼儿园差异很大。在众多幼儿园班级大都设立的活动区种类有：①戏剧游戏区，儿童在此专心致志地开展"医院"或"表演""家庭"

等方面的游戏；②科学区，教师给儿童提供主动探索发明的机会，儿童探究追寻"海洋""天体""动物""植物""机器""人体"的各种行为都会得到教师的支持；③小肌肉活动区，儿童有许多机会动手操作和摆弄，如在小木板上用橡皮筋在钉子之间拉出几何图形；④大肌肉活动区，儿童在室内或室外通过肢体、躯干的动作进行活动，如打保龄球、篮球；⑤图书区，儿童在舒适、放松的环境中自由阅读，静心听讲；⑥艺术区，儿童对纸或布、羽毛、棉花、毛线、纽扣、肥皂等材料进行加工，创造各种艺术品；⑦积木区，儿童利用积木，搭建自己感兴趣的各种各样的物体，如宇宙飞船、儿童公园、动物园；⑧电脑区，儿童在电脑上学习读、写、算的基础知识，玩游戏、画图、打印材料；⑨沙水区，儿童使用多种器具玩沙或玩水，了解沙或水的基本特性。

此外，有的还设计了音乐区、泥塑区、木工区、实验区、烹调区、劳动区等区域活动。

各个活动区的材料都要非常丰富，种类齐全，全部开放，要陈列在低于儿童身高的无门柜子里或透明的无盖塑料盒中。儿童要看得见，摸得着，选用起来很是便利。不同的区域材料不同，特性各异。

各个活动区都要独立存在，用字条张贴显示。图书柜、玩具柜和操作台是常见的分隔区域的物体。不同的活动区所处的位置不同，靠近班级门口的地方一般是动态活动区，远离班级门口的地方主要是静态活动区。根据不同的活动区内儿童数不同，不同的活动区占据的面积也应不同。

教师要积极投入区域活动，从教育目标和儿童实际出发设计环境，准备材料，营造民主平等的氛围；鼓励儿童自主选择区域；尊重儿童对材料的取舍和使用的方式；称赞儿童的不同观点，保护儿童活动的积极性；做好观察记录等工作。

（二）主题活动

1. 主题活动的涵义和价值

长期以来，我国的幼儿教育存在着严重的学科中心主义的倾向，分科课程是其主要的课程组织方式。教育实践证明，这种分科课程不利于儿童主体性、自主性和创造性的发挥，把儿童驯化成一个个学科知识的傀儡，造成儿童经验的分裂。这种分科课程的教学以少数所谓"优等生"为核心，大多数儿童退居边缘进而成为教育的牺牲品。"生产模式"追求整齐划一，追求"规模效益"，培养机械、苍白、无个性的"标准件"。主题活动是针对分科课程而言的一种课程设计方式，是以主题为中心进行统整的课程。所谓主题活动，一言以蔽之，就是超越了传统的课程教学制度——学科、课堂、评分——的束缚，使儿童置身于活生生的现实的（乃至虚拟的）学习环境之中，综合地习得现实社会及未来世界所需要的种种知识、能力、态度的一种课程（生成）模式。主题是围绕某个中心形成的一种课程设计，其展开不遵循学科的线索，而是以主题所蕴涵的基本事件、事实、现象为中心。主题统整的课程尊重儿童与生俱来的探究权，课程设计以尊重每一位儿童的学习权为核心，发展每一位儿童的个性，使课程适应每一位儿童。

2. 主题来源

主题的来源可以多种多样。不同课程设计者因价值观上的差异，可能会有不同主题选择的倾向，主题主要有以下 4 种来源。

主题的第一种来源是领域。即主题是以一定的领域为基础来设计的。如"美丽的春天""冬天的动物""夏天的水果""我们做朋友""新年到"等。这些主题明显的与特定的领域有关，以某一个领域的内容为主，但在主题的设计和实施过程中，又不只限于某一个领域。这类主题在我国幼儿园课程改革和发展的实践中，经历了一个不断发展和完善的过程。其基本的发展趋势是从主要是或较多地涉及单个学科或领域的内容发展到涉及多个学科和领域的内容。

主题的第二种来源是社会和幼儿生活事件。主题的设计围绕这些具体的事件加以展开。如"交通事故""运动会""台风来了""出血了"等。这些主题均是发生在社会生活中或幼儿自身生活中的真实事件。围绕这些主题设计和组织的活动可能以某一领域的内容为主，也可能多个领域并重，往往这类主题更有生成的空间。

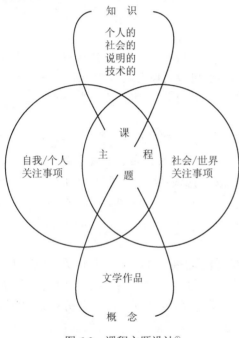

图 6-3 课程主题设计①

主题的第三个来源是人们专门提炼和概括的一些现象和过程。如"变""熟了""原因"等。这些主题是开放的，本身并不包含确切的内容，但却可以容纳不同领域中很多相关的内容。主题内容的选择就是围绕这些现象和过程进行的。

主题的第四个来源是文学作品。文学作品作为主题的来源不同于领域作为主题的来源。这里是指将某一个文学作品作为主题的来源。文学作品本身就涉及艺术和语言两个领域，文学作品尤其是故事、寓言等，其具体的内容往往是与科学、社会等领域紧密相关的。文学作品中的人物、事件、物品、道理、场景等都是主题内容生成的线索。如"桃树下的小白兔""小蛋壳历险记"等。

但课程设计是同时涵盖儿童个人与世界共同关注的主题，如图 6-3 所示。

3. 主题活动过程

第一，准备阶段。教师首先根据幼儿兴趣和能力、课程内容、社区资源等条件选择一个可以围绕其展开活动的题目。然后绘制一主题网，如图 6-4、图 6-5 所示。

第二，启动阶段。幼儿借助泥塑、积木、写作、诗歌、舞蹈、图表、绘画、模型、复印、手工、照片、表演、故事等"百种语言"来充分回忆、表达、展现其关于主题的已有经验，教师通过讲故事、放录像等激发幼儿的好奇心。教师提出主题种种发展的可能性以保证其有足够的开放性，随时融入幼儿的观点，拓展主题新的可能。

---

① James A. Beane. 2003. 课程统整. 单文经等，译. 上海：华东师范大学出版社.

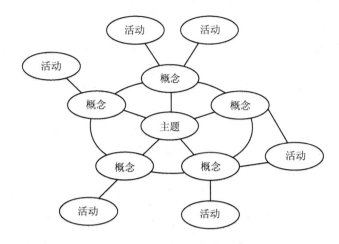

图 6-4 课程主题网概要图①

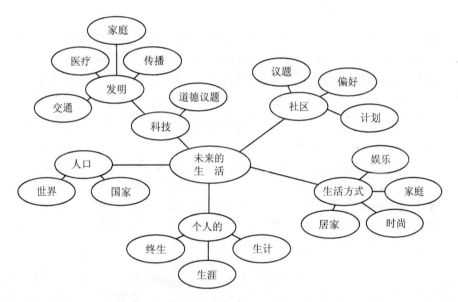

图 6-5 课程主题网概要示例图②

第三，探索阶段。幼儿在教师的引导下进行实地考察，展开多种活动对主题加以深入探索。并根据自己的水平、爱好选择表达手段，教师还要组织讨论、汇报展示等活动让幼儿分享其探索成果。该阶段最好能邀请家长参与，以丰富学习资源，扩展主题内涵。

第四，总结阶段。教师为幼儿提供机会来向全班、家长及全园甚至更大范围的人们展示自己做了什么事情，总结活动的意义，生成新的主题。

4. 主题活动的特征

探究性。主题活动应追随幼儿经验和生活，将幼儿感兴趣又急于了解或解决的问题

---

① JAMES A.BEANE 著. 课程统整. 单文经，等译. 2003. 上海：华东师范大学出版社.
② 同上.

及时纳入活动中来，师生共同建构课程。

生成性。主题活动是一个低结构活动，有结构但不僵化，有弹性但不松散。教师对主题活动展开有预期目标，但是目标内在于活动之中并随着活动的展开而发展，有目标但不成为控制，整个活动中所出现的幼儿随时生成的探究热点并不是确定的。

多元、综合。只要是幼儿感兴趣并且是社会或生活议题，具有促进发展的价值和操作可能的都可以作为幼儿探究的主题。因此幼儿的学习地点不再限于教室、幼儿园，而是指向更广阔的开放空间：社区、商场、图书馆、工厂、农村等，幼儿都可以去探究、去体验、去尝试、去服务。

学习共同体。教师之间、教师与学生家长、师生之间、学生之间以主题活动为纽带，构造关爱、关心、关切、关联的学习共同体的社会理论实践活动。

（三）小组活动

1. 小组活动的涵义与价值

在幼儿园教育中，小组活动作为班级集体活动和个人活动的一种中间形式，在要求学生 3～6 人组成的异质性小组中一起从事游戏探究活动，共同从事某一主题的探究、体验活动。小组活动的本质就是打破目前学习的排他性竞争的个人主义和学习的个人心理主义的倾向，恢复学习的社会关联性、协商性、对话性的合作性的本质。幼儿园的小组活动可以是教师有计划安排的活动，可以是组织指导的活动，也可以是幼儿自发的活动。

与排他性竞争的个人主义、个人心理主义的学习相比，小组学习具有自己的优势。它具有以下意义：①小组活动更能突出儿童的主体地位，激发儿童主动参与和创造潜能；②有利于儿童沟通交流能力的提升，有利于儿童自我意识的形成发展；③有利于儿童获得探究解决问题的经验和体验，培养儿童的合作能力和团队精神。

2. 小组活动中应注意的几个问题

第一，关于小组活动中幼儿的主体性问题。在小组活动主题的产生、小组的组建、小组活动和评价整个过程中，幼儿天生具有非凡的潜力，教师应从幼儿出发，尊重幼儿主体性，鼓励幼儿自我表现和创造。为幼儿提供尽可能多的机会和可能性，强化他们的探究动机，通过积极主动地探究周围世界环境，使他们获得成长。

第二，小组活动中教师的作用。在小组活动中，教师应邀请同事和幼儿父母一起成为幼儿的合作探究者，平等地参与到活动中；应成为一个观察者和记录者，重视去倾听幼儿，发现和认识幼儿，鼓励幼儿自主、自由地探究，同时亲自参与进去，给幼儿以反馈、建议和支持，引导幼儿拓展自己的想法。教师通过阅读、整理记录，解释和反思幼儿学习策略、自己的教学策略以及活动的进展情况。而且通过记录，教师可以重新检查或与其他教师一起反思自己设计的活动方案，激励教师进行自我反思和相互间的共同探讨，使教师重新审阅自己的理论架构。

 **本章小结**

本章首先从规范性的角度回答了幼儿园课程是什么，即幼儿园课程是发展儿童个性、激发儿童主动探究、是师生实践中共同创生的、发展儿童对话交流能力、发展儿童情感和伦理、统整的、建构学习共同体的"社区"的课程；第二部分主要介绍了几种主要课程模式：海斯科普发展儿童认知的课程模式（又称建构主义课程模式）、蒙台梭利教育模式和瑞吉欧·艾米利亚课程方案以及简单介绍了行为主义课程模式；在上述基础上介绍了幼儿园课程园本化的涵义、特点及其价值，园本课程的组成——哲学思想、发展目标、班级活动和对幼儿的评价，园本课程设计的三种组织形式——区域活动、主题活动、小组活动。

思考与练习

1. 名词解释：

主动学习　　关键经验　　吸收性心智　　敏感期　　园本课程区域活动
主题活动　　小组活动　　知性的觉察　　对话性实践
百种语言行为主义课程模式

2. 阐述你对幼儿课程的理解，并设计如何把它应用到幼儿教育实践中。

3. 试比较本章介绍的几种课程模式的异同点，你还能介绍本章中未提到的一些课程模式吗？

4. 请谈谈三种幼儿园园本课程设计组织形式的联系与区别，试着设计一个课程主题网并描述怎样在实践中运用它。

第七章

幼儿园班级管理

本章重点是阐述教师制定幼儿园班级管理目标的重要性；同时介绍幼儿园班级管理的具体策略，如忽视小的烦恼、表扬努力和成功、纠正儿童的不适宜行为、教给儿童冲突解决的技能等；制定促进儿童发展的指导性策略也是班级管理的一个重要组成部分。

第一节 幼儿园班级管理目标与原则

班级管理方面的决策是幼儿教师做出的最重要的决策之一。有效的班级管理来源于教师对早期教育哲学的认识，这也是教学策略和活动的决策方面的来源。有利于儿童发展的班级管理作为幼儿园潜课程的一部分，能使教师以一种积极的、人道的方式进行教学和与儿童进行交往。

一、班级管理目标

幼儿园班级管理目标的制定主要源自以下两个维度：一是社会关系的维度——儿童与自身的关系（自信、主动、坚持等）、儿童与他人的关系（乐群、互助、合作、分享、同情）、儿童与群体或集体的关系（遵守班级规则、爱护公物和环境）；二是心理结构的维度——认识、情感态度和行为技能。两个维度的结合，构成班级管理的内容的两个主要目标：儿童的社会性和个性发展目标。在杜威看来，无论"个人"，还是社会都是互为媒介地构成的，每个班级成员实际上处于一个社会情境中。他认为唯有在社会中的个人才拥有发展个性的机会，因此在幼儿园班级管理中就必须强调民主的价值，通过各个教育主体的积极、平等的参与，建构起属于大家的知识和文化，即大家通过努力孕育出两个共同体——"知识共同体"和"民主参与的共同体"，这两个共同体为班级的每个成员提供一个合作、协商、发展、解决问题、承担社会责任的平台。在解决实际问题时，儿童要交流各自的理解，展现自己的特长，他们进行的是一种合作式的交互。班级中的每个人都有自己的"最近发展区"，当儿童跨越了一个"最近发展区"后，又会面临一个新的发展区。这种过程不是线性的，而是螺旋式上升的。儿童协商理解是为了在他们智力上都能达到的"最近发展区"中达成共同的理解。在这个共同体中，教师和儿童也是交互主体关系，随着学习活动的文化氛围的变化而发生角色上的转变，时而是教师控制，时而是学生控制，时而师生互动。这是一个动态、变化的学习空间，其中教师和学生都是同等重要的参与者。

因此，幼儿园班级管理的主要目标是——形成学习共同体，其具体目标包括如下方面。

帮助儿童主动地参与各项班级活动，有自信心，提高和支持儿童的自尊；

帮助儿童与人交往、互助、合作和分享，有同情心，帮助儿童形成他们自己的解决冲突和维护和平的技能；

帮助儿童学习自我控制和自律方面的策略，理解并遵守班级日常生活中的基本社会行为规则；

班级管理一方面满足儿童对支持、照料和保护的需要，另一方面教师对儿童进行管理、控制，这两个方面需要保持平衡；

通过提供一种积极的学习氛围来支持课程与教学的实施。

当幼儿教师耐心地对儿童有效指导而不是靠惩罚时，就能达到这些班级管理目标。这是因为那些被惩罚的儿童会感到难堪丢脸，会隐藏自己的错误，自我概念水平较低下，不能形成内部的控制来解决以后遇到的问题。而那些充满自信、有自控能力的儿童能学会满足自己和他人的需要，自我感觉良好，而且逐步变得独立起来。

二、班级管理的基本原则

（一）形成合理切实的期望的原则

教师应理解儿童的发展过程和儿童发展速度上是有差异的。显然，儿童的发展水平会影响儿童的行为、同环境的交往以及同学和教师的关系。所以，教师必须根据儿童的发展水平来判断儿童的行为是否合适。譬如，一个4岁的儿童，其实际发展水平处于2岁，他将会表现出说话少、问题解决的技能弱等。这样一来，教师对儿童的期望必须以实际发展水平，而不是简单地以生理年龄为基础，并且应采取与儿童发展相适宜、能促进儿童发展的指导管理策略来指导儿童的行为。

（二）建构一种支持性的班级氛围的原则

对于班级管理来说，另一个重要的原则就是创造一种对儿童来说信任的、支持的和安全的班级氛围。也就是说一个支持性的安全的班级氛围既能保护儿童身体健康，而且还能让儿童有归属感和成就感。减少儿童在班级环境中的压力、尊重儿童和儿童的能力、需要，班级环境应能鼓励儿童游戏、探索和发现，鼓励儿童之间和儿童与成人之间充满爱的积极的相互交流。形成积极的师生关系，包括相互表示尊重、用时间去分享使人快乐的集体活动、进行鼓励以及通过语言和动作来交流对彼此的关心。运用有意义的表扬和避免讽刺、威胁以及羞辱儿童能增强相互信任的氛围。

支持性班级氛围的建构需要两个条件：一是教室里有合情合理的规则和秩序，二是要有不断地强化这些规则和秩序的系统。儿童需要强有力的和可靠的教师在场，因为他们可以公平地、一致地运用规则，建立良好班级秩序，在儿童需要时提供帮助和干预以及给儿童提供安全和保护，以使儿童在游戏和学习时感觉到被支持。

（三）坚持与儿童对话的原则

同儿童进行对话交流是重要的。对话交流可以帮助教师创造一种信任的氛围，而且可以避免许多因误解而引起的行为问题。要与儿童进行高质量的对话，教师需要注意以下几点。

事先想好合适的问题。先和同事畅谈交流，考虑哪类问题会引起儿童的好奇心，以激发和促进儿童思考、猜想、发现和比较。

将对话安排在一个安静的地方，使教师和儿童都不受干扰。

在与儿童开始谈话或提出要求前，必须引起儿童的注意。教师可以跪或坐在儿童的旁边，使自己的身高与儿童的视线保持一致。

运用与儿童的发展相适宜的和儿童容易理解的语言。要注意说话的语调、节奏和口吻以及它们所传达的信息。

将儿童分组，注意在同一组的儿童应适合在一起活动，而且不管在什么情况下都能合作得很好。分组时，要注意小组成员的组成情况，可以有意识地将兴趣盎然和兴趣不高的儿童、能说会道的和不擅长表达的儿童组合在一起。

当教师运用积极的语言来说明规则和要求而不是简单说明"禁令"时，儿童才更有可能记住和遵守规则。

预先计划好如何记录。可以用笔记录，但这样无疑很困难。用录音机录音，要注意尽快将磁带中重要的内容用文字展现出来。如果有两名教师合作，则可以一个引导儿童，另一个做记录。

在与儿童对话时，要让儿童尽快明白教师并没有兴趣测试他们，也不知道所有答案，而只是想和他们一起思考，一起寻求答案，对他们的重要想法很感兴趣，而且教师和他们一样对这些想法感兴趣。

与儿童进行交流时多采用疑问、探寻的语气，对儿童的创造性和批判性思维能力要表现出足够的信心，并表现出对有机会和儿童一起讨论这些重要问题的兴奋与激情。

事前准备一些问题，并在与儿童的对话中提出这些问题，但在对话中注意保持开放的态度。与儿童对话有可能朝着教师未预期到的有趣的方向发展。但若对话偏离主题太远，应引导儿童回到原来的主题上。

记住儿童的话。如果可能的话，每过一会儿，就将他们说过的话总结一下，这样有助于让他们明白教师在认真地倾听，使他们意识到自己的想法正在被教师记录下来，也有助于他们回顾自己所讲的东西并提出新的想法。

当儿童开始互相交谈、辩论、互相提问时，教师应尽可能地处在幕后。这样儿童会更为主动、投入地对话，他们也会逐步学会在没有干预的情况下自主地进行讨论。

欣赏与儿童的对话。与他们一起欢笑，对他们的观点表示惊喜，也可向儿童谈谈自己的观点。

注意利用对话。可将儿童说过的一些事在当天或第二天与全班儿童共同分享，也可在同一小组或其他小组再次使用。可请儿童将他们的想法加以扩展、评论或者画出来，即将它们翻译成不同的语言。

实现有效的对话需要儿童和成人一起经历一段时间。大多数儿童都需要有时间来理解这一切是怎么回事，只有经过一段时间，儿童才能理解教师真是在认真地要求他们思考，理解应把自己的想法告诉教师和其他同伴，知道教师对他们有很高的期望等。这样，儿童也才会更愿意参与对话。

成人应该有勇气与儿童相互批评各自所说的话，这也将有助于教师获得技巧和信心。

与儿童对话可以提供大量有关儿童问题、关注热点和各种想法的信息。教师一旦抓住和理解了这些信息，就能以更好的方式来引导儿童深入地思考问题或重新考虑自己的想法，教师也将有更大的可能把自己的工作与维果茨基的最近发展区——儿童自己能表现出来的能力水平和他们潜在的发展水平（在成人或在发展更快的同伴的帮助下能获得的水平）之间的距离——联系起来。通过对儿童常用行为模式和日常知识的了解，教师能更好地把握如何为儿童提供适合的、适量的帮助，进行有效的班级管理，以支持和促进他们的学习。

（四）预防不适宜的行为发生的原则

在班级管理和对儿童进行指导时，其中一个重要的原则就是预防行为问题的发生。那么如何预防儿童行为问题的发生？首先，教师要布置环境、管理环境。

儿童的本性是敏感的，在儿童的发展中，秩序的敏感期在儿童人格的形成中具有非常重要的意义。"秩序是生命的一种需要，当它得到满足时，就会产生真正的快乐。""在儿童生命中的某个时期，快乐就是在适当的地方找到物品。"蒙台梭利认为儿童具有两种秩序感：一种是外部的，这种秩序感从属于儿童对他本身与周围环境的关系的感知；另一种是内部的，这使儿童意识到自己身体的不同部分和他们的相对位置。如果儿童发现物品的放置破坏了原有的秩序，就会变得焦躁不安、发脾气，产生一系列的行为问题，即破坏了儿童的秩序感。为了适应儿童对秩序的敏感，蒙台梭利要求在"儿童之家"中每件物品都要有固定的位置，而且还规定了使用物品的规则、方法和具体的操作程序。

一个设计布置良好的教室环境可以消除或减少管理上的问题，而且能引发儿童的适宜行为和充分利用环境。蒙台梭利就认为儿童在教师提供的"有准备的环境"中通过独立操作活动区的工作，从而能获得各方面能力的发展，减少行为问题的发生，因此，"有准备的环境"对儿童的发展十分重要。例如，应当使艺术活动角远离交通要道和人员流动性很高的区域。具体来讲有以下几个方面。首先活动区要挂标志牌，区域标志是一种隐形的秩序指导员，儿童必须遵守秩序性原则。其次，所有的活动材料都存在固定的位置，同类和相似的物品放在一起，用实物、图片、照片或轮廓线条等给架子和容器贴上标记，不同尺寸的整套材料可以依次挂起来或排列好，使儿童对物品的种类和大小差别一目了然，这样使儿童容易找到、使用并归还他们想要操作和探索的物体，预防儿童因急躁而产生行为问题，同时又有利于儿童养成良好的秩序习惯，做事有条理。再次，对材料选择也遵循秩序性原则，各个活动区有不同的人数限制，活动区材料的数量也有一定的限制，儿童在选择活动区时，也遵循先来后到的秩序原则。

教室的布置对儿童来讲应该是便于操作的，要开架放置或存放在无盖、透明的盒子或篮子里，使儿童一眼就能看到他们想要的东西，从而有利于他们选择和取放。而且材料要放在儿童够得着的地方，从而便于他们操作时自主取放。活动区的材料还要注意知识的连贯性和系统性，以体现活动过程的连续步骤。这样的布置可以预防或减少在成人提供活动材料前由儿童的等待所引发的行为问题。

要有效地预防儿童行为问题的发生，教室活动区的布置应具有丰富性。多元智力理论告诉我们，不同的个体拥有不同的智力领域，具有不同的工作风格，划一单调的活动内容和材料会导致不适应许多儿童的个性需求而造成行为问题。材料的丰富性体现在多个层面。首先，不同活动区材料的类别和功能应该是多种多样的。其次，同一活动区兼顾到儿童的不同发展水平，应该提供丰富多样的材料供儿童选择。再次，同一种材料也应该足够丰富，以便儿童之间不会因教具的不足而产生消极情绪，或因争抢玩具而产生问题。

儿童的不适宜行为也可能是能力缺乏的结果。例如，一项包括有剪纸动作的艺术活动对一个运动神经受损的儿童来说可能太难了，所以这个儿童可能会把剪刀扔掉或去打别的儿童。相反，教师应当在让别的儿童用剪刀时，让他来撕纸。在这个例子中，需要改变的是教师的期望和活动的计划，而不是儿童的行为。

（五）及时对儿童的行为做出反应的原则

在班级管理中，当遇到儿童行为问题时，首要的是问儿童为什么会这样做。比如，在这样一些背景下：只有其他孩子（或者某些特定的孩子）也在场的时候，才会出现不适宜的行为，或者只有体育课上，或者只在星期一早晨而绝不可能在星期五，或者只有当教师刚刚因为什么事责备过全班同学的时候，才会发生类似的问题。通过注意这些背景现象，教师就能了解到在什么环境下，才会刺激孩子做出不适宜行为规范的事来。有时候，了解到的事实本身就足以告诫教师如何对孩子的行为做出反应。如果那孩子只有当着全班同学的面被迎头痛斥一番的情况下，才会惹麻烦的话，那么就应当尽量注意私下里找他谈话。如果孩子的不适宜行为总是在星期一而不是在星期五的话，就有可能是孩子的家庭环境里麻烦多等。此外，当幼儿疲劳时、刺激过度、遇到挫折、生病、生气或感到厌倦时，就会出现一些行为问题。

对儿童不适宜的行为问题如何处理？教师在处理儿童的问题时通常是采用一种习惯方式，而这种习惯方式是基于他们本人对事务的一般认识及个人的经验，而不是从正规教育中学到的系统教育方法。教师处理儿童行为问题时常常采取训斥、罚站等方式，而不是对儿童尽心帮助和指导。教师应远离强制的教育方法，真正的教育强调的是作为一名教育者所应具备的技术和能力。对某些教师来说，纪律意味着教师控制学生行为的权力；而对另一些教育者来说，纪律意味着赋予教师一个机会，教给儿童一些民主的人与人相处的一系列标准。纪律被理解为帮助儿童接受这些行为标准和培养对行为及感情实行自我控制的过程。班级管理不应该仅仅是让儿童顺从，虽然有些干预措施，能够轻而易举地迅速地制止儿童的不适宜行为，但却不能够培养儿童的责任心及自我管理能力。教师实行民主化管理时应遵循以下原则。

维护儿童的尊严是首要的问题；

告知后果时要给学生以感性认识，要使之与儿童的行为有逻辑联系；

告知后果会使学生明白在下次遇到类似情况时应采取的行为；

就事论事，不翻旧账；

教师一直抱着与人为善的态度；

告知后果给儿童和教师提供了选择的机会，并使两者的责任心得到加强。

表 7-1 中列举了很多问题，在你对儿童的不适宜行为做出反应时，请你思考这些问题。

表 7-1 有关纪律的一些重要概念

序 号	概 念
1	作为一名教师，我是否把冲突看成是生活中自然而平常的一部分？
2	我是用冲突解决办法和技能建构法去改变儿童的不适宜行为还是用权威法去解决问题？
3	当儿童发生不适宜行为时，是否教给了他们正确的程序来满足他们的需要？
4	我是否制定了一套吸引儿童的策略，特别是那些班上有不适宜行为的儿童？
5	是否教会了儿童在活动游戏中解决问题的方法？
6	当儿童发生了不得不转送到教室外解决的行为问题时，我、儿童及儿童被转送后的问题处理者是否都认为这样做是为了儿童好，这样做仅仅是因为需要一个更有效的场合来处理导致冲突的不适宜行为？
7	在处理儿童行为问题时，我们的目的是否是教给儿童新的技能，改善学习环境来满足儿童的需要，和使儿童对自己的行为负责？
8	在儿童返回教室之前，双方当事人是否有机会去制定解决纷争的方案？
9	当出现反复或严重的行为问题时，是否采取了双方认可的限制条例？
10	当儿童出现反复或严重的行为问题时，幼儿园是否成立了专家小组来和儿童谈话，并制定他们解决问题的计划？

面对儿童的不适宜行为问题，教师常常采用简单的惩罚手段，但惩罚本身并非是成功或者是令人满意的手段。身体惩罚对提高儿童的自尊、学会自我负责、自我控制或者在教师和儿童之间形成积极的有价值的关系不起任何作用。它对儿童的情感发展是有害的。主要原因列举如下。

身体惩罚不能在儿童身上达到教师期望的行为。受到惩处的行为只在短期内受到遏制，一旦惩罚不再继续下去或者儿童已经对此熟视无睹，那么许多情况下不适宜行为都会反复出现。

同许多运用身体惩罚的教师的期望相反，儿童对惩罚会消极对抗，儿童会采用避开技巧来对付惩罚，他们学会了如何推脱责任、不承认做过这些不适宜的行为，学会了例如撒谎、找借口等类似的花招。

出手惩罚的时候，教师难免会注意到不适宜行为，研究结果表明，集中注意力关注适宜行为比注意不适宜行为更具有教育意义，因此，为好人好事喝彩一声，一定比责骂不适宜行为要强得多。

惩罚，尤其是那些看来有些专横不公的惩罚将会误导儿童：社会承认弱肉强食的现象。

惩罚会削弱儿童的创造力和创造精神。儿童为了避免受惩罚，会过于墨守成规、举止上唯"安全"是从。

总之，身体惩罚是以消极的情感反应来增强不适宜行为和无效性为特征的。

此外，面对那些具有破坏性或攻击性的儿童，教师必须学会正确处理自己对他们的强烈的情绪——愤怒感。这是因为，当教师以积极的方式表达自己的愤怒时，就可以表现出自己的想法和情感，减缓压力，把注意力集中在儿童的行为上而不是贬低他们个人，同时也可以成为那些正在学习如何处理自己的愤怒感的儿童的榜样。当教师以不合理的和破坏性的方式来表达情感时，就可能会导致消极的交流，打击了儿童却没有改变他们的行为，增强了儿童的愤怒感，让他们体验到内疚尴尬，同时为儿童提供了一个坏的榜样。

第二节 班级管理与指导的策略

在幼儿园的班级管理和对儿童的指导中，一些人道的、与儿童发展相适应的策略，在指导儿童行为和实现班级管理目标方面是卓有成效的。这些策略都是为了创建这么一种班级课堂环境：儿童身处其中会觉得自由自在，得到了器重，增长了才干；而不是受到轻视，无能为力。下面我们就来探讨这些管理指导的策略。

一、忽略法

需要时获得他人的关注是人类的天性。人生之初，这种特性是人类赖以生存的必需品。除非婴幼儿有能力提醒他人自己需要食品和保护，否则他们绝对无法生存。此后，随着一个人逐渐长大，这种需要表现为一种社会需求。我们需要他人对自己的关注，不仅因为他们可以满足自己生理方面的需求，同时还因为他们赋予我们友情、指导和赞美。他们在我们的生活中施以援手，让我们感到自己有人需要、有人珍惜，有人看重。对我们而言，尤其是童年时代，世上最伤人的事莫过于周围的人始终无视自己的存在，如果这个人恰恰是在我们生活中扮演极其重要的角色的那个人，譬如教师等，情况就尤其严重了。许多孩子都明白，只要以自然、开朗、友好的态度与人相处，就能获得自己需要的关怀。然而，有些孩子就并非如此幸运了，他们常常不能博得他人的关注。于是通过一番尝试，这些孩子学到的就是，从他人那里获得帮助的唯一途径就是大呼小叫的凄厉的要求。

显然，许多孩子成长的环境介于两个极端情况之间。有时，他们发现符合社会规则的行为卓有成效；又有一些时候却又发现违背社会准则的行为更成功一些。有时候，他们举止得当地提出要求就能如愿以偿；又有些时候，只有大喊大叫才能获得俯允。比如，在幼儿园里一个小女孩无声无息地游戏时，教师可能会忽视她的存在；而当她感到厌倦、沮丧或是与同伴发生争吵时，教师一定会来照料她，或是和她一起游戏。这样，就导致了有时儿童为了引发别人的注意而做出一些不适宜的行为。

所以，首先教师必须认识到曾经获得关注的行为往往会一再出现，而没有获得反应的行为通常会从此销声匿迹。这样，教师只有仔细研究自己的行为曾经获得的结果，才能真正理解自己的许多举动的初衷。

其次，如果我们希望改变孩子的行为方式，首先要改变自己对他们的行为做出的反应。以吸引注意力这个最主要的原因为例，如果以往每见到"不适宜"的行为我们就加以关注（大发雷霆或是以其他的方式），而面对多数"适宜"行为的时候偏又视若无睹的话，那么现在这两种反应就必须互换一下位置了。对不适宜的行为就应当尽可能不闻不问，故意地忽视小的令人烦恼的事和不适宜行为意味着不给予他们任何的强化，而对良好行为就必须加以奖励，当儿童以适宜方式做出行为或进行反应时，一定要鼓励或表扬他们，使他们能做出更为适宜和可以被别人接受的行为。对儿童为引起注意而做出的不适宜行为进行忽略，就是指导儿童做出适宜的行为。儿童的绝大多数行为方式是学来的，所以，教师应该向儿童说明什么样的行为是适宜的，什么行为是无效的。如果处于某些原因，儿童的某些行为令人难以接受的话，我们可以帮助儿童消除这种行为的影响，告知他适宜的行为，让他学习一些更适宜自己个人情况的举止。

二、鼓励法

从班级管理的角度来说，对适宜的行为给予鼓励，这一点非常重要。但许多教师偏偏忘记了这一点。相关研究表明，在学校里，教师在行为方面给予孩子们的批评和鼓励的比例是 8 : 2，而学习方面的比例恰恰相反。

成功的教师会不断地将孩子的注意力牵引到适宜的行为和不断发展的成就上，然后再鼓励他们。这种鼓励的作用至关重大，它可以保障孩子们全心全意地投入自己的活动或游戏，对活动抱有兴趣，还可以提高他们对个人能力的自信和信念，从而促进他们的发展。为了使结果卓有成效，行为主义方法研究表明，应当尽可能在儿童做出良好的表现之后立即予以表扬和鼓励。言语表扬应当是真诚的和简洁的。在表达非言语的表扬时，可同儿童进行目光接触、微笑或点头表示赞同等。但是，教师不真诚的或过度的赞扬会适得其反，会削弱儿童的自尊，更不能强化儿童已做出的适宜行为。

当然，所有的表扬和鼓励都应当符合某些标准。如果杂乱无章地胡乱抛售，他们很快就会丧失原有的作用。应当尽可能地在某一时间段内给每一个孩子量身定做一套行为标准。这样，无论在个人活动或游戏还是在班级工作中，但凡某个孩子的身上稍有迹象表明他付出了努力，教师都能迅速地看出他的努力，并给予及时鼓励。

如果希望最大程度上发挥鼓励的作用的话，那么除了遵守实事求是的原则之外，还应当持之以恒。忽而一日表扬某种行为，忽而又一日表扬和他截然相反的行为，这种鼓励毫无意义。或者某一天因为某一件事表扬，又一天又因为同样的事件惩罚孩子们（例如明显地有意表示出无视他们的存在），这样的做法同样毫无价值。教师不能持之以恒，孩子们的行为就会乱了规矩。

研究认为，对儿童和多种情况来说，鼓励要比表扬更为有效。鼓励能提高儿童的自我概念，促进儿童的独立性和主动性发展，激发儿童动机，而且能指导儿童做出适宜的行为。下列条件下鼓励能发挥出最大效力。

尽量及早提示；

持之以恒；

实事求是，鼓励应包括由自然的声音所传递的真诚的、直接的评价；

鼓励应是具体的："你的画里有许多大的、明亮的圆圈"，而不是说"做得很好"；

由受鼓励者心目中德高望重、地位不凡的人予以鼓励；鼓励应由教师发起的，而且一般应私下进行；

鼓励应当能使儿童获得成功感，有助于儿童欣赏自己的行为和成就；鼓励应避免儿童间进行比较或儿童间的竞争。

三、改变儿童的活动方式

当太多的儿童聚集在一个活动区域或者当儿童开始为谁来玩玩具而发生争执时，让一个或更多的儿童参加到另外的一项活动中去，或者去另一个活动区域活动是最有效的管理方式，而且可以防止不适宜行为的升级。教师可以对儿童说："这里的孩子太多了，这样会很不安全的"或"5个小朋友围着一张桌子玩会使每个小朋友都没有足够的游戏空间，好像太拥挤了。现在需要你们中的一个到另一张桌子旁去看书或串珠子"。这样对儿童说话，可以帮助儿童认识到存在的问题或潜在的危险，同时帮助他们做出适宜的选择。提供意见或选择而不是命令或禁止，能让儿童更有效地接受教师的指导，并为儿童提供了一个发展他们的独立性和做出决策能力的机会。

四、讨论法

忽略法和鼓励法作为行为主义的方法，关注的是类似行为获得强化作用；而认知主义则关注类似于动力和兴趣之类的因素，他们希望弄清儿童的概念化思维方式，了解行为环境的情况、自己和环境之间的关系以及行为的后果等。不过儿童的行为得到的强化刺激也是环境的一个组成部分，因此，认知主义和行为主义同样关心强化作用问题。之所以存在差异，是因为认知主义者主张和儿童谈话，主张以探讨和辩论的方式试图在强化作用的日程表上还不曾有所改动之前就先行改变了儿童的行为方式。在这种类型的谈话中，许多儿童表现得非常高兴、反应敏捷。

这种辩论和探讨被认知主义心理学家称为认识调整，因为教师帮助有关的儿童调整了思考和理解周围环境以及他们自身的思维方式。教师则更青睐于一个更加直白的名目，称之为和儿童"讲理"。不过，这种讲理的方式若想取得成效，前提是教师必须充分地了解儿童、理解儿童的不适宜的行为及其来由。

讨论法中一种常用的方法是和儿童一起探讨"自然后果"。所谓自然后果，就是以行为事件的自然发展顺序为基础的，而且事件是在没有成人干预的情况下发生的。教师可以有效地运用儿童的不适宜行为自然地引起的后果，来帮助儿童认识到他们自己的行为和后果之间的关系。符合逻辑的后果是教师来构造和安排的，儿童必须有逻辑思维时才可以明白。教师对儿童的分析描述必须用儿童接受的方式，必须保持客观、坚决和公平；运用粗鲁、消极的或责备的口气同儿童讨论就变成一种惩罚性的策略了；而应当以平静的、支持性的和鼓励的方式来进行。

逻辑后果的一种具体运用的类型就是"坐和看"的方式。当一个幼儿不能控制他的行为时，一个合乎逻辑的反应就是让幼儿离开活动，直到他可以重新控制自己的情感和行为了。当儿童行为是攻击性时（如打人、踢人、推人、吐痰、咬人）或当儿童行为是破坏性的时候（如扔东西、破坏玩具），"坐和看"（或暂停策略）是非常有效的，教师就应当让他离开活动或停止交往，并让他坐下来看别人玩。首先，教师必须对儿童解释为什么他要坐下来并看别人（例如，"你要坐和看是因为你打了童童。我们要照顾我们的朋友。我不能让这里的儿童受到伤害。只有那些在玩时不伤害他们的朋友的儿童才能玩。"）这样的解释是重要的，否则儿童会认为是教师的愤怒或失败感而不是自己的行为导致了自己要"坐和看"。

在这名儿童观察了别的儿童一段时间后（不少于3～5分钟），在让他返回活动区之前，要向儿童简短地解释或同儿童讨论"坐和看"的原因。"你现在感到足以平静地去接着玩吗？""你知道积木是用来搭建而不是拿来扔的吗？现在，你能以一种安全的方式来玩它们吗？如果你能这么做，你就可以返回到游戏群体中去。"这样做能教会儿童控制他们自己的情感，允许他们去决定"坐和看"的时间长度，以及帮助教师和儿童对情感行为的后果进行讨论。一旦儿童参与到活动中，就要赞扬和鼓励他们的适宜行为。利用这种方式，儿童就不会感到受威胁或感到是丢脸的，而且能够学到适宜的行为。"坐和看"是在别的策略已经证明无效之后可以使用的（攻击性或破坏性的行为除外，因为在这两种状态下，"坐和看"是必须马上就使用的）。这就是说，"坐和看"的策略是不能像别的方法那样，可以频繁地被使用的。

对"坐和看"的误用主要表现为把它用于那些可以用别的方式来改变的行为上。对儿童来说，"坐和看"必须是对儿童的不适宜行为的一个合乎逻辑的反应，一个有助于学会更多的适宜行为而不是一种控制儿童和减缓儿童的愤怒的一种惩罚性的策略。如果"坐和看"的方式用得太多，就表明教师应当在环境方面做一些必要的改变来减少冲突和不适宜行为的发生，如空间安排、材料投放、工作方式、教师的期望或教师与儿童的交往等。另一种误用就是确定一个位置为实施"坐和看"策略的地方，如一个指定的椅子。这样的话，它就变成惩罚性的了。因为它好像是要"展览"儿童。相反地，应当仅仅让儿童离开活动或停止交往而去一个附近的地方。在那个位置上，儿童可以观察别的儿童是怎样玩的以及他们做出的适宜性行为。

在有些情况下，特别是在儿童攻击别的儿童或破坏材料时，教师可能需要帮助儿童平静下来。抓住一个打人的儿童的手或抓住一个踢别人的儿童的腿，有时对于一个失控的儿童来说是有帮助的。"我会帮你平静下来。让我帮你不再踢人。当你准备好的时候我们可以谈一谈。"教师应当以一种支持性的、积极的方式来进行身体方面的约束。一个粗鲁的和惩罚性的教师只能增强儿童的愤怒感和愤怒爆发的周期。

五、学习冲突解决的方式

对儿童来说，冲突解决是寻找引起争论的原因，以及找到解决冲突的方式和机会。

其作用是能帮助儿童学会讨论他们的情感和在他人帮助下解决自己的问题。

在冲突状态下，教师应当鼓励儿童谈论他们自己的想法和情感，倾听别的儿童的想法和感受，然后讨论儿童需要什么。最后一步是决定一项双方都满意的计划。逐步地，儿童能在越来越少的帮助下进行讨论和解决冲突。学习冲突解决的技能可以帮助儿童成为有效的交流者和有创造性问题的解决者。

最后，有些特殊的情况下，忽略法、运用预防的技巧、鼓励法、讨论法和冲突解决法和"坐和看"的方式都无效的时候，教师应联合父母共同为儿童制定一个可供选择的计划，对一些特殊儿童的行为可能需要运用游戏治疗、行为矫正或认知疗法等。

 本章小结

本章介绍了幼儿园班级管理目标的制定主要源自以下两个维度：社会关系的维度和心理结构的维度，以及幼儿园班级管理的主要目标——形成学习共同体，还介绍了幼儿园班级管理的原则；同时介绍了幼儿园班级管理的具体策略，如忽视小的烦恼、表扬努力和成功、纠正儿童的不适宜行为、教给儿童冲突解决的技能等；制定促进儿童发展的指导性策略也是班级管理的一个重要组成部分。

 思考与练习

1. 谈谈对班级管理目标制定的认识。
2. 讨论纪律和控制的区别，试举例说明。
3. 谈谈你对身体惩罚的认识。
4. 你对预防不适宜行为有什么办法？
5. 谈谈忽略法、鼓励法、讨论法、教给儿童冲突解决的方式以及"坐和看"等方式最适宜使用的条件和限制，如何预防在使用这些方式时可能产生的错误或问题。

第八章

幼儿园环境的规划和组织

在幼儿园的教育活动中，环境作为一种"潜课程"，在开发幼儿智力，促进幼儿个性发展方面，越来越引起人们的重视，环境创设已渐渐成为幼儿园工作的热点。环境是重要的教育资源，应通过环境的创设与利用，有效促进幼儿发展。本章的重点是理解为儿童进行有效的教室环境和户外环境规划和组织时应当考虑的不同内容，以及了解工作分配、日常活动和常规的重要性。

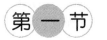 教室环境的规划和组织

幼儿园的教室环境主要包括活动室的空间规划、活动区的材料与布置、活动室的设备、墙饰、活动室的变更方式等。一个安全的和刺激丰富的教室环境是潜课程的基础，而且能够促进幼儿安全感的发展、鼓励积极的社会化以及扩展通过游戏进行学习的可能性。

一、教室环境设计原则

理想的幼儿的教室和户外游戏场地应该是专为儿童的需要而设立的，有足够的空间，融现代化建筑与自然色调于一体。

要创设最好的环境，必须注意以下几点：第一，做详细的室内、室外空间安排计划，标明电线、走廊、墙柜和窗户在室内的位置，以及固定器具放在户外的什么地方。第二，明确目的和目标。第三，考虑儿童的天性。第四，决定材料和设备的预算。在此基础上，教师可以尽力去计划最好的环境安排，要考虑到以下问题并采取相应的具体措施：①房间能为儿童的活动或午睡提供场地吗？②如何划分才能在房间里把每个特殊活动分开？③如何在小房间里为儿童创设最大的活动空间？能利用走廊等开设室内活动空间吗？④必须用什么样的工具来工作，哪个可以不要，需要买什么，一天中如何安排和移动家具才能最大限度地有利于儿童的学习？⑤如何安排房间，才能使房间对儿童和成人有艺术吸引力？除此以外，教室环境设计还应符合以下原则。

（一）智能的启发性

环境创设应着眼于丰富幼儿的知识，增长能力，激发幼儿的好奇心和求知欲。如结

合教育目标和根据幼儿年龄特征和认知发展水平创设于墙面的主题栏，内容丰富：有庆祝各种节日的主题，有爱祖国、爱家乡的主题，有反映四季特征的主题，也有孩子们所喜爱的故事主题等。丰富的主题内容深深吸引着幼儿，他们不但潜移默化地受到了教育，而且通过他们的参与布置和看看讲讲，也很大程度地获得了认知上的发展和语言能力、动手能力的提高。孩子们在与环境和材料的相互作用中学习、探究，从而激发了他们的学习兴趣和求知欲望。

（二）情感的感染性

首先，环境的美化，可以培养幼儿感受美、欣赏美、表现美的情趣和能力。要力求从尊重幼儿的审美兴趣，满足他们的审美需要出发进行环境的创设。对于每一个教育主题的环境布置，除了用它丰富的主题内容来教育幼儿外，要努力营造出具有造型美、色彩美、艺术美和富有童趣的氛围来感染幼儿。挂在教室外走廊墙壁上的雕画和教师们精心制作的手工艺作品，使孩子们受到了美的熏陶。而在教室内，由师生共同制作完成的组合粘贴画作品，让孩子们体验到了表现美、创造美的乐趣，也感受到了合作的快乐和成功的喜悦。

其次，教室环境创设可以增强幼儿对环境的了解，培养幼儿热爱自然、美化环境、保护环境的情感。如在教室的向阳处，专辟自然角和动物角，放许多适合室内生长的动物和植物，如萝卜、洋葱、大蒜、马铃薯、小鱼、乌龟、泥鳅、蝌蚪、龙虾等，并且采用值日生制度，让幼儿轮流照顾、观察，孩子们因此掌握了许多动植物的知识，大班的孩子对动植物的生长尤其感兴趣，他们会自己动手画观察日记，记录动植物的生长发育过程。在教师的带领下，学习播种，并参与浇水、除草、松土等劳动，在亲手种植的过程中，了解植物的生长过程。种植和饲养的活动不仅培养了幼儿的动手能力，也培养了幼儿从小热爱自然的美好情感。而利用自然材料组织幼儿进行手工制作来装扮教室，更让幼儿进一步感受到了大自然的丰富多彩，如用玉米粒、西瓜籽、开心果壳粘贴成各种小动物的形象；采集秋天的落叶加工成标本，或拼剪成各种图案；用橘子皮来做菊花，把各种蔬菜和水果进行造型，或变成一个有趣的动物，或变成一个可爱的宝宝。教室环境也因此变得更有意义，从而培养幼儿关心环境、保护环境的情感。

此外，教室环境创设还能培养幼儿关心他人、关心集体的情感。如，布置生日栏，就营造了教室内温馨友爱的氛围。生日栏内，孩子们把自己的像片或自画像贴在自己生日的相应月份内，平时孩子们会经常去关心生日栏，互相告诉这个月该谁过生日的消息。在每月下旬的时候，为当月的小寿星过一次愉快而有意义的集体生日。小朋友们轮流向小寿星们祝贺，提出希望，并送上自己制作的小礼物，大家一起吃蛋糕，唱生日快乐歌，一起分享快乐的时光。

（三）行为的激励性

教室环境创设应形成鼓励幼儿奋发向上的氛围。幼儿的绘画作品充满了童真童趣，表现了他们的所思所想，用这些儿童作品来美化我们的环境，会收到意想不到的效果。看到自己的作品被展示出来，孩子们增加了创作的兴趣和信心，因为这是对他们的最高尊重与鼓励。虽然幼儿的发展水平和表现各有差异，但环境创设应努力做到让每个幼儿在各自原有的基础上获得成功，享受成功的喜悦，树立不断向上的自信心和积极性。在教室内的作品栏上，布置每个孩子的作品，如果谁到教室做客，孩子们可能会争先恐后地向客人介绍自己的作品，他们对自己的每一幅画，每一件手工作品都非常得意，作品栏是他们展示自己、表现自己的平台。

（四）活动的自主性、创造性

区角活动作为一种开放性的教育活动，会受到孩子们的欢迎。在研究中发现，区角活动为幼儿的感知、操作、学习提供了更广阔的天地。在区角活动中，教师为幼儿提供了丰富的材料，合理的空间和充足的时间，还有营造出的宽松和谐的氛围都为幼儿的主动学习和探索创造了条件。在活动中，孩子们自由地选择教师为其提供的各种材料，按照自己的想法去活动，教师不多加干涉，只在观察、了解幼儿的基础上给予适时的帮助、鼓励与指导。所以，孩子们学得轻松，没有任何压力，无论是能力强的还是能力弱的幼儿都表现出了相当高的热情。孩子们通过自己的主动活动，获得了许多能力范围内的经验和知识。小班幼儿在玩水的过程中，发现水能够流动，水是没有味道的，水是用手捉不住的。中班幼儿在玩颜色的过程中，发现两种颜色混合会发生变化。大班幼儿在给电动玩具装电池的操作活动中，发现电池装反了玩具车就不能开，然后他们又发现电池上标有"＋"、"－"这两个符号，于是，在下一次的操作中便有了经验。随着年龄的增长，孩子们的活动兴趣越来越浓，活动的积极性、自主性与创造性也进一步提高了，他们边玩边学，在各个活动角内尽情地表现自己。

二、教室环境设计

（一）教室内部建筑设计的总要求

幼儿园教室内部建筑应有充足的亮度、协调等舒适的视觉环境。幼儿教师，也许对教室没有选择的机会，但是有机会，也有责任，去有效地组织这块空间。教师应在这个空间里选择和组织材料，使儿童成为积极的人，让儿童通过与物质世界和其他人的交往而学习。

（二）教室内空间设备的规划要求

1. 活动室的基本设备及其对幼儿的影响

活动室的基本设备包括桌椅、玩具、玩具柜、乐器、录音机、电视机等。幼儿园应尽量配备这些设备，但如果条件不允许，可以使几个活动室合用一套设备。

这些设备的摆放和利用方式不同，往往反映了不同的教育理念和师生关系，直接影响到儿童的学习热情、学习方式和学习效果，也关系到儿童的社会性发展。

在以教师为中心、课堂为中心的理念中，幼儿园的桌椅往往摆成一排排的，老师高高在上，后来随着尊重每一位幼儿、平等对待每一位幼儿等教育理念以及幼儿主体地位的强调，幼儿的椅子摆成半圆形，老师坐在与每位幼儿等距离的地方。这样更方便教师与每位幼儿的沟通、幼儿之间的交流以及提高幼儿的注意力。现在，随着主体性教育理念的提倡、新课改的深入、活动区教学模式的推广，幼儿活动室被桌椅分割成一个个相对独立的活动区，以方便儿童进区活动。此外玩具柜的高矮、开放程度以及摆放方式直接影响幼儿对环境控制的形成，拿取玩具自由、方便，会使幼儿产生自如控制环境的感觉，这对形成积极的自我概念是极其有意义的。

2. 活动区规划的基本原则

（1）环境与教育目标一致的原则

幼儿园环境是幼儿园课程的一部分，在创设幼儿园环境时，要考虑它的教育性，应使环境创设的目标与幼儿园教育目标相一致。过去有的幼儿班级，虽然也重视环境创设，但很大程度上只是追求美观，为的是布置环境，或者只是盲目地提供材料，对环境的教育性考虑很少。要注重环境为教育目标服务，应该考虑以下两点。

第一，环境创设要有利于教育目标的实现，幼儿园教育目标是促进幼儿的全面发展。那么，在环境创设时对幼儿体、智、德、美四育就不能重此轻彼。若教师仅仅注重幼儿的认知活动，设置读写算等区域，而缺少幼儿健康、社会、审美教育等环境，在创设发展幼儿社会性的环境时，只提供幼儿社会认知的环境，而对幼儿社会情感、社会行为发展的环境考虑很少，等等，这都不利于幼儿的全面发展。

第二，依据幼儿园教育目标，对环境设置作系统规划。在制订学期、月、周、日及每一个活动计划时，当教育目标确定后，应考虑：为了达到这些目标，需要有怎样的环境与之配合？现有的环境因素中，哪些因素对教育目标的实现是有用的，可以利用，哪些环境因素是要创设的？需要幼儿家庭、社区做哪些工作？等等，应将这些列入教育计划并积极实施。

（2）适宜性原则

幼儿正处在身体、智力迅速发展以及个性形成的重要时期，有多方面的发展需要。幼儿园环境创设应与幼儿身心发展的特点和发展需要相适宜。如：幼儿天性好奇，有强烈的探索愿望，教师就应为幼儿创设问题情境，使幼儿能学习发现问题、解决问题，提高思维水平和动手能力；幼儿知识经验少，需要学习感性知识，如需要感知雨，就应给幼儿准备雨伞或雨衣、雨靴，下雨时，幼儿可以在雨中散步；幼儿需要感知春天，就应组织观察活动，让幼儿观察春天的动物、植物、人们生活、生产方式的变化；幼儿需要阅读，就应提供各种各样的图书，开阔他们的眼界。处于不同年龄阶段的幼儿，身心发展特点和需要表现出不同的年龄特征，即使同一年龄阶段幼儿，在兴趣、能力、学习方式方面都存在很大差异。环境创设应适应幼儿的这种差异。如：小班幼儿喜欢玩平行游戏（即幼儿各玩各的，彼此玩的游戏相同），提供的玩具就应该同品种的数量多一点，中大班幼儿象征性游戏水平较高，提供的玩具材料可以是一物多用的；有的幼儿小肌肉动作发展较差，可提供一些穿珠、拼插、剪贴等方面的材料，让幼儿进行练习，有的幼儿大肌肉动作发展差，就可提供脚踏车、攀登架等，让幼儿进行练习。

幼儿的身心特点和发展需要还会随着其年龄增长而发展变化，因此环境创设不是一次就可以完成的，它是一个设计→实施→修正→再实施→再修正的螺旋式发展过程。

（3）幼儿参与的原则

环境创设的过程是幼儿与教师共同参与合作的过程。教育者要有让幼儿参与环境创设的意识，认识到幼儿园环境的教育性不仅蕴含于环境之中，而且蕴含于环境创设的过程中。以往，幼儿园环境创设常常较多地由教师包办，即使有幼儿参与，也仅限于将幼儿的作品拿来作为环境的点缀；学期初，教师经常为了布置环境加班加点，而一旦环境布置好了，就认为大功告成，一学期难得更换一次。因而环境对于幼儿没有持久的吸引力。教师应将幼儿参与环境创设融入课程，以便对幼儿有针对性地进行教育。如有一位教师组织幼儿谈话活动，起初的主题是环保问题——乱扔垃圾的问题。后来，谈话延伸到计划外的新话题——"北京申奥"，孩子们对这个话题很感兴趣，教师意识到这个话题的教育价值，于是引导幼儿讨论决定在墙壁上制作"奥运主题墙"并制订了计划。孩子们请爸爸妈妈找相关资料，制作奥运标志、田径场、环形跑道、看台等，画出了各种表情形态的观众和运动员，并进行了设计评比。这个活动通过幼儿集体构思、游戏、调查、制作和家长参与等过程，使教师由单纯的知识传授者变成了观察者、倾听者、合作者、决策者，幼儿由单纯的倾听者变成了计划者、参与者，充分认识到了自己的能力，意识到了自己是环境的主人，人人出谋划策，人人都来承担自己的一份责任，真正展示和发展了任务意识、有目的学习知识和技能的能力，以及分工合作、讨论、决策的能力和发现、解决问题的能力。

（4）开放性原则

开放性原则是指创设幼儿园环境，不仅要考虑幼儿园内环境要素，同时也要重视园外环境的各要素，两者有机结合，协同一致地对幼儿施加影响。

利用开放的教育环境对幼儿进行教育，是教育者应该树立的大教育观。因为科学技术发展所带来的信息量给幼儿的刺激可以说是全方位的，幼儿的成长受到多方面的影响，因此，幼儿园不能关起门来办教育，脱离幼儿园园外环境进行园内封闭式的教育成效有限。如，幼儿园要求幼儿学习基本的生活自理技能，有的家长却常常忘记了这个教育任务，幼儿在家自己穿鞋袜，家长认为孩子穿得慢，耽误大人的时间，于是包办代替帮幼儿穿上，孩子愿意自己做，说在幼儿园也是自己做，家长却说："幼儿园有幼儿园的一套，你这是在家里！"一句话就把幼儿园好的教育影响抵消了。面对外界环境的复杂影响，幼儿园应采取积极的态度，主动与外界结合，让家庭、社区成员更进一步了解幼儿和幼儿园，使幼儿园教育获得家庭、社区的支持和配合，有针对性地对幼儿进行教育。同时，也促使家长和社区成员从教师那里学习到教育知识和技能，改善自身的教育观念和行为。

幼儿园与家庭、社区合作的一般做法是：一方面选择、利用外界环境中有价值的因素教育幼儿，另一方面要控制与削弱消极因素对幼儿的影响。当然每个园、每位教师也有自己独特的做法，但重要的是要把与家庭、社区结合的活动纳入到幼儿园教育过程之中。这方面的例子很多，如：请交警来园模拟操作，给幼儿介绍交通安全知识；让家长制作一盘反映幼儿一天典型生活的录像；带领幼儿参观附近市场（街市），等等。更为重要的是要摸索出一整套策略和做法，在幼儿园、家庭、社区之间形成长期、稳定的合作关系。

（5）经济性原则

经济性原则是指创设幼儿园环境应考虑幼儿园自身经济条件，勤俭办园，因地制宜办园。

我国近几年来经济发展速度较快，但由于人口多，底子薄，经济水平仍相对较落后，所有的幼儿园都应当发扬艰苦奋斗的精神，勤俭办教育，给幼儿提供物质条件时，应以物质条件对幼儿发展的功能大小和经济实用性为依据。如：图书架主要是放置图书，供幼儿阅读的，可取几根木条，做成可以放书的许多小格，钉在墙上，幼儿易拿易放，又不占地方，墙边再放几把小椅子，幼儿看书也方便。这样做，节钱省料实用，何乐而不为？此外，根据本园需要，就地取材，一物多用，也能够少花钱，多办事，办好事。有的山区盛产竹子，利用它可以做一些积竹、高跷，供幼儿玩游戏；农村幼儿园用三合土铺的活动场地，就比水泥地省钱又安全。

3. 不同活动区的创设

活动区教学作为一种模式应能保证儿童全面和谐的发展，要使儿童获得丰富的知识经验，因此，活动区的设立应全面平衡，至少应设立这样一些活动区：角色区、表演区、语言区、科学区、美工区、操作区、建构区、运动区、沙水区、劳作区。

每种活动所需要的空间大小也是一个重要的考虑因素。有些活动需要有足够的空间，使幼儿可以在其中到处走动和工作（如积木建构、大肌肉活动）。一些活动则需要非常小的空间，图书区、静处的角落或顶楼处的阅读区可以相对地小一些，但必须是安静的、舒适的和具有一定的功能的。房间里的有些区域可能是具有多重功能的。例如，桌子可以用来进行艺术活动、吃点心和吃早饭。在午饭时间，高脚椅可以放到那些幼儿用来玩的角区里去。然后在午饭结束后再放回储藏室。集体活动可以在积木区或大肌肉活动区进行，因为它们需要足够的空间。在学步儿和学前儿童午睡时，可以把小床放到房间里，并在午睡后再把小床放回储藏室里。

活动区材料的投放量要适当，太少会降低幼儿知识经验的获得率，太多又会造成干扰，影响每种材料的效能。而合适的量并没有固定的数值，只能因幼儿年龄或能力而具体制定。

一个活动区的设立应因地制宜，布局合理，幼儿感兴趣，材料丰富，功能多样，层次性强。

（1）角色区

角色区可设娃娃家、商店或超市、餐馆、理发店、医院等。从角色上可以增加扮演警察、解放军、记者、司机等服装和道具，使幼儿有一种身临其境的真实感受，活动欲大增。无论何时设立何种角色区，都要尽可能是实际生活的缩影，提供相配套的家具和"设备"。例如理发店，就要有理发用具、洗发用具、镜子等基本设备。

（2）表演区

为满足幼儿故事表演的欲望，可提供与故事内容相配套的主人公头饰及道具。为使幼儿学习舞蹈表演，可提供各民族舞蹈所需要的道具服装，如扇子、绸带、耳环等。

（3）语言区

为了发展幼儿国语和外语的听力，应提供收音机、录音机以及各式儿童文学作品的录音带和简单的双语带。为提高幼儿说的能力，应组织提供一些激发幼儿语言表达的情景、材料和活动，例如小喇叭广播台、广告台等。同时可设立每周一首诗歌专栏，可设儿歌、诗歌、谜语、绕口令等。

（4）科学区

科学区应设百科知识内容，例如了解水的特性，如三态变化、溶解、沉浮、流动等实验。为幼儿提供摩擦起电的实验材料，能做"小灯泡亮了"实验的简单电路、电池、电开关等材料。

（5）游戏材料区

首先要为幼儿提供专门化玩具，即成型玩具。如教师与幼儿一起用布、棉花或泡沫、松树笼等做成的木偶、娃娃，用向日葵盘做成的小刺猬，用各种小纸盒、泡沫、线轴、瓶盖、铁丝做成的交通工具，用黄泥做成的各种小动物等形象玩具；用火柴盒做的智力拼图，用厚纸壳、纸制成的棋盘和用扇贝、小海螺制作的不同颜色的小鸟棋子，用木工下脚料涂上漆制成的积木等智力玩具；用纸壳做的风车，用布做成的沙袋、降落伞，用纸做的飞标，用编竹筛筐的下脚料做成的平衡等体育玩具；用纸、高粱秸、线绳、线轴做成的风筝，用小木棍、钉子、黄泥、碎布、线绳制作的翻跟头小人（可锻炼手部肌肉），用铁丝、纸壳、纸盒制作的缩伸脖子米老鼠，用玻璃制作的万花筒等娱乐玩具。

另外，还要为孩子准备一些非专门性玩具，即供幼儿自制玩具或作代替物用的废旧物品。如：火柴盒、枣树根、木板、小筛子网、铁网、槐树条、柳条、红白玉米棒芯、小木棍、小树枝、木块、线轴、瓶盖、棉花、松树笼、铁丝、麦秸草、高粱秸、玉米皮、纸盒、纸、线绳、塑料泡沫、针线、花边花样、小铁筒、纽扣等。

（6）美工区

为幼儿准备树叶、碎布、贝壳、鹅卵石、海螺壳、海花、乌鱼壳、黄土、圆头剪刀、花生壳、瓜子皮、豆类、玉米、糨糊、乳胶、纸、纸壳、彩笔、线绳等，供幼儿绘画粘贴。

（7）自然角

教师要根据教育教学要求和农村实际，精心安排自然角，并随季节变化不断充实、更新自然角的内容。可利用罐头瓶饲养一些小蝌蚪、小鱼（鲢鱼、鲫鱼）、小河虾、河蛤蜊，还可种植仙人球、蟹爪兰等，用塑料盆栽种吊兰、用泥盆栽种菊花等。

（8）科学实验角

根据教学需要，为幼儿准备一些实验材料。如磁铁、安全的铁制品、醋、水、小瓶、塑料小制品、纸、贝壳、各种颜色胶皮吸管、各种植物种子等，供幼儿实验。

（9）图书角

为幼儿准备各种儿童图书，并要定时更换。可在墙壁上钉上 3～5 排钉子（每排 2 个），距离根据图书数量确定，每排的钉子之间拉上一根线绳，线绳上有是图书数量 2 倍的曲别针将书别上，幼儿取放比较方便，取放时还可锻炼幼儿手部肌肉的灵活性。

4. 教室墙饰的创设与利用

皮亚杰认为，儿童的认知发展是在其不断地与环境相互作用中获得的。幼儿对世界的认识是在不断地看到自己对客体作用的结果中得到调整、扩展和深化的。环境是重要的教育资源，应通过环境的创设与利用，有效地促进幼儿的发展。可见，我们教师不仅应对儿童环境予以足够的关注与重视，而且应该积极创设、发展支持性的环境，以有效地促进儿童的发展。在教育教学实践过程中，我们越来越觉得环境的内涵是非常丰富的，其中，幼儿园墙面环境的创设，由于其具备直观性、生动性、形象性的特点，是教室环境创设的一个重要的部分。

目前幼儿园活动室墙面环境创设存在诸多问题：教师创设的多，幼儿参与的少；美化功能多，实用价值少；固定的多，活动变化的少；重视主墙面创设的多，重视小墙面的少。幼儿园活动室的墙饰应该符合幼儿的特点，适合幼儿的需要，才能更好地为教育教学服务，让墙壁发挥其应有的作用，达到环境育人的目的。

（1）让幼儿成为墙面环境创设的主人

在墙面创设的各个环节中，教师是组织者、倾听者、合作者，引导幼儿发表见解，提出主题，参与实践，运用多种技能手段表现经验和自己的想法，在环境创设过程中学习思考、合作、发现问题、解决问题，提高自我表现能力，使幼儿从环境的观察者变为环境的创设者。

第一，鼓励幼儿畅所欲言，集思广益，参与墙饰主题的选择。主题的确立应以幼儿的兴趣和关注点为基础。引导幼儿参与墙饰的设计，如对他们说："这一大块墙壁请你们来布置，你们喜欢什么就做什么。"

第二，引导幼儿收集材料，做好准备，参与墙饰的制作。幼儿参与墙饰制作的过程，也是幼儿学习技能、展示才能的机会。选择好内容以后，共同准备大量的材料，孩子们按兴趣分组进行活动，会表现出高度的合作精神。

第三，帮助幼儿合理利用空间，选择适当位置，参与墙饰的布置。幼儿园的结构不同，墙饰的布置应根据空间特点，合理选择位置，做到错落有致。教师可以和幼儿一起探讨，每一个版面放在哪个位置最合适，提高幼儿对美的空间感受力。最重要的是要把墙饰布置的位置放得尽量低一些，便于幼儿欣赏，这一点至关重要。

（2）让墙饰随着季节更替与节日变换而经常更换

一幅墙饰保存到学期结束甚至一年，这样的墙饰布置其实只是一种大大的资源浪费，我们应努力创设不断与幼儿相互作用的墙面环境，让墙饰始终追随幼儿的发展随时调整。

第一，根据主题随时调整。比如新生入园初，教师在环境创设上充分考虑到幼儿来园可能会出现的焦虑和不安，在环境创设中，以"高高兴兴上幼儿园"为主题，教师在新生家访时就提出幼儿入园时带一张高高兴兴的照片并将其放入教师创设的"幼儿园"园景中，对那些有入园焦虑现象的幼儿，教师会指着墙面上的照片说"玲玲在幼儿园里真高兴"。随着幼儿的情绪逐渐稳定，教师又在墙面上添加滑梯、草地等，主题也转变成"我在幼儿园的哪里？"并不断改变照片摆放的位置，促进幼儿熟悉幼儿园环境。

第二，根据季节更替与不同的节日随时调整。不仅根据季节变化布置春、夏、秋、冬，还根据节日的不同创设各种主题内容，如儿童节时"快乐的节日"、春节时"热热闹闹过大年"，幼儿进行画灯笼、做灯笼、剪灯笼、做鞭炮、剪烟火、剪窗花、贴春联等活动。

（3）让幼儿同墙饰进行对话，使墙饰为幼儿的发展起到有效的促进作用

第一，利用墙壁引发幼儿探究，让墙饰成为探索的准备。如配合环保宣传可以设计制作一幅宣传画"地球妈妈"。幼儿看到后提出"地球妈妈怎么了？""地球妈妈为什么会生病？""我们应该怎么做？"等问题。于是教师自然而然引导幼儿和家长一起收集有关地球妈妈生病的原因和为地球妈妈治病的方法。在收集信息的过程中，幼儿参与许多环保活动，自觉、主动地保护身边的环境。教师在幼儿的兴趣点上又不断提出新的问题，把环保教育引向深入，并与幼儿的日常行为联系起来。这些做法为幼儿真正理解环保的意义、形成自觉的环保行为打下了良好的基础。

第二，让墙饰成为孩子学习过程和结果的记录。墙饰的创设，不应该追求速度和结果，一两天全部完成，而是随幼儿学习活动主题的不断深化而展开、丰富，从而构成一个渐进的系列。使墙饰成为幼儿表达经验、想法的空间，成为记录幼儿学习过程的场所，让墙壁成为体验成功的展台。

每一面墙饰某一主题下的每个栏目，都是一个有序的整体，由孩子们用绘画和语言（儿童口头表述，家长或教师记录）表达的所见、所闻、所想组合而成。而某一主题下的栏目之间，也构成了一个有序的整体。墙饰是反映不同领域的教育活动对幼儿的作用，是儿童学习过程和经验的总结，起到强化和概括、提升的作用。例如，主题活动"香香的茶叶"，由三个栏目组成：茶场茶叶多、茶叶的颜色、茶叶的味道，由这三个栏目分支开来，产生多个小栏目，即一个个活动内容。这一系列的墙饰是伴随着设法让小班幼儿知道茶叶的种类、名称、味道及对家乡劳动人民的热爱这一教育活动而完成的。教育活动过程从参观茶场→认识颜色、种类→品尝味道→体验情感。每一个栏目孩子们都用图文并茂的方法记录他们在探索活动中的体验、认识、信息和发现。如为茶叶穿新衣（涂色）、采茶舞、我到茶场去（记录）、茶的味道（统计）、香香的茶叶蛋（品尝）。随着教师的指导，利用各种途径、资料丰富幼儿的经验，使幼儿的想法更加充实、生动、完善，幼儿在区域活动中不断制作一些新的内容添加到三个栏目中，主题往往能形成一个渐进的系列。这时，孩子们已经真正参与到了活动中，在活动过程中，墙壁、活动区、课程已经融为了一体。

第三，让墙壁成为动手操作的舞台。最大限度地利用好墙壁，把平面和立体布置结合起来，不但能形成一定的空间层次感，还能为幼儿创设更多的操作空间，更好地激发幼儿主动、积极地动脑、动手，使其在亲自感知、操作中能够获取有益的直接经验。如墙饰"大转盘"：教师将两个大小不一的彩色圆盘钉在墙壁上，圆盘边上分别写上数字和形状，幼儿自由旋转圆盘后，根据指针所指说出有几个什么颜色的几何图形，并把相应数量的形状贴在墙壁上。它既美化了环境，又使幼儿充分获得边玩边说边操作的机会，体验学习本身所带来的乐趣和成功感，达到在玩中学，玩中求进步的目的。

（4）由"大墙饰"向"小墙饰"扩展，拓宽活动空间

一所幼儿园内主墙因为面积大，处于活动室最明显的位置，所以教师普遍都非常重视，将其布置得精美异常，而往往忽视了小墙面的利用。利用小面积的、角落的墙壁开展区域活动，能为幼儿创设更多的操作空间，更好地激发幼儿主动、积极地动脑、动手，使其在亲自感知、操作中能够获取有益的直接经验，又能为幼儿开辟展示才华、培养自信、锻炼能力的空间。比如大班语言区在墙裙部位，固定几块用各色布包好的泡沫板，准备一些背景图和小图片放在板的旁边，开展活动时，幼儿可根据自己的讲述内容选择角色，操作角色图片在大背景图中讲述，墙面为幼儿展示了一本美丽的故事书。结束后，泡沫板上的"作品"可以保留一天，一来美化环境，激发幼儿的参与欲望，二来又可为教师的评价提供参考依据。又比如在表演区墙壁上贴上与主题相应的背景，提高幼儿的表演兴趣。在娃娃家创设"过家家，我们的快乐生活"墙饰，幼儿扮演一家人，以照片记录的形式展示在墙饰上，把幼儿更多地联系在了一起，同时在生活和活动中暗示孩子应该互相关爱。

墙壁是一种潜在的教育因素，它在对幼儿的知识、情感、信念和行为等方面起到潜移默化的作用，只有恰到好处地利用墙壁，才能保证幼儿有更多动眼、动手和动脑的机会，才能让幼儿积极地、主动地参与到学习中，真正达到幼儿与墙壁充分互动的目的。

三、适应残疾儿童的教室环境

孩子呱呱坠地之后，接触的环境与所受的教育往往会对他们的未来发展产生重大影响。有些孩子天资聪慧，而有些孩子生来就有缺陷，但是，他们都应该拥有相同的受教育机会和环境。

近年来，国际社会非常关注残疾幼儿的早期教育问题，让残疾幼儿与正常幼儿一起接受教育的理念，已被许多人所接受和推崇。我国政府也在努力促进残疾幼儿的早期关怀和教育，如北京市教委 2004 年颁发了《关于在幼儿园中开展残障幼儿随班就读试点工作的通知》，明确规定各区县要在调查研究的基础上，在办园条件较好、师资力量强的市立幼儿园或示范园开展残障幼儿随班就读的试点工作。让残疾幼儿随班就读立意良好、意义重大，但真正操作起来却会困难重重。

教室的规划和组织对于残疾儿童成功地参与到早期教育中来有着重要的影响。教室的规划和组织可以促进幼儿社会能力的发展和对材料的正确使用，以及促进教育目标中的能力和行为的发展。

对于残疾幼儿来说，他们不可能像他们的同伴玩得那么自然。这些幼儿的社会交往是有障碍的，除非有设计良好的环境来保证这种交往的进行。中心区和游戏区的设计、活动种类的选择必须是鼓励幼儿的社会性交往的。教师可以通过在不同的区或在日常常规中"布展"来促进幼儿的社会性发展。例如，进餐时间可以成为促进同伴自然地和较容易交往的最佳时机。对座位安排的考虑也可以极大地提高社会交往的过程。让残疾幼儿坐在教师的附近，就可以通过言语来促进幼儿的社会交往。让残疾幼儿坐在别的幼儿之间可以增强他们之间的交往。这样的安排也提高了把同伴作为学习榜样的机会。

在活动的过渡环节，让同伴来帮助残疾幼儿可以促进幼儿的社会交往。也可以利用别的常规来促进幼儿间的社会交往。例如，在饭前洗手的常规中，鼓励别的幼儿通过做示范和帮助残疾幼儿记住洗手所包括的步骤来对他们进行帮助。

当幼儿示范对材料的正确使用方法时，残疾幼儿可以从他们那里学习和与他们一起学习。在选择材料时，应当选择那种能提供多种挑战性的材料，以使幼儿可以选择他们能成功地使用的材料。例如，选择拼图时，应当包括能反映所有幼儿的不同技能水平的各种难度的拼图。在这些不同水平的拼图中，可以鼓励残疾幼儿去玩更难的拼图，同时可以鼓励同伴去提供帮助或示范。

在把幼儿纳入课堂和做教育计划时应当强调和考虑每个幼儿具体的发展领域。通过提供发展某种具体能力的材料、设计的活动和在必要时提供帮助来自然地进行干预。大部分的适合于学前教育课堂使用的材料也是适合残疾儿童使用的。但是，为了使教室里的材料的价值最大化，应遵循下列标准。

如果需要的话，帮助幼儿学习如何玩玩具和操作材料；

在幼儿的偏爱和兴趣的基础上选择玩具和材料；

提供鼓励幼儿的参与、游戏、交往和学习的玩具和材料；

改变玩具和材料来提高幼儿的注意水平、参与程度和游戏水平。

许多残疾幼儿在一定的活动中需要额外的时间来全面地探索材料和从这些材料中获益。日常计划表应当为幼儿提供足够的时间来参与到各角区的活动中去。

把残疾幼儿纳入到课堂中，并不需要增加额外的工作人员。相反地，工作人员对指导、监督和提供个别指导的工作分配能充分地和适当地促进他们对活动的参与。根据所推荐的师幼比例，教师在必要时是可以提供身体上的支持的。同时，对集体活动中的别的幼儿提供言语指导。与高的师幼比例相一致的、与教师的更近的接触以及教师对个体活动指导的有效性，合理的师幼比例和工作分配使得幼儿的行为变得更易于控制。

在安置残疾幼儿进入一个新环境之前，须确保环境能够提供安全且适当的设施。通常要对环境做一定的调整，尽可能使普通学校或园所交通环境无障碍、学习环境无障碍。如，将一个轮椅幼儿安置于有楼梯及狭小走道的大楼之中就不合适，为保障一个盲儿行走的安全和便利，应设置安全装置及排除危险的交通障碍。残疾幼儿还可能需要一些特殊的设备，例如助听器、盲杖、大字课本、轮椅等。教室环境调整的总原则是：保证安全，消除障碍，便于残疾幼儿学习。下面对环境的改变的建议可以使残疾幼儿更有利地使用空间，并且有助于预防意外的发生。

对于那些使用轮椅、拐杖或别的形式的活动辅助工具的幼儿来说，教室里的各个空间也应当是可以接近的。这些空间包括学习区、书架、计算机、门口等可以在教室里活动的空间。

用轮椅、助行器和支架的幼儿可以通过弯道和台阶上的栏杆而更容易地爬弯道和台阶。这些弯道和台阶是宽而低平的。

桌子的高度应当是使那些坐在轮椅上的幼儿感到很舒服的。镜子、洗手槽、厕所和饮水机应当足够地低，使幼儿可以方便地使用。

地板的表面应当是不太光滑的。有着长软毛、长绒呢或雕刻物的毯子可以使活动受到限制，符合标准的地毯应当是平滑得可以使轮椅很容易地移动的。

一些幼儿可能会需要特殊的座位。一个有扶手和椅边足够高的椅子可以防止幼儿掉到一边去，或者一个可以支持幼儿的躯干和头的高背椅也是需要的。

设计和安排浴室，使得它也能方便那些使用拐杖、助行器或轮椅的幼儿使用。教师也必须对门闩的位置和门口的宽度进行考虑。

教育场所的融合。残疾幼儿与正常幼儿至少有某些活动在同一楼房、校园环境内进行。教育环境中要做到无障碍，尽可能增进普通幼儿与残疾幼儿互动的机会。

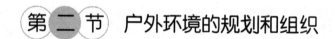
第二节 户外环境的规划和组织

一、户外环境设计的原则

户外游戏空间不只是在每天特定时间里当作练习场地使用，而是课室的延伸，教师必须以同样的方式组织幼儿在户外场地上的活动。与课室空间一样，户外空间亦可刺激发展和学习，可进行各种变化无穷的学习活动。户外环境的设计亦可仿照室内空间的设计，组成若干学习区，如动物区、花园区、戏水区、沙箱区、种植区等。一个成功的户外游戏场地比室内游戏区要求更大的空间，空间越大，儿童获得学习经验的可能性越大。而对这空间做出合理的安排，就能最大限度地加以利用，增加儿童获得学习经验的可能性。

在安排户外空间时，应考虑到如下一些因素。

（一）平衡

在计划户外空间时，平衡是一个重要的因素。应该有安静区和积极活动区之间的平衡，阴凉区和阳光充足区之间的平衡，以及柔软表面和坚硬表面之间的平衡等。

（二）通道

在安排户外活动区时，要计划小路作通道，可用松树皮、石头、水泥铺成，指导儿童运动。

（三）选择安排器材

首先，选择安排器材可从 3 个方面来考虑。

1）简单单元，没有从属部分，只能作一种活动，如滑梯、秋千、自行车等。

2）复杂单元，有从属部分，能创造性地开展大量活动，如沙桌、花园、一般游戏区等。

3）超级单元，可包括 3 个或更多的游戏材料，如沙、水或可移动的塑料盒子等，超级单元鼓励大量的创造性游戏和角色游戏。而器材的选择则可从锻炼儿童的攀登、平衡、推和抡以及抓和扔等几方面来考虑。

其次，要考虑到季节和天气条件，当然还要考虑到儿童的发展水平和需要。和设计室内活动空间一样，也要在户外规划、设计兴趣中心，把它作为游戏场的一部分。

二、户外环境的设计

（一）户外环境设计的一般要求

根据游戏设施所支持的课程目标，可以把游戏场地中的设施分成以下三大类：感官的和触觉的活动方面的设施、创造性游戏和角色游戏方面的设施以及进行大肌肉运动的设施。

一个创造性的游戏场，在设计上应当是安全的（生理上和心理上），而且是鼓励幼儿通过游戏和探索来了解他们自己、他们的同伴和他们所处的环境的。一个有利于发展的游戏场地设计应当能表现出幼儿在发展阶段和能力上的不同，而且应当包括与每一年龄段相适宜的设施和活动。一个设计良好的户外游戏区包括为不同年龄段的幼儿提供的独立的游戏场地，如婴儿、学步儿和学前儿童。虽然每一年龄组的幼儿都需要与自己相适宜的游戏设施和游戏空间，但他们也需要有彼此学习的机会。邻近每个教室的游戏场地的布置和户外游戏时间表应当支持不同年龄的幼儿在户外环境中的交往。

1）户外环境的设置应与大自然接近，使幼儿能充分享受到自然田园风光的陶冶。美丽的绿色环境，可以让幼儿感受到仿佛置身在大自然的怀抱，对培养幼儿的审美意识具有重要作用，可使幼儿走进大自然，从而认识自然、热爱自然、保护自然，这是实施环境教育的物质基础。

2）保证幼儿有足够大的活动场地。每位幼儿至少有 2 平方米的空间，以保证他们的肌肉有足够的运动。

3）根据当地气候特点创设良好的户外活动条件。对寒冷地区，应设有挡风避寒设备；在高温多雨地区，应设置遮阳避雨设施，以保证幼儿在各种天气情况下都能进行户外活动。

4）因地制宜，充分发掘户外活动材料，如木块、轮胎、梯子、绳索、大木桶等，来刺激幼儿创造性地开展体育活动。

5）设置丰富多彩的全面的大型玩具与其他活动器材，而且要坚固、安全。

（二）感官的和触觉的环境设施和活动

在游戏场地中进行多种发展感官和触觉的活动可以促进幼儿认知的发展和鼓励幼儿学习许多具体的概念——当他们面对户外的多种多样的风景、声音、质地、气味和味道时。幼儿通过操作、建构和实验来学习和了解从户外游戏场地中获得的多种材料。4种具体的感官、触觉活动是玩水游戏、玩沙游戏、园艺活动和自然的活动。

1. 玩水游戏

在游戏场地中应当有许多玩水的机会。每一个游戏场地设计都应当包括适合于具体年龄段幼儿的涉水区、沙水桌和瀑布或喷水车。可以通过一系列的小峡谷、沟渠和瀑布把每个游戏场地中的涉水区和沙水桌连起来。这样，幼儿就可以观察水的自然流动，并且通过修建水坝来控制水流或通过增加水来增大流量。

玩水区应当被设计成一个安全的、健康的、与幼儿发展相适宜的活动区。为幼儿提供玩水游戏的另一个目标就是提供在玩水中获得进步的机会，从而使幼儿学会尊重水和不再害怕水。

在气温寒冷的地区，设计一个内容丰富的玩水区可能是不实际的或花费太大的。因为在一年中，对这一区域的使用只限于几个月。相反地，在设计户外游戏区时，可以包括一个开放的玩雪区。玩雪活动包括雪雕、用雪建造一定的结构物以及教师仔细监督的乘雪橇和滑雪活动。可以通过提供塑料铲子、提桶、勺子和别的不固定的材料来促进游戏的进一步发展。在玩雪的过程中，当幼儿对雪进行实验，把它们当作另一种学习方式时，幼儿也可以接触到上面的那些概念，如湿—干、热—冷和固体—液体。

2. 玩沙游戏

玩沙游戏是为幼儿提供感官或触觉刺激的另一种重要方式。沙子的质地、重量和黏度使它成为一种变化多样的操作材料。通过它，幼儿可以练习抓铲子、舀、筛、推挤、挖沙子、装满容器、雕刻和用模子做各种造型。在练习这些精细动作技能时，也促进了幼儿对沙子特性的基本认识，如它的重量、沙粒的大小和质地等。同时它也为幼儿提供了学习测量的机会，以及进行创造性表达的机会。幼儿应当去玩沙，同时运用多种多样的工具和器皿来进行探索。

应当把沙箱放置在靠近玩水区的地方。这样，如果他们愿意的话，就可以把两者结合起来进行其他的学习。沙箱应当被设计成有折叠门的或有摁扣的帆布盖的。这样，在用不着沙箱的时候就可以把它们关起来，以保证沙子的清洁。

3. 园艺活动

根据创造性游戏场地的哲学原理，教师可以在进行场地设计时增加第三种感官或触觉体验的活动区——园艺区。通过观察播种、栽培、施肥、浇水等活动以及植物生长的过程，幼儿开始直接地理解植物生命循环的过程。幼儿可以操作多种多样的材料以及了解各种物质的基本特性。幼儿也可以通过承担施肥、浇水和将植物重新装盆的任务来分享少量的责任。幼儿可以通过以下的一些情况来学习基本的因果关系，如水太少、日照太多、土太多和水太多等会出现的结果。可以通过采摘、冲洗、分类、闻和品尝幼儿自己种的水果和蔬菜，来为幼儿提供大量的感官刺激。

在园艺区，也可以增加花房来为幼儿提供活动的空间。把花房设置在游戏场地的中央，能使不同年龄组的幼儿都可以进去。花房应当包括有太阳板、水源、盆栽和种植的空间以及可以储藏相关材料的储藏室等。

4. 自然活动

除了园艺区外，一个包括有树木和植物的更自然的区域也可以为野生生物提供一个户外的栖息地，如鸟类和蝴蝶。幼儿可以观察这些自然现象，并学会保护他们的自然环境。"人类好像有一种照料自身之外的事物的基本需要。"通过关心和照顾自然界，人们可以满足这种需要，并丰富自身的生活。对野生生物和它们栖息地的真正的关心可以实现个人生命的价值和满足照顾别人的需要。

（三）创造性游戏和主题角色游戏的设施和活动

在游戏场地进行创造性游戏和主题角色游戏的活动，可以促进幼儿早期的社会化、情感的表达、扮演不同的角色以及幼儿的语言和想象力的发展。假装游戏为幼儿提供按照自己的意愿开始和结束游戏的机会，而且给了幼儿一种积极地控制他们的环境的感觉。创造性艺术活动允许幼儿以独特的方式来表达他们自己。把这些活动结合起来可以促进幼儿积极自我概念的发展。支持创造性和表演游戏的游戏设施可以主要地被分成以下4种：舞台、圆形剧场区、假装的运输工具区、游戏小屋和创造性艺术。

1. 舞台、圆形剧场区和假装的运输工具区

创造性的表演游戏活动为所有年龄组和处于所有发展水平的幼儿提供了这样的一种环境——在这里，他们必须朝着一个共同的目标一起工作。舞台、圆形剧场区为幼儿提供了一起演出一个故事、以婴儿的声音来假装各种角色，以及一起创作和表演短剧的机会。在一起完成这些任务时，幼儿就有机会去发起同别的幼儿和成人的交往，以及对别的幼儿和成人发起的交往做出反应。他们可以练习去做一个领导者、教育者，去做一个追随者，去指导和帮助一个朋友。幼儿可以通过别人的反应来区别适宜的和不适宜的交往。

为了给学步儿和学前儿童的表演游戏活动提供一种催化剂，可以在圆形剧场附近提供一个有遮盖物的、有几排高低不同椅子的突出的看台，以供别的幼儿来观看表演，同时在舞台下提供一个用于存放道具和别的舞台设施的储存区。

因为圆形剧场区是不适合于婴儿和学步儿的发展水平的，所以我们可以在婴儿和学步儿的游戏场地提供象征性的交通工具来满足他们对表演游戏的需要。所建议的交通工具包括一条船、一架飞机和一个有机车的火车、汽车和货车。每一种交通工具都应当有一个驾驶轮、球形抓手、操作杠、喇叭、钟、旗子和百叶窗。这些都是婴儿和学步儿在假装驾驶交通工具时可以操作的东西。

2. 游戏小屋

游戏小屋具有双重的作用，它可以促进幼儿的社会交往和独自游戏能力的发展。户外课程的一个主要目的就是为幼儿提供许多能促进他们相互交往和锻炼社会技能的机会。在一个集体的范围内表现出自己的个性，可以不断地为幼儿提供学习的经验，而且户外"教室"就是为了促进他们的交往而设计的。幼儿身体大小的、可以放置许多材料的小屋能促进幼儿间的交往。在这一区域内，最小的幼儿可以模仿他们观察到的行为，而且进一步地去和游戏伙伴一起扮演不同的角色、体验不同的情感。

游戏小屋可能会有开着的前门，以便于教师能经常地进行监督管理。小屋也可能会有可以进行观察的窗户、一个分开的、伪装成房间的墙、一个用于存放东西的架子和放置不同材料的空间，如日常生活用品、医院的道具、杂货店存储的商品等。另一个游戏小屋可能是用于存放三轮车和别的带轮玩具的"车库"。

3. 创造性艺术

幼儿需要可以拿到的、进行创造性艺术活动的材料。在游戏场地上为幼儿提供这些材料的一种方式就是提供供户外使用的艺术画架。在游戏场地上，可以把画架和外面的栅栏固定在一起，并放置在靠近水源的地方。这些艺术画架应当被设计成这样的，即可以在画架里存放所有的用于画画和进行别的艺术活动所需要的材料。在气候寒冷的地区，当天气允许时，把户内的画架拿到室外要比专门投资设计供户外使用的画架实际得多。应当在任何时候都允许幼儿使用这些区域，但是较小幼儿在进行这些活动时是需要教师监督的。艺术材料和进行艺术活动的空间应当是能促进幼儿的个人探索和支持他们创造出独特的作品来的。这些创造性的活动可以是独自进行的，也可以是集体性的。同时，应当允许幼儿选择他们自己的创造性表达方式和同别人交往的程度。

（四）发展大肌肉运动的设施和活动

对于那些正在学习控制身体运动的幼儿来说，大肌肉运动是很重要的。幼儿需要经常地接触这样的区域和设施，即可以让他们练习爬行、在不同的高度上待着、静态地和动态地保持平衡、协调地运动（如骑脚踏车和驾驶一个带轮玩具），以及练习在不同的表面站立、行走和跑步的区域和设施。可以通过运用那些促进运动技术能力、灵活敏捷性、力量、持久性、速度、协调能力、连续性和节奏感发展的设施来促进他们的感知运动能力的发展。

1. 秋千

秋千为所有年龄段的幼儿提供了一个练习合作能力和问题解决能力的机会。决定如何坐到秋千里去和如何下来，如何通过推来控制秋千，当坐进去时如何使秋千动起来，以及如何使多个人来操纵秋千都是幼儿应当学习和体验的。

一个由轮胎制成的秋千为幼儿间的社会性交往提供了机会。因为两个或三个幼儿可以很容易地同时坐到上面去。另一种秋千，如吊床秋千，就因为它的形状的灵活性而不需要太多的支持，当坐在秋千上时，它需要幼儿更大的努力去保持平衡，去抓握住系在秋千上的绳索以及帮助他们坐到秋千上去。

2. 玩带轮玩具的水泥地

玩带轮玩具的水泥地为幼儿各方面运动能力的发展提供了机会。幼儿需要通过驾驶、骑车和在各种地势上玩带轮玩具来使胳膊和脚的动作协调起来。通过玩三轮车、四轮车和脚踏车来促进分享、合作和遵守秩序等品质的发展。幼儿的观察能力和反应能力也可以通过不断地避免碰撞而得到发展。

在不同的地势上操纵带轮玩具对于那些刚刚开始能控制自己的身体运动的较小幼儿来说是一个巨大的挑战。能控制住带轮玩具而且能成功地驾驶它在游戏场地上玩，对于幼儿来说是获得自信心的重要方式。

3. 保持平衡的器械

在游戏场地的设计中，需要考虑的感知运动发展的另一部分内容就是平衡。幼儿需要促进他们平衡能力发展的机会，不仅仅是运动时的平衡能力，而且还有在静止状态下的平衡。

为促进平衡能力的发展而设计的器械包括高低不同的树桩"脚踏石"、平衡木或圆木、攀爬的梯子和各种活动之间的几何形台阶。

三、适应残疾儿童的户外游戏环境

有残疾的幼儿也应当完全地参与到户外探索中去，而且应当在游戏场地设计的准备过程中就对这一问题进行考虑。表8-1列出了为有残疾的儿童提供的、对现有的、可以利用的游戏设施和建筑物而做的具体的改变。必须考虑户外场地中地面的易进入性。操作轮椅在户外地面上移动所需要的动力是与把轮椅腿上一个呈 14 度倾斜的坡道所需要的动力差不多的。地面应当不能把拐杖头、助行器和小脚轮陷进去。放在秋千或攀爬架下面的有弹性的或充当垫子的材料不应当成为轮椅移动的障碍物。例如在沙子和石子上，轮椅移动所需要的推力是在室内的地面上移动所需要的推力的 6 倍。作为垫子的木制纤维在一个月或几个月的使用和挤压后，可能对移动轮椅的阻碍是很小的，特别是在有足够的排水系统和定期地进行维护的情况下。一个更昂贵的选择——橡胶做的地面，可能是户外空间中残疾幼儿最容易接近的材料。

表 8-1　适于残疾儿童的户外游戏环境设计

设施的名称	为促进儿童活动所做的设计上的变化
攀登架	在攀登架附近的地面上铺一条向上的通道，以使那些不能爬的幼儿也能坐着轮椅上去。栏杆的大小应当是适合于截肢者所使用的各种弥补性装置的。攀登部分两边的间隔应当是安全的和容易爬的，以使那些有运动困难的幼儿也可以爬上去
游戏小屋	提供一条坡道，使那些使用轮椅的和有其他运动损伤的幼儿也可以上去。小屋的门应当足够宽，使轮椅也可以进去
三轮车通道	通道应当是可以并排着放下一辆三轮车和一辆轮椅的
花房、花园	为坐轮椅的幼儿提供一张与他们的身高相适宜的桌子
沙水桌和池塘	坐在轮椅中的幼儿也可以很容易地使用一张与腰齐平的玩水的桌子
秋千	使那些身体受到损失的幼儿也可以安全地在秋千的条板和平台上玩耍
沙箱	给那些运动能力受到损害的幼儿提供低一点的沙箱。这些低的沙箱应能使那些必须在别人的帮助下才可以坐下来的幼儿也可以玩。基于他们在精细动作上的局限性，给他们提供合适的工具
圆形剧场	提供通向剧场各层的坡道，使那些能用轮椅的幼儿和别的运动能力受损的幼儿也可以上去。在对学前儿童游戏墙地进行设计时，应当提供可以从场地的高处走到低处和圆形剧场中的通道

 本章小结

本章介绍了幼儿园为儿童进行有效的教室环境和户外环境规划和组织时应当考虑的不同内容，以及了解工作分配、日常活动和常规的重要性，通过环境的创设与利用，有效促进幼儿发展。

思考与练习

1．名词解释：

幼儿参与的原则　　创造性游戏　　环境与教育目标一致的原则

2．请描述一下如何通过一个良好的环境来满足幼儿和教师的需要？

3．幼儿的创造性游戏的室内环境方式有哪些？

4．在规划教室环境时，一名教师应当考虑什么？

第九章

幼儿园与家庭、社区的合作

家庭、社区、幼儿园是幼儿最早接触的社会文化环境，它对幼儿发展所起的作用是任何其他因素所不可比拟的。因此，幼儿教育必须协调幼儿园、家庭、社区等相关社会群体力量，共同促进幼儿的发展。家庭——幼儿园——社区的合作也已经成为当今教育改革的一个世界性趋势。

第一节 幼儿园与家庭的合作

《纲要》明确指出："家庭是幼儿园重要的合作伙伴。"幼儿进入幼儿园后，教育幼儿的责任将由家庭和幼儿园来共同承担，幼儿的发展是家庭、幼儿园等多方面教育影响力"汇合"的结果，当家园教育方向一致时，教育效果会倍增，反之则会相互削弱。幼儿园与家庭的合作是指幼儿园和家庭作为促进幼儿发展的重要影响因素，双方积极主动地相互了解、相互配合、相互支持，通过幼儿园与家庭的双向互动，共同促进幼儿身心的健康发展。人们越来越清楚地认识到：家园合作共育是幼儿教育现代化的重要内涵，也是当今我国幼教改革与发展的大趋势。

一、与家庭合作的意义

我国著名教育家陈鹤琴先生说过："幼稚教育是一种很复杂的事情，不是家庭一方面可以单独胜任的，也不是幼稚园一方面能单独胜任的，必定要两方面共同合作方能得到充分的功效。"家庭和幼儿园是幼儿生活、学习的主要场所，幼儿在自身发展的过程中必须整合从两种场所获得的学习经验。通过家园合作，幼儿不仅可以在家庭中延续、巩固和发展在幼儿园获得的经验，而且还可以在幼儿园里运用、扩展和提升在家庭中获得的经验，从而使来自两方的经验更具一致性、连续性和互补性。实施幼儿园与家庭之间的密切合作，不仅有利于孩子的进步，也有利于家长的提高，幼儿园的发展。

（一）有利于提高幼儿园的教育质量

家园合作有利于幼儿教师获得更多有关幼儿的信息。教育是一种通过共同探索而进行的社群活动和文化分享。幼儿教师可以从家长那里获取更多有关幼儿的有效信息，了解家长对教育的理解和期望，从而加快了解幼儿的进度，增强了解幼儿的深度，并借助自身所拥有的专业知识和专业技能因材施教，促进幼儿的健康发展。

家园合作有利于幼儿园充分利用家长资源。家庭是孩子成长发展的第一个环境，父母是孩子的第一任教师，家长与孩子之间拥有浓厚的血缘亲情关系，孩子对家长存有经济依赖关系，家庭教育在时间上具有长期性，在实践中具有较强的感染性和针对性，教育内容丰富多样，教学方法灵活多变。并且，幼儿家长来自各行各业，人才济济，是幼儿园得天独厚的教育资源，家长的不同职业特点、不同文化背景可以为幼儿园提供丰富的教育内容，也可以为幼儿园的教育需要提供多种支持和帮助。如幼儿园某小朋友的爸爸是交警，幼儿教师邀请他穿着制服到班上给幼儿讲解简单的交通规则，和幼儿一起做"红灯停、绿灯行"的游戏，不仅极大的丰富了幼儿园的教学内容，而且较好地调动了幼儿参与教育教学活动的积极性、主动性和创新性。

（二）有利于提高幼儿家长的教育水平

家长可以通过幼儿教师获得更多有关幼儿的信息。幼儿在园时间相对较长，在幼儿园中参与各种生活活动、游戏活动、教育活动。幼儿每天都会有新的表现、新的进步。通过家园合作，家长可以获得更多有关自己孩子的生长变化，为教育及时提供更多的教育信息依据。如小朋友东东表达能力相对较弱，但是教师反映这段时间东东的口头表达能力进步特别大，家长应及时鼓励孩子，强化已有的效果，同时在家也要多和孩子交流，为孩子语言的发展提供良好的家庭环境。

幼儿园可以为家长提供各种有关教育的资讯，并指导家长充分认识家庭、社区环境的教育价值，学会积极利用各种资源教育孩子。幼儿教师经过专门系统的专业训练，具备一定的专业知识和专业技能，家园合作则为教师和家长之间提供了一个交流经验的机会，家长可以分享教师先进的教育理念、教育技能和教育经验，不断提高自身的教育素养。如幼儿教师可以通过多种形式向家长介绍幼儿膳食中应注意的问题：粗细搭配、三餐合理等，让家长在家庭生活中注意多样化饮食，营养均衡、合理搭配。

（三）有利于幼儿身心的全面和谐发展

教育生态学中指出：幼儿的发展是幼儿与周围环境相互作用的结果，应保持幼儿周围生活环境的生态平衡。家庭、幼儿园是幼儿重要的生活环境，通过家园合作，教师与家长之间互通有无，互相促进，建立密切合作的伙伴关系，相互调整，相互整合，为幼儿身心的全面和谐发展提供良性发展、动态前进的社会环境。如幼儿园小班在锻炼幼儿生活自理能力的时候，幼儿园与家庭应在观念和行动上保持一致，双方共同努力，为幼儿创建生活教育环境上的生态平衡。

二、与家庭合作的原则

幼儿园与家庭合作的原则是幼儿园与家庭合作过程中所必须遵循的基本要求，也是保证家园合作取得良好效果的前提和保证。家庭是幼儿园重要的合作伙伴，应本着尊重、平等、合作的原则，争取家长的理解、支持和主动参与，并积极支持、帮助家长提高教育能力。

（一）互相尊重

家园双方是平等合作的关系，应该相互尊重。家园合作共育的核心是孩子，幼儿教师和幼儿家长是孩子的重要影响人。幼儿教师受过专业培训，能够经常学习新的教育理论、研究新的教育方法；而幼儿家长作为孩子的监护人，是看着自己的孩子长大的，对孩子的了解比幼儿教师要深刻得多，并且在家庭教育中也积累了许多宝贵的经验，幼儿教师与幼儿家长各有教育优势。因此，双方在教育孩子的过程中，应本着相互尊重的原则，建立平等合作的伙伴关系，互相学习，优势互补，共同提高，形成家园合作共育的良好局面。

（二）经常性联系

家园合作时应非常重视经常性的、及时的沟通，这有利于幼儿教师和家长互通有无，及时了解、掌握幼儿的各项最新情况，及时发现并鼓励强化幼儿的新进步，及时发现幼儿的新问题，分析原因，及时解决问题，促进幼儿身心的健康发展。幼儿教师和幼儿家长可以通过诸如家长会、电话沟通、家园联系栏等多种方式进行交流和沟通。

（三）个别化

家园合作中既有面向全体家长的交流，也有针对每个幼儿的个性化发展与个别家长进行的个别化沟通。幼儿具有各自不同的生长环境和教育资源，具有各自不同的个性特点，教师要根据每个幼儿的不同情况，与家长交流沟通，共商教育对策，达成教育共识，促进幼儿的个性化发展。

三、与家庭合作的形式

家园合作的形式多种多样，随着社会的发展和科技的进步，家园合作的形式会日趋多样化。依据不同的标准，家园合作的形式可以有不同的划分类型。其中，我们根据幼儿家长参与人数的多寡，可以相对划分为两种方式：家长个别参与方式与家长集体参与方式。

（一）家长个别参与方式

随着社会的发展，幼儿教育的水平逐步提高，社会和家庭都希望幼儿在获得共性发展的基础上，也应获得个性化发展。因此，幼儿园在与家庭联系的过程中，不仅要与家长集体进行交流，还要和家长个体进行沟通，个性化家庭教育指导工作日益成为幼儿园研究的重点之一。家长个别参与方式主要有家访、家园联系册、接送孩子时的交流、电话交流、约谈、网上交流等，每一种方式各有其特殊的存在价值，彼此相互补充，相互配合，发挥其不可替代的作用。

1. 家访

家访是教师和家长沟通思想、联络感情、切磋教育技艺的重要途径。通过家访，幼儿教师既可以了解每个家庭的生活环境、教育环境、父母的教育观念及教育方法、孩子的个性特征，又能使教师更深入地了解幼儿在家园不同生活环境中的表现。教师可以通过家园合作，与家长共同探讨科学合理的教育方法，改变不正确的教养态度和教育行为，调动家长参与幼儿园教育的主动性和积极性，促进每个孩子健康成长。

依据家访的时间和家访时家园双方的情形，家访可以相对划分为新生家访、学期家访和特殊家访。

每年 9 月份是幼儿园新生入园时间，在幼儿正式入园前，根据新生报名所提供的幼儿住址信息，幼儿教师需要对每位即将入园的幼儿进行面对面的家访。新生家访不仅有助于幼儿教师了解幼儿的个性特征及家庭教育情况，也有助于教师把科学的幼教理念和幼教方法带进千家万户，更重要的是通过家访，幼儿可以提早认识幼儿教师，减少了幼儿对幼儿教师和幼儿园的陌生感，为幼儿尽早、尽快适应幼儿园的新环境和新生活打下了良好的心理基础。如有的幼儿和幼儿教师见面后就说：老师来我家里，我真高兴；我去幼儿园不哭，我和老师是好朋友了。

学期家访是在有条件的情况下，幼儿教师每学期对班里的所有幼儿进行家访。通过学期家访，幼儿教师可以进一步全面深入了解幼儿身心发展的特点和现状，拉近与幼儿家长的距离，征求家长对幼儿园教育教学的意见和建议，及时解释和处理幼儿家长在幼儿教育中面临的疑难问题。

特殊家访是对个别情况特殊的幼儿实施家访，比如患病在家的幼儿、行为异常的幼儿等。特殊幼儿需要幼儿教师特别的关心和爱护。患病在家的幼儿心理较脆弱，特别需要家人、教师、朋友的关爱，教师上门家访为幼儿身体的健康恢复提供了极大的心理安慰和战胜疾病的心理动力。行为异常的幼儿可以包括能力发展缓慢的幼儿、攻击性强的幼儿、多动症患儿、过于孤僻的幼儿等，幼儿教师需要通过家访了解幼儿行为异常的原因，与家长共同商讨教育的对策，帮助幼儿尽快摆脱不良心理和不良行为的困扰，健康成长。

为了保证家访取得预期的效果，幼儿教师应注意以下问题：提前预约、谈话的语气和态度、谈话的内容和技巧、注意观察幼儿的生活环境以及家庭氛围等。

首先，幼儿教师应该主动与幼儿家长提前预约：约定家访的时间，避免双方时间上的冲突；约定家访的场所，家访不一定非要安排在幼儿家庭中，可以选择幼儿家庭附近的咖啡屋、茶社等场所，大家更容易敞开心扉，畅所欲言；约定家访的主要内容，幼儿教师可以提前与家长沟通家访的内容，双方都做好相应的准备工作，提高家访的效果。

其次，幼儿教师应注意谈话时的语气和态度，本着平等合作的原则，摆正家长与教师之间的位置。教师和家长是平等的伙伴关系，共同承担对幼儿进行教育的任务，通过家访这一双向互动活动，幼儿家长和幼儿教师两个教育伙伴互相尊重，相互切磋，共同促进幼儿身心的全面发展。

再次，幼儿教师应注意谈话时的技巧，谈话时尽量避免一些贬义词的出现，如"你家孩子太调皮，经常和别人打架，攻击性行为太强"等相关词眼，以免家长反感，影响家访的效果。

另外，教师还应注意观察幼儿的生活环境以及家庭氛围。家访也是了解幼儿家庭情况的重要渠道之一,教师可以在家访时注意观察家长与幼儿交流时的语气、态度等,以多方了解幼儿的家庭教育状况,了解孩子在家庭中的行为表现和日常生活情况,找出幼儿行为或问题形成的家庭原因,从而进行有针对性的教育。如,了解家庭条件优越的孩子傲气的产生原因并给予提醒,分析残缺家庭孩子的心灵创伤并加以慰藉,探索孩子攻击性行为的源头并在教育方法上给予具体帮助等。表 9-1 为一家访记录示例。

表 9-1　家访记录表

幼儿姓名	时间	接待人	主要解决问题
汇汇		妈妈 外婆	汇汇本周来园情绪一直不佳。作为一位老生,很大程度上应和家庭的宠爱有关。家访主要和家长就汇汇的教育问题达成了一致。要让汇汇尽快信任老师并培养他的独立性
伶伶		外婆 爸爸	伶伶性格内向,自尊心强。交流中发现这和其家庭教育中长辈的过分呵护有关。教师与家长交流了教育方法,决定放手让伶伶自己做事,并给她更多展示自己的机会
园园		哥哥 妈妈	园园的接受能力很强,同时自尊心很强,园园妈妈也反映园园在家脾气不好,和家长平时的纵容也有关。决定对园园进行一定的挫折教育
囡囡		外婆 妈妈	囡囡最近加强了运动,所以减肥效果很好。在家也受在园的影响,喜欢上了运动,就是依赖性强,希望外婆也能给囡囡自己动手的机会
超超		妈妈	超超在班里像个大姐姐,不仅能管理自己,还能帮助别人。有可能是爸爸出差的缘故,好久不见有些疏远了。请爸爸妈妈加强和她情感上的交流
丫丫		爸爸 妈妈	丫丫真的是爸爸妈妈的骄傲。无论是学英语还是学别的,接受能力都很强,但是运动能力稍差,希望爸爸妈妈节假日也能给予她一定的训练
妞妞		妈妈	妞妞现在胆子大多了,能为大家表演节目了,但是自制力稍差。在家也要多多练习用剪刀

2. 家园联系册

家园联系册是目前家园合作中的一种简便有效的形式。有些家长工作繁忙,难以抽出时间与教师经常交谈,在这种情况下使用家园联系册显得尤为重要。家园联系册灵活方便,传递信息及时。家长可从联系册中经常知道孩子的进步、问题以及幼儿园对家庭在配合教育方面的具体要求;教师则可从联系册中获得幼儿园教育效果的反馈信息,了解幼儿在家中的表现,得到家长的意见和要求。家园联系册是教师与家长围绕幼儿的发展与教育进行书面联系与交流的有效形式。

家园联系册的内容一般主要包括幼儿的个人基本信息(姓名、所在班级、家庭基本情况等)、幼儿教师的个人信息、幼儿在园表现、幼儿在家表现、教育箴言等。家园联系册是每个幼儿人手一册,根据幼儿园的不同要求,每周或每月定期反馈一次。一般星期五下午由幼儿带回家,下周一上午由幼儿带回幼儿园。

家园联系册是架设幼儿园与家庭联系的桥梁,每月都记录着孩子的成长,记录着为人父母的期盼,很多家长都会认真地阅读并及时反馈信息。但也会出现这样情况:有的幼儿带回来的家园联系册家长栏里一片空白,一个字没写;有的幼儿把家园联系册带回家以后,老是不带来,有时问家长,家长不好意思地说无话可写。出现这些问题的原因是多方面的,但若是从幼儿园方面考虑的话,可以涵盖为两大方面:一是幼儿教师对幼儿的记录针对性不强，幼儿家长对此没有交流的意愿；另一方面是幼儿家长想写，但是不知该写什么内容、如何去写。针对上述问题，幼儿园在学期开始就要把家园联系册的作用、目的、价值交代清楚，语言要精炼，让家长明白，家园联系册要反映孩子的真实情况，是教师了解幼儿信息的重要媒介。再者，为了避免家长无话可写，教师反映幼儿在园情况就要尽量细化、贴近孩子生活、学习的方方面面，具有较强的针对性；同时，针对不同性格特点、知识层次的家长，教师的措辞都要酝酿斟酌，以取得沟通的最佳效果。如："您是不是发现孩子长高了，也胖了，像个小伙子了。昨天我发现他把小石子装进兜子带回家，我一直有些担心，您能帮我了解一下吗？"另外，教师可以建议家长当着孩子的面把教师写的读给他们听，让孩子积极参与，也可以从侧面让孩子督促一下家长。但是，家长在读给孩子听之前，一定要自己先完整地浏览一遍，防止其中出现幼儿难以理解接受、对孩子可能造成伤害的字句。如：一位教师在一名幼儿的家园联系册中写道："毛毛与小朋友交往时，有时把握不好交往方式，出现一些不够友好的攻击性行为"，结果其中的"攻击性行为"一词在幼儿家里引起了轩然大波，再加上幼儿家长不够理智，导致幼儿对幼儿园产生了恐惧心理，很长时间不愿去幼儿园。因此，教师在家园联系册中的措辞一定要十分慎重，切勿出现过激的言辞，避免出现不必要的误会。

3. 接送孩子时的交流

家园合作贵在经常、持久，接送孩子时的交流是最简单、最及时、最方便的谈话形式。每天幼儿入园、离园时间都是幼儿园与家庭进行交流的有利时机，幼儿教师和家长都应该抓住时机，适时利用。比如，一位中班幼儿家长对教师说：孩子如果热，麻烦老师帮孩子把衣服脱掉。教师可以一边告诉家长中班的幼儿已经基本可以自己穿脱衣服了，应该多给孩子机会让孩子锻炼一下，培养孩子的生活自理能力，一边让家长观看孩子自己穿脱衣服的行为表现，让家长明白孩子有能力自己做一些基本的事情，为孩子的发展提供良好的家庭环境。

4. 电话交流

电话已经是家庭极为普遍的通讯工具，幼儿园可以充分发挥电话的作用。电话交流根据具体情况不同，大致可以分为以下几种：一是教师借助电话与家长进行直接交流。教师可以把幼儿在幼儿园当天发生的一些重要问题和幼儿家长进行交流，但是这些问题需要相对较长的时间来探讨，接送孩子时的时间相对较短，来不及深入交流；再者接送孩子时人员流动性较大，教师需要负责幼儿的安全，没有充裕的时间与某位家长进行长时间交流，有些问题也不方便当着其他家长的面谈；另外，有些问题是需要孩子父亲配合的，但是来接孩子的可能是孩子的母亲，有些问题是需要与孩子父母交流的，但是来接孩子的可能是孩子的祖辈。如：父亲对孩子的性格和能力等方面的发展具有极为重要的作用，但是教师发现小朋友欣欣的父亲从来没有接送过孩子，教师想和孩子的父亲交流意见，但是又担心其父亲没有时间，因此，同欣欣父亲进行了一次电话交流。二是教师把自己的电话告诉幼儿家长，便于家长、幼儿与教师进行交流。与幼儿的父母相比，教师在幼儿心目的权威更大，教师与幼儿交流时也有利于帮助幼儿从另一角度认识问题、分析问题、解决问题。如某幼儿晚上吃了许多糖果，睡觉前无论家长怎么说，就是坚持不刷牙，最后家长让孩子和教师通了电话，在教师的劝导下，孩子顺利完成了刷牙任务，并且，第二天教师在全班小朋友面前及时表扬了这一幼儿坚持刷牙的好行为，强化了孩子坚持每晚刷牙的良好生活习惯。三是教师把全班幼儿的电话汇总起来，方便幼儿之间、幼儿家长之间相互交流，有利于形成家园之间、幼儿家庭之间、幼儿之间良好的互动。幼儿相互之间也需要交流，但是现在独生子女较多，孩子在家中缺少伙伴，通过电话，幼儿相互之间可以多沟通，促进幼儿社会人格的健康发展。

5. 约谈

约谈是一种目的性、计划性较强的谈话方式，约谈的发起者可以是教师，也可以是家长。双方及早确定约谈的时间、地点与内容。在美国幼教机构，家长与教师之间的约谈已形成制度，全美幼儿教育协会制定的《高质量早期教育标准》中明文规定：教师每学年至少与每个孩子家长约谈一次，并可根据需要随时安排，以讨论孩子在家和在园的进步、成绩与问题。教师与家长约谈在美国已成为一种比较成熟的家园合作方式，并积累了丰富的经验。结合我国的幼教实践，依据我国幼教发展的趋势，在实行约谈时应注意以下问题：一是做好准备工作。家园双方都要做好准备工作，汇集幼儿各方面发展的情况，进行分析，并提取有代表性的事例。二是营造宽松的谈话气氛。约谈双方若感觉拘束的话，就无法敞开心扉深入交流，因此，双方都应该尽力营造宽松的气氛，以有利于谈话的顺利进行。三是约谈双方应以平等的身份进行交流。教师切勿以专家自居，家长也不要以责问者的身份前来，双方平心静气，以商量的口吻进行交谈，更容易解决幼儿教育中出现的问题。四是注意谈话中的措辞。教师在评价幼儿时要全面客观，首先要肯定优点，提出缺点时尽量通过具体事例来说明，教师以旁观者的身份阐述幼儿身上发生的一件事情，双方进行分析，在分析的过程中让家长认识幼儿的缺点和不足。同时，在介绍幼儿身体发展时，教师尽量避免使用专用术语，例如，"你的孩子手部精细动作发展不够"，要换一种说法，通过给家长提建议的方式，告诉家长可以让孩子多学习串珠、拼搭积木等方式促进孩子的发展。

6. 网上交流

网上交流已逐渐成为许多幼儿园常用的家园联系方式。目前，许多幼儿园都建有自己的网站，网站不仅是幼儿园宣传本园办园理念和办园风格的良好窗口，也是家园联系的重要平台。有的幼儿园网络教育分为三个平台：对外宣传平台、对内无纸化办公平台、家园交流平台。其中家园交流平台只对本园教师和家长开放，保证了一定的公开性和隐私性。随着现代教育技术的日益普及和不断更新，网上交流会逐渐成为家园交流中必不可少的形式。

（二）家长集体参与方式

幼儿园教育是集体教育，幼儿教师需要面向家长集体进行多方交流，因此，幼儿园与家庭的合作中必然包含较多的幼儿教师与家长集体的交流与合作。家长集体参与方式主要有家长会、家长开放日、家园联系栏、家长委员会、家长学校、园报园刊等。

1. 家长会

家长会是面向全体家长召开的会议。家长会可以方便、及时、快捷地传递信息，实施家园的双向交流和协作，依据开会的时间和形式，家长会又可以分为多种形式。

从时间上分，主要有：学期初的家长会——在学期初举行家长会，向家长介绍本学期的工作计划，将要开展的主要活动，期望家长配合的事项等；学期中的家长会——在学期中间阶段举行家长会，向家长汇总开学以来幼儿园的主要活动以及孩子取得的成绩，汇报下一阶段的工作计划；学期末的家长会——在学期结束时举行家长会，向家长汇报整个学期的幼儿园工作，对孩子的整体发展提出表扬和建议，对幼儿家长的支持和帮助表示感谢。

从形式上分，主要有：全园家长会——全体幼儿家长共同参加，会议的议题可以是幼儿园向幼儿家长宣传介绍本园的教育理念和服务宗旨，如"自律与诚信服务家长会"；也可以是家园双方就学期工作计划、重大教育活动方案等展开讨论。班级家长会——由本班教师召集全班幼儿家长共同参加，讨论的议题可以多种多样，如本学期的活动计划、家长开放日的活动形式、亲子活动的方案、育子经验交流等。小组家长会——按照不同的标准可以召开不同的小组家长会，如按照孩子的兴趣可以分为兴趣小组家长会，按照家长的性别和年龄又可以分为父亲家长会、母亲家长会、爷爷奶奶家长会等。幼儿园可以根据不同的情况，结合不同的需求，召开不同形式的家长会。

家长会的开会形式可以灵活多样，根据不同的季节变化、不同年龄段幼儿的身心发展特点、不同家长的育儿特点，灵活确定，避免千篇一律的由教师讲家长听的单一局面。如春秋两季，幼儿教师可以把本班的出游活动和家长会有机地结合在一起，让家长和教师在愉悦轻松的环境中敞开心扉，各抒己见。

应注意的是，家长会的开会时间、会议内容的选择与确定不应由幼儿园单方面决定，简单地通知家长完事，而应根据双方的具体情况协商确定，以避免部分家长无法按时参加，影响家长会的整体效果。幼儿园可以事先询问幼儿家长，征求大部分家长的适宜时间，以确定家长会的开会时间；会议的内容除了幼儿园通告家长的学期工作计划之外，还应该包括一些家长关心的问题，如幼儿园的饮食等方面，作为大家共同探讨的话题。

2. 家长开放日

家长开放日是教师与家长沟通的一种重要方式，通过家长直接观看和参与幼儿教育活动，让家长了解幼儿园的教育教学情况，了解孩子的在园生活情况，更全面地了解自己孩子的发展水平。根据幼儿园的具体情况，家长开放日可以是家长在幼儿入园以前对幼儿园整体环境设备及师资力量的参观访问，也可以是幼儿入园后的一日或半日活动的参观、听课。

鉴于家长不知道来园应该看什么、怎么看等问题，教师应做好充分的准备工作。在活动开始前，教师应向家长介绍活动的目的和完整的活动计划，让家长明确观看的内容，并指导家长在活动过程中如何观察，以明确观看的方法。

为了保证家长开放日达到良好的效果，教师可以结合具体活动尽可能让家长充分参与进来，家长在参与的过程中可以亲自感受正确的育儿理念。如某幼儿园家长普遍要求秋、冬季幼儿外出时戴帽子、穿大衣，对教师的解释置之不理。在家长开放日活动中，教师先让家长观察幼儿进行户外活动，幼儿简单活动之后，做了两套幼儿广播体操，接着又开始了丰富多彩的体育游戏。深秋季节气候已是非常寒冷，孩子却玩得兴高采烈。

教师不失时机地邀请家长参与到活动中来，半个多小时下来，大家都感到全身热乎乎的，而且精力充沛。活动结束后，教师不用再做解释，家长们都明白了幼儿园为什么提倡幼儿户外活动时不穿大衣、不戴帽子的规定。

家长开放日活动结束后，教师应认真听取家长的意见和建议，如可以发放"开放活动反馈问卷"，广泛收集家长参与活动的感想和建议，使得幼儿园的家教工作开展得更加深入有效。

3. 家园联系栏

家园联系栏是反映幼儿园教育教学工作情况的一扇窗户，更是进行教育交流的一块场所。家园联系栏既有面向全园家长的，也有面向各个班级家长的，其内容主要包括公布幼儿园的作息时间表、食谱以及幼儿园工作人员构成，展示集体活动的内容和图片、幼儿教育的理念和育儿小常识等。

但是，部分幼儿园的家长对家园联系栏的观看率并不高，究其原因主要有：家长接送孩子时的时间比较紧张，想看但是无暇观看；家长对内容不感兴趣，不愿观看。针对不同的情况，教师应采取不同的对策。对于无暇观看的家长，教师可以采用借阅制度，多制作几份放在班级的借阅处，家长接送孩子的时候可以借回去欣赏，定期返还；对于不愿观看的家长，教师可以通过多种形式了解家长不愿观看的原因，根据不同的情况，进一步增加、改进内容，如增加更多有关孩子的话题"我今天的本领""小精灵妙语""夸夸我的乖宝宝""家长网上留言"等，提高家长观看的兴趣，加大家长参与的程度等。

4. 家长委员会

《幼儿园工作规程》中规定："幼儿园应成立家长委员会。家长委员会的主要任务是：帮助家长了解幼儿园的工作计划和要求，协助幼儿园的工作；及时反映家长对幼儿园工作的意见和建议；协助幼儿园组织交流家庭教育的经验。"家长委员会是幼儿园与家庭之间的桥梁和纽带，应充分发挥家长委员会的职能作用，促进幼儿园与家庭的密切联系，使幼儿园的保教工作取得良好的整体效应。

幼儿园的家长委员会是在幼儿园园长指导下工作，由各班教师推荐两名左右热心支持幼教事业的家长代表组成，由园长任主任，选一名家长任副主任，代表任期一年，到期可改选，也可连任。家长委员会定期开会，每学期至少开一次，必要时可临时召集会议。家长委员会要关心幼儿园的教育活动，共同探讨有关办好幼儿园，提高教育质量的大事（比如对幼儿园的教育制度、教育内容、教育方法等提出意见和建议）；反映家长对幼儿园的各种意见和要求，通过多种形式提高家长的育儿水平，提高家庭教育的质量；促进幼儿园教育和家庭教育的相互了解和交流。

各班也可以设立班级家长委员会，教师在了解家长的各方面情况后，通过家长自荐和教师指定的方式，组建本班家长委员会。委员会成员有热心积极参与公众事务的家长，有在幼儿教育方面有一定经验的家长，也有平常对班级事务不太关心的家长，照顾到各个层面的家长以使班级工作在整个家长群体中有更大的影响力。家长委员会可以定期召开例会，主要是跟家长商量下一阶段班里将要组织的活动，了解家长们对班里工作的意见，使家长积极参加班级的管理工作，提高班级管理的水平。

阅读材料：宁波市第二幼儿园幼儿园家长委员会章程

（二〇〇五年一月二十一日第一届家委会会议修订稿）

第一章 总则

第一条 宁波市第二幼儿园幼儿园家长委员会（以下简称家委会）是由各班家长代表组成的群众性组织，是联系幼儿园和家长的桥梁与纽带。

第二条 家委会的指导思想：配合幼儿园的规划目标，逐步改进、完善家长工作，努力探索家长工作新路，从多角度教育转变家长观念，提高家长素质，使家长在培养孩子的观念上与幼儿园达成共识，形成教育合力，共同增强为国教子的责任心，从而促进幼儿的健康成长。

第三条 家委会在幼儿园园长指导下开展工作，向广大家长负责。

第二章 家长委员会的基本任务

第三条 家委会遵照国家《幼儿园教育指导纲要（试行）》的方针，关注和了解幼儿园保教的情况，与幼儿园教职工齐心协力，为幼儿园的建设和发展献计献策。

第四条 家委会通过各种途径了解幼儿园保育、教学、活动指导和日常生活管理等方面的情况，协同园方做好幼儿工作。

第五条 家委会倾听和收集家长对幼儿园的意见、建议和要求，并及时反馈给幼儿园领导或有关教师。

第六条 家委会经常关心和支持幼儿园的建设和发展，促进幼儿园与家长之间的沟通和了解，尽力协助幼儿园解决家长和幼儿园之间所发生的问题。

第七条 家委会帮助家长了解幼儿园的工作计划和要求，协助幼儿园保教工作，协助幼儿园组织交流家庭教育的经验。

第三章 家委会的具体工作

第八条 协助幼儿园顺利完成保教任务，参与组织家园活动、社区活动、主题活动、节日活动等等。

第九条 参与研究和解决幼儿教育教学管理中的重大问题。

第十条 注重提高全体家长的家教水平，动员家长们积极参与幼儿园家长培训活动（专题教育讲座和电脑培训班等），学习科学的育儿知识，并与教师配合，共同提高对幼儿的保教质量。

第十一条 听取、联系、反映家长们所关注的问题，如教师师德、保教水平、教育质量、幼儿发展水平等问题，采取口头汇报、书面建议等多种形式，对有关信息进行归纳、分析，把亟需解决的意见、建议提供给各保教组长、园领导或教师，促进幼儿园各项工作的改进与提高。

第十二条 以达到更好的幼教效果为目的，热情地为全体家长服务。

第十三条 积极组织好家长经验交流活动。

第十四条 充分利用外部资源优势，为幼儿园的保教工作提供支持和帮助。

第十五条 指导班级家长委员会的工作。

第四章　机构组成及其职责

第十六条　家委会

1. 家委会成员由家长自荐或由教师及家长推荐产生，一般为每班两人，家委会成员应具备以下几个条件：

（1）具有较高的文化修养和素质；

（2）热爱幼教事业；

（3）热心为群众服务；

（4）有一定的组织能力和群众基础；

（5）具有积极参与、努力工作的奉献精神。

2. 家委会选举主席一名，副主席一名，秘书长两名，原则上由家长担任。下设文体、宣传、联络三个组。

主要职责如下：

（1）及时与幼儿园各分管部长沟通工作信息，共同研究解决每学期需要重点解决的问题，以便使家长与幼儿园配合好各方面的工作。

（2）与幼儿园共同召集家委会全体委员会议，每学期至少一次；

（3）在幼儿园园长的指导下，主持好家委会的日常工作；

（4）积极跟进幼儿园各级管理层对家长们意见和建议的落实情况，并及时反馈给相关家长；

（5）其他有关工作。

第十七条　班级家委会，一般由 5~8 名家长代表组成。班级家委会由家长自荐或由教师及家长推荐选举的办法产生。班级家委会在家委会及各班教师的指导下工作。

第十八条　家委会每年换届一次。班级家委会可视情况随时进行人员调整。

第五章　附则

第十九条　本章程自家委会会议通过之日起执行。

第二十条　本章程可视情况由家委会会议进行修改补充。

第二十一条　本章程的解释权在家委会。

宁波市第二幼儿园幼儿园家长委员会
2005 年 1 月

5. 家长学校

家长学校是向家长系统宣传介绍科学的育儿观念和育儿方式的学校。幼儿园可以聘请具有一定理论知识和实践经验的儿童保健专家、儿童心理专家、儿童教育专家，专家可以深入浅出地为家长讲解有关幼儿教育中面临的难题；幼儿园还可以充分挖掘幼儿园的人力资源以及身边的家长资源、社区资源，幼儿园的教育者和管理者、具有一定教育水平的幼儿家长、社区内在某一领域具有较高水平的工作者等，都可以成为家长学校的教师，向家长讲解现代的幼教观念和幼教方法，提高家长的育儿水平，促进幼儿的健康发展。

　　家长学校可以用讲座的形式来进行，也可以用辩论分析会、参观的形式来进行。如辩论分析：就"听话的孩子就是好孩子吗？"这一问题进行讨论，各抒己见，相互交流，相互启发，相互教育。

　　幼儿园与家庭的联系方式除了上述基本方式之外，还有园长信箱、园报园刊（由幼儿园教师与家长共同合作创作的报纸或刊物）、家长志愿者（家长定期或不定期的义务参加幼儿园的教育活动）、家长图书馆、亲子活动（亲子秋游、亲子运动会）等。随着社会的进步和发展，幼儿园与家庭合作的方式会越来越多样化，合作的深度会越来越深入，合作的广度也会越来越扩展，幼儿园和家庭将密不可分，共同为孩子全面健康顺利地成长和发展提供最佳的生活和教育环境。

第二节　幼儿园与社区的合作

　　学前教育社区化也成为当今世界各国学前教育发展的一个重要趋势，并以多种形式在各国迅速发展。社区作为家庭与幼儿园存在和发展的大环境，在幼儿的生活和教育中扮演着越来越重要的角色，对幼儿园发挥着越来越大的作用，幼儿园必须充分认识到社区在幼儿发展和幼儿园建设中的巨大影响，加强幼儿园与社区的交流与合作，形成幼儿园与社区的合力，加速幼儿园的良性发展，促进幼儿的健康成长。

一、社区学前教育的产生与发展

　　（一）什么是社区学前教育

　　"社区"属于社会学概念，源于拉丁语 communis，意即伴侣或共同的关系和感情；后由德国学者译成德语 gemeinschaft，意为社区、团体、共同体、公社；接着又由美国学者查尔斯·罗密斯将其译成英语 community，拥有了更多的地域含义；我国学者在 20世纪 30 年代将其译为中文"社区"。中外学者对社区概念的界定有所不同，笔者比较认同社区是"和一定区域相联系的社会生活共同体"。社区教育起源于丹麦。1884 年，丹麦教育家科维隆在乡村建立了国民高等教育学校，是成人教育形式的社区教育。社区教育的真正发展是在第二次世界大战之后的美国，当时 300 万美国退役军人进入新建的社区学院学习，为战后的经济发展准备人才。社区教育面向社区全体成员，社区内的每一个社会成员都是教育的对象；社区教育贯穿于人的一生，实施从胎教、幼教、成人教育到老龄教育的终身教育；社区教育还具有极大的综合性，把幼儿园教育、家庭教育、社会教育有机地融为一体。社区教育旨在提高社区成员的素质和生活质量，发展社区，使社区成为社区全体成员的美好家园。

社区学前教育是社区教育的一个重要组成部分，社区学前教育以地域性为基本特征，其对象不仅仅局限于幼儿教育机构中的幼儿，而是扩大到社区内从出生至学前阶段的全体婴幼儿，甚至包括胎儿在内。除此之外，社区学前教育的对象还包括孩子的家长以及社区内的其他全体成员，主要目的在于提高社区全体成员的文化修养和教育素质，美化社区环境，让幼儿在潜移默化中不断得到正面引导，减少或消除负面影响，为幼儿的发展提供良好的社会环境。

社区学前教育具有普及性、社会性、区域性等特征：①普及性。增加亲子园、托儿所、幼儿园等专业性较强的幼教机构的数量，提高幼教机构的教育质量，满足不同年龄段婴幼儿的家长对于社区内幼教机构的需求；增加适用于学龄前儿童的设施和机构，使社区的许多公共设施都成为儿童接受教育的场所，扩大儿童受教育的空间；向社区全体成员普及学龄前儿童教育的知识，提高社区成员保护和教育儿童的意识，促使所有社区成员都能为保护儿童、教育儿童贡献力量。②社会性。社区学前教育工作并非依靠专门的幼教机构单独完成，而是需要社区内各方面力量的共同参与、通力合作。参与社区学前教育的力量有：社区政府领导部门、社区教育管理部门、托幼机构、社区妇联组织、街道居委会、家长等。③区域性。社区是一个相对独立的社会生活区，有其特有的地理环境、文化环境、经济水平、居民构成成分等，这些形成了社区特定的地域特点，对社区的学前教育也会产生不同程度的影响，从而导致社区学前教育具有地方特色，即区域性特点。发展社区学前教育有利于幼儿的习惯养成教育和健全人格的培养，有利于提高家长的教育素养，丰富了幼儿园的教育资源，改善了社区的精神面貌，对幼儿、家长、幼儿园、社区各方面都具有积极的影响。

（二）国内外社区学前教育的发展

学前教育社区化是当今世界发达国家学前教育发展的一个重要趋势，学前教育机构与社区的沟通和结合，也正在被越来越多的国家政府所重视。社区学前教育的发展现状是幼儿园与社区合作的前提和基础，各国政府必须结合本国国情，各地政府必须依据本区域的地域特色，各个社区必须考虑本社区的地理环境和人文特点，充分发展社区学前教育，为幼儿园教育提供充足的物质资源和人力资源。

1. 国外的社区学前教育

社区学前教育的产生和发展源于国外，国外的社区学前教育无论在发展规模、发展水平还是发展速度上都具有其独特的优势，有许多方面可以为我国所借鉴和使用，因此，下面将简单介绍一些国外社区学前教育的发展状况。

（1）美国

美国政府强调教育的民主化，追求平等教育。为了实现幼儿教育机会均等的目标，美国政府1965年提出了"提前开端计划"（head start）：以联邦政府和州政府为主投入资金，由各州社区服务部负责社区学前教育，通过选派在健康、教育和家长工作方面有知识经验的教师，对家庭环境不佳的儿童提供学前补偿教育，并吸收这些儿童的家长也加入到这一计划中来。美国还推广父母教育计划，即"HAPPY"计划，旨在指导学龄前儿童的家庭教育。"HAPPY"计划直接通过社区把培训带入家庭，计划中的母亲们每周受到一次访问，每隔一周参加一次与其他父母们的集会。美国前总统克林顿对该计划给予了极大的支持。美国社区学前教育的形式多种多样，各具特色，如玩具图书馆、儿童博物馆、儿童展览会、儿童游戏场、儿童电视节目等。

（2）英国

为了让所有孩子都拥有尽可能好的开端教育，1999年春，英国政府制定颁布了"确保开端教育项目"（sure start）。它采取以社区为依托的跨领域部门协作的方式，主要由地方政府、教育者、社区组织、家长以及志愿者为脆弱家庭提供广泛的帮助，强调在尊重家庭文化背景的基础上，帮助家庭营造良好的教育环境。政府官员也参与到社区早期教育机构中，发挥优势支持工作；教育学院除为政府决策提供科学依据外，还负责培养师资；社区玩具图书馆免费提供场所、玩具。

（3）德国

1995年，德国政府开始推行婴儿读书计划，免费向9个月大的婴儿赠送一个礼包（内有故事书、童话诗和图书证），鼓励父母到国家婴儿图书馆去借阅图书，培养儿童对图书的喜爱，提高儿童未来的读写能力和遵纪守法的自觉性。社区把家庭联合起来，结成对子，互相帮助，共同提高教育孩子的水平。社区青年服务部、慈善机构还把经过培训的社会工作者组织起来，分派到一些特殊家庭里去工作，每周义务为家庭服务5～10个小时，帮助父母掌握教养孩子的基本知识和技能。

（4）澳大利亚

社区教育由社区行政部门主持，由社区行政投入经费，重点为边远地区的家庭和儿童提供服务。服务方式适应性强，灵活多变，以增加家长的育儿知识和育儿经验，帮助家长照顾儿童，为儿童发展提供多种便利条件。澳大利亚社区学前教育的形式主要有：玩具图书馆、游戏小组、儿童活动中心、组织家长学习等。

（5）日本

1990年《幼稚园教育要领》指出："幼儿的生活以家庭为主逐渐扩大到社区社会。因此，要注意幼稚园同家庭的联系。幼稚园的生活要同家庭、社区生活保持密切联系，以利于幼儿的成长。"1994年12月，日本政府颁布了《儿童养育协助基本方向》（简称"天使计划"），致力于"建立社会共同支持援助、面向社会开放的儿童教育新局面"。政府为此拨专款60亿日元用于托儿所等妇幼保健项目的建设，并在社区教育、幼儿园教育等方面提出了一系列改革措施：如振兴社区无偿服务活动；充分利用社区的资源促进幼儿与大自然的接触；确保社区的儿童活动设施（图书馆、儿童乐园、游泳池等）以补充家庭和幼儿园的不足；社区与幼儿园、学校联合举办学习班，提高社区、家庭的教育功能和成人的教育意识；开放幼儿园让其资源为家庭、社区共享，等等。

（6）以色列

社区极为重视对不同年龄儿童的家长进行分层指导，以提高指导的效率。①指导1～3岁儿童家长的方案：社区挑选、推荐专业协调员和专职家访员，经培训后上岗；每个协调员统管几个家访员，每个家访员负责指导十几个家庭的家长；家访员第一年每周都要去家访，第二年每两周去家访一次，旨在帮助父母认识到游戏对儿童发展的重要性，学会和孩子一起游戏；家访员还要帮助家长成立互助小组，每半个月活动一次，在小组内交流育儿经验。②指导 3～6 岁儿童家长的方案：教育部组织专家编写了两年使用的教材，每年九册，每册配有亲子活动方案，每项活动持续几分钟；社区专职家访员协助家长使用教材；家访员每两周对社会处境不利的家庭进行一次访问，向父母传递保教知识，帮助父母建构家庭教育环境，提高父母的教育水平；家访员还鼓励家庭成立友好小组，每半个月活动一次，探讨教养孩子的问题。

从总体上说，当前国外社区学前教育实践发展的主要趋势是：政府为社区学前教育的顺利开展不断提供法律和政策上的援助和支持；幼儿教育与社区生活、社区发展的双向互动不断增强；社区学前教育的形式越来越多样化，社区学前教育实施主体的范围在不断扩大。

2. 中国的社区学前教育

中国的社区教育发展相对较晚。一些学者在 20 世纪二三十年代受到国外社区教育的影响，相继在中国农村开办教育，如梁漱溟主持的山东邹平乡村建设实验及晏阳初主持的河北定县乡村建设实验，力图将教育与社区建设融为一体。20 世纪 80 年代之后，在世界各国重视社区学前教育改革和发展的共同趋势下，中国开始在借鉴国外社区教育的实践和理论的基础上，尝试中国社区教育的建设和发展，社区学前教育也随之得以发展。

20 世纪 80 年代末，我国在上海、河北等省市开始进行社区学前教育的尝试，探索出了巡回辅导站、儿童家庭游戏点（河北滦平）、草原流动幼儿园（内蒙古牧区）等适合不同地区的社区学前教育的形式。1991 年我国向联合国儿童基金会申请了"中国社区学前教育研究"项目，由北京师范大学中国社区学前教育研究课题组组织，于 1991～1992 年先后对河北、上海等先行地区的社区学前教育进行调研，之后以内蒙古锡林郭勒盟草原牧区为试验点进行了社区学前教育的推进工作，探索了不同地区推进学前教育的道路和模式，取得了初步成效。1997 年，在江西南昌成立了中国学前教育专业委员会，内设家庭教育、社区教育、传播媒介等三个专业组，社区教育专业组的成立，表明我国对社区学前教育的研究已经引起学前教育界的充分重视，并把它作为以后工作的一个重要内容。目前，我国学前教育的水平相对以前有了较大的提高，但是总体水平却不容乐观。如果学前教育问题解决不力，将直接影响我国经济、文化、教育的正常发展。为此，我国不仅通过各种教育政策法规强调发展社区学前教育，也在行动上大力推进学前教育同家庭、社区教育的合作与沟通。如教育部出台了《2003～2007 教育行动计划》，特别提出：要"多渠道、多形式地发展幼儿教育，逐步建立以社区为基础的学前教育服务网络"。上海市 1999 年出台了《关于推进上海市 0～6 岁学前教育管理体制改革的若干意见》，初步形成了 0～6 岁学前教育整体、系统、科学的管理一体化格局；又在 2001 年开展国家哲学社会科学规划"十五"重点课题"0～3 岁婴幼儿早期关心与发展的研究"，进行社区学前教育社会化的探索。广州、青岛等地也较早启动了以社区为基础的面向 0～3 岁幼儿的科学育儿项目，北京随后也启动了此项工作。

　　我国的社区学前教育虽然起步较晚，但在各级政府的宣传教育下，大家对发展社区学前教育的重要性已经取得共识，并且部分经济发达省市在发展社区学前教育的实践中也已经取得了显著的成绩，农村的社区学前教育也取得了部分进展。随着经济和文化教育水平的不断提高，社区学前教育也将获得更大的发展和提高。

二、与社区的合作

　　社区学前教育在世界范围内的蓬勃发展为幼儿园与社区的合作提供了坚实的基础。幼儿园是社区的有机组成部分，幼儿园的发展与社区的进步是相辅相成、互相促进的。就幼儿园方面来讲，幼儿园与社区的合作主要包括：发掘社区资源，争取社区各方面力量的支持；利用自身优势，积极探索幼儿园为社区服务的途径。

　　（一）发掘社区资源，争取社区各方面力量的支持

　　身为社区成员，幼儿园要想获得长足发展，就必须充分、合理、有效地挖掘和利用社区各项资源，争取多方面力量的理解和支持，为幼儿园的发展提供良好的社会环境。社区的资源可以相对划分为社区物力资源和社区人力资源。

　　1. 社区物力资源的开发和利用

　　社区是人们生活和教育的主要场所，具有丰富多样的物质资源，如社区内的自然景观、人文景观、名胜古迹、公共设施、街心花园、企事业单位等。不同的社区处于不同的地理位置，具有不同的自然环境和社会场所，因此物质资源具有地域性特点，在开发和利用的时候最好遵循因地制宜的原则。"因地制宜"一方面表现在充分利用社区的环境资源，为幼儿园提供多样、适宜的教育环境。许多国家的教师经常带领幼儿到街道、广场、公园、小区去散步，激发孩子热爱自然、热爱社会的情感。另一方面充分利用社区资源对幼儿进行教育，丰富幼儿知识，为幼儿提供丰富多彩的教育素材。教师可以带领幼儿到博物馆、图书馆、美术馆、展览馆、科技馆，甚至工地和郊区去参观，增加幼儿对国家政治、历史、文化、艺术、社会生活等方面的感性知识。还可以利用社区场所组织幼儿进行操作劳动，如美国教师经常注意让幼儿自己动手操作，尝试、探索自己感兴趣的事物，加深幼儿对周围世界的认识。澳大利亚教师带领幼儿去农场活动的时候，总是鼓励幼儿摸一摸小仔猪，抱一抱小山羊，骑一骑枣红马，喂一喂小公鸡，挤一挤乳牛奶。

　　2. 社区人力资源的开发和利用

　　社区人力资源是最活跃多变的社区资源，是幼儿接触社会、认识社会并融入社会的重要人力媒介，幼儿园必须充分利用社区的人力资源，增加幼儿与社区互动的机会，增进幼儿与社区互动的深度，不断丰富幼儿的感性认识。"请进来、走出去"是达成园内外教育力量整合的最佳途径。我们可以请小朋友喜爱的交通警察叔叔教幼儿学做交通小指挥；请小朋友敬爱的爸爸妈妈来园讲工作、教技能；请孩子们尊敬的社区老干部来园讲革命故事。"请进来、走出去"有利于开拓幼儿的活动天地，给幼儿的活动带来新鲜感。结合有关节日和一些社会活动，让幼儿走进工厂、学校、敬老院、社会福利院等场

所，进行参观、演出、联谊等活动。幼儿在与社区中形形色色的人们接触的过程中，逐渐了解社会，感受各种社会情感，培养各种社会行为，提高社会适应能力。

社区拥有取之不尽、用之不竭的资源，我们应充分利用这些资源，满足幼儿成长的需要。事实证明，只有充分利用丰富的社区资源，幼儿才会拥有更加多样化的学习课堂，才会轻松愉快地融入社会生活，才能激发初步的社会情感，具备社会所需要的社会行为。

（二）利用自身优势，积极探索幼儿园为社区服务的途径

社区的发展和幼儿园的进步是相互影响的，因此，幼儿园在利用社区资源发展自身的同时，还应该挖掘幼儿园资源，发挥自己的优势，以多种形式为社区内 0～3 岁的孩子提供早教服务，促进社区的发展，实现社区、幼儿园共同促进、共同提高。幼儿园同样拥有物质资源和人力资源，应充分利用好这两类资源。

1. 幼儿园物质资源的开发与利用

相对于社区内的其他机构来说，幼儿园拥有较为先进、齐全的学前教育的设施设备，如户外活动场地、游泳池、大中小型玩具等，处于社区学前教育的中心地位。幼儿园可以充分利用幼儿园已有的物质资源，适时适度地面向社区全体儿童、居民开放其园地、场所、设施玩具等，与社区共享，为社区学前教育的发展提供有利条件。如，以幼儿园的玩具图书为依托，建立"玩具图书馆"，在节假日、双休日等时间定期面向社区内全体儿童和父母开放，让社区儿童来园共享幼儿园的这些玩具设施等教育资源。孩子想玩玩具，可以到幼儿园玩具图书馆。20 世纪 70 年代左右，英国就出现了"玩具馆"，它可以集社区中心、收藏馆和幼儿园为一体。玩具馆给幼儿带来了欢乐，增长了知识，培养了社会交往能力，增加了对幼儿园的愉快体验，有助于他们更好地适应幼儿园生活。2001年 12 月 25 日，青岛市首批社区"玩具图书馆"在市南区湖南路幼儿园、晨光幼儿园等三家幼儿园同时开张，接纳社区幼儿前来借玩具、图书。

2. 幼儿园人力资源的开发与利用

幼儿教师接受过专门、系统的专业训练，还经常接受专业教育，在幼儿教育方面具有较高的水平，拥有丰富的经验，幼儿教师可以充分发挥自己的优势，积极为社区服务。幼儿园可以设置"亲子园"、家长学校等社区幼儿教育学校，通过各种形式为社区内的居民传送科学先进的育儿知识，提高人们的育儿水平，提升整个社区的人文素质，并进而提高整个民族的人文素养。如英国幼儿教师长期利用节假日，为周围居民举办幼儿教育班、英语班、法语班、美容班、舞蹈班等。北京市东华门幼儿园与东华门街道南池子社区成立了"社区幼儿教育学校"，将先进的育儿理念和科学的育儿知识送到社区内的每个家庭。幼儿园还可以将家长学校设在幼儿园里，幼儿园园长、教师、卫生保健员都是学校的教师，结合社区特点，向幼儿家长宣传介绍幼儿卫生保健、疾病预防的小知识等。

以社区为依托的幼教服务形式适合我国国情，能在最快的时间内让更多的儿童在现有条件下，得到本社区提供的适宜的受教育的机会，我们应调动社区内各种力量，不断加强幼儿园与社区的沟通和合作，为幼儿的发展提供最佳的社会环境。

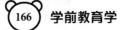

本章小结

　　本章探讨的是幼儿园与家庭、社区的合作问题。就幼儿园与家庭的合作而言，在了解家园合作的意义和应遵守的基本原则之后，重点论述了家园合作的主要形式以及应注意的基本问题；就幼儿园与社区的合作而言，在阐述了社区学前教育的概念、特点的基础上，介绍了国内外社区学前教育的发展情况，论述了幼儿园如何与社区做好双向服务。

　　1. 幼儿园与家庭合作时应遵循的基本原则是什么？应如何加以运用？

　　2. 幼儿园可以开展哪些家园合作的形式？应注意哪些问题？为何要综合运用？

　　3. 调查某幼儿园与家庭合作的状况并进行分析。

　　4. 根据某幼儿园某班的幼儿、家长、教师的基本情况，设计一个家园合作的方案。

　　5. 什么是社区学前教育？具有什么基本特点？

　　6. 调查你所在社区，社区学前教育都有哪些形式？你认为还有哪些方面需要进一步提高？

　　7. 分析幼儿如何充分利用社区资源？幼儿园又可以为社区做好哪些服务？

　　8. 调查某幼儿园与社区合作的状况并进行分析。

第十章

对学前儿童的评价

评价是学前教师工作重要的一部分，是了解教育的适宜性、有效性，调整和改进工作，促进每一个学前儿童发展，提高教育质量的必要手段。因此，对儿童的评价可以帮助教师去加深对儿童的理解，形成同儿童更有意义的关系以及能运用更加个性化的方式来满足儿童的需要。特别是教师同家庭的合作，更有助于全面地理解儿童，并与其父母形成良好关系，促进儿童发展。

第一节 对儿童评价概述

一、为什么要对儿童进行评价？

为什么要对儿童进行评价？其原因是多种的。首先，评价是教育过程的一部分，教师确定教育目标、实施教育计划（创立教育方案），这一切是建立在儿童的具体的发展信息上的，评价可以帮助教师获得这些信息，同时教师也可以满足家长关于儿童的生长和发展方面的系统的综合的信息（如儿童成长"档案袋"）；其次，评价是进行儿童个别教育计划的基础，包括重新设计班级活动环境用以适应儿童的需要和能力。当然也不排除有些幼儿园不适当地把评价当作对儿童鉴别、分组、分等的依据。

二、评价的含义与功能

2001 年 7 月 2 日，教育部颁发的《纲要》中的第四部分明确指出："教育评价是幼儿园教育工作的重要组成部分，是了解教育适宜性、有效性，调整和改进工作，促进每一个幼儿发展，提高教育质量的必要手段。"也就是说，评价是观察、记录和说明儿童做了些什么以及他们是怎样做的一个过程。评价过程是教师对每个儿童的发展情况系统了解的方法，当把其作为完整的幼儿园课程教学活动的一部分来实施时，评价可以帮助教师去拓宽和加深他们对儿童的理解，同儿童建立起更加牢固、更有意义的关系，能使教师用个性化的教学策略来满足儿童的需要。评价是有关幼儿园教育活动的决策基础。评价同课程教学一起构成了一个完整的教育体系。

幼儿园儿童发展性评价是一种系统的、持续的观察每个儿童及其发展的独特的方法。这一过程包括如下方面。

1）收集运用观察技巧获得的和可以利用图表示出来的重大的发展事件。

2）用于对每一发展领域内的具体技能和行为进行有目的的观察和指导。

3）运用评语、轶事和作品来记录每个儿童的个性化发展和发展的独特性。

4）可以同父母交流分享儿童方面的信息来认识家长所担心的问题以及讨论下一阶段的发展水平的完整系统。

5）一种用来评价教育的有效性和增强教育计划的方法。

在学前教育中评价的根本目的是"了解幼儿的发展需要，以提供更加适宜的帮助和指导"。就是说，评价绝非用于筛选、排队，更不是用于给儿童贴标签，伤害他们的自尊和自信，给他们的成长蒙上阴影。其具体的目的是："①制定个性化的和集体的教学计划以及计划同家长的交流；②确定需要特殊服务或特殊干预的幼儿；③评价教育在多大程度上实现了它的预定目标。"

三、评价的类型

不同的评价观支配或决定着人们采取不同的评价方式。幼儿园教育评价观，就是对幼儿园教育评价所持的价值观。近年来，幼儿园教育评价观主要有三种不同的教育价值取向，因而也就有三种不同取向的评价类型。

（一）目标取向的评价

目标取向评价是将课程计划或教学结果与预定课程目标进行对照的结果。在此，既定的目标是评价的唯一标准，评价者是评价的主体。这种评价取向的基本方法论就是量化研究方法。这种取向虽然简便易行，但忽视了人的主体性，尤其忽视了作为被评价者的主体性、创造性及体现高级心理活动的活动过程性，也忽视了教育过程中的种种不可预测性。

这种基于目标取向的教育评价方法长期以来对幼儿园教育的影响是比较大的。比如，常常在学期之初，就定好了一学期的教育目标及内容，到学期末，就以测验的方式来看儿童有没有掌握相关内容，并以此来考察教师是否完成了教育任务。这种评价方式，显然忽视了儿童及教师的主体性，也往往导致教师为了既定的内容目标而教，儿童为接受既定的内容而学。这种评价方式导致了儿童的学习方式只是接受式的，评价就是为了检查接受学习的结果。

（二）过程取向的评价

过程取向评价主张，凡是具有教育价值的结果，无论是否与预定目标相符，都应该得到支持和肯定，强调把教师与学生在课程开发、实施及教学过程中的全部情况都纳入评价的范围，强调评价者与具体评价情境的交互作用。这种评价取向的基本方法论是，既有量化研究方法，也有一定的质性研究方法。这种取向对人的主体性、创造性给予了一定的尊重，但仍没有走出目标取向的藩篱，即对人的主体性的肯定还不够彻底。

这种评价方法目前在幼儿园中已在一定范围内开始运用，它改变了长期以来只根据目标取向来评价幼儿园教育工作的状况。在过程评价中，强调儿童在日常生活、学习过程中的各种变化和发展，不再像以往那样只强调学习的结果。当然这种变化和发展在相当程度上还是以传统的学科领域标准为参照的，教师是儿童变化、发展的主要评价者。

在评价儿童学习过程的变化和发展的同时，对教师教育教学工作的评价也在发生着改变。以往对教师的评价是以儿童的学习结果来判断的，而且对教师教育教学工作的评价往往采用评比等方式。现在对教师教育教学工作的评价更多的也是在过程中评价，强调教师工作上的变化和发展。当然目前对教师教育教学工作的评价往往还来自于幼儿园的管理者。

（三）主体取向的评价

主体取向评价认为，评价是一种价值判断的过程，但这种价值是多元的，在评价过程中，无论是评价者还是被评价者、教师还是学生都是平等的主体，它反对量的评价方法，主张质的评价。"今日主导教育领域的线性的、序列性的、易于量化的秩序系统——侧重于清晰的起点和终点——将让位于更为复杂的、多元的、不可预测的系统或网络。"（小威廉姆 E·多尔，《后现代课程观》第 5 页）从这个意义上来讲，评价的目的将更多地定位于人们在共同背景之中以转变为目的的协调过程，"被评价者"再也不是那种被动接受"外部人员评价的对象"，这是一种理想状态的评价取向。由于它强调多元性，强调评价者与被评价者都是平等的主体，因而在我们目前幼儿园的教育评价中还只是一种倾向，并没有真正实行。

四、评价的原则

对儿童的评价应坚持与儿童的发展相适宜，评价儿童的富有个性的全面发展，特别是儿童社会性和情感的发展，而不仅仅是智能的发展；同时，评价是用来支持儿童发展和就课程教学上的问题做出决策，而不是用来对儿童进行比较、鉴别、分类的。2001 年教育部颁发的《纲要》中提出一系列对儿童评价的问题（见表 10-1）；另外，全美幼教协会和全美幼教专家协会的标准体系也包括一系列的评价过程的问题，详见表 10-2。

表 10-1 《纲要》中提出的一系列对儿童评价的问题[①]

序号	教育工作者评价宜重点考察的内容
1	教育计划和教育活动的目标是否建立在了解本班幼儿现状的基础上
2	教育内容、方式、策略、环境条件是否调动幼儿学习的积极性
3	教育过程是否能为幼儿提供有益的学习经验，并符合其发展需要
4	教育内容、要求能否兼顾群体需要和个体差异，使每个幼儿都能够得到发展，都有成就感。 对幼儿发展状况的评估，要注意： ① 明确评价的目的是了解幼儿的发展需要，以便提供更加适宜的帮助和指导。 ② 全面了解幼儿的发展状况，防止片面性，尤其是避免只重知识和技能，忽略情感、社会性和实际能力的倾向。 ③ 在日常活动和教育教学过程中采用自然的方法进行。平时观察所获得的具有典型意义的幼儿行为表现和所积累的各种作品等，是评价的重要依据。 ④ 承认和关注幼儿的个体差异，避免用划一的标准评价不同的幼儿，在幼儿面前慎用横向的比较。 ⑤ 以发展的眼光看待幼儿，既要了解现有水平，更要关注其发展的速度、特点和倾向等

---

① 教育部基础教育司. 2002. 幼儿园教育指导纲要（试行）解读. 南京：江苏教育出版社.

表 10-2　全美幼教协会和全美幼教专家协会的标准体系中的一系列的评价过程的问题[①]

序号	内　容
1	评价过程是以托幼机构所制定的具体课程目的和目标为基础的吗？
2	评价的结果能使幼儿获益吗？也就是说，评价过程能为每个幼儿制定计划、增进教学、了解幼儿的兴趣和需要以及进行个性化的教学，而不是对每个幼儿定性或使幼儿有挫折感吗？
3	评价过程强调学习和发展的所有领域（即社会的、情感的、身体的和认知的）和幼儿对学习的体验和倾向性吗？
4	评价为教师提供了有用的信息来帮助他们把工作做得更好吗？
5	评价过程是以教师对幼儿每日活动定期的和阶段性的观察和记录为基础，所得出的结果反应了经过一段时间幼儿的发展变化了吗？
6	评价过程是作为进行中的班级活动的一部分而发生的，而不是一种人为的、做作的情境下进行的吗？
7	评价过程是以行为过程为基础的，而不是孤立地对各种技能进行测查的吗？
8	评价是以幼儿的多种信息来源，如收集他们的作品、教师访谈的结果以及谈话、观察的结果为基础的吗？
9	评价过程能反映个性上、文化上的和语言上的多样性吗？它有没有文化、语言和性别上的偏见？
10	在评价过程中，幼儿显得自然和放松而不是紧张或焦虑不安吗？
11	评价过程增强了父母对幼儿的信心和促进了父母能力的发展，而不是威胁或削弱了父母的信心吗？
12	评价是展现幼儿的优点和能力，而不仅仅是表现他们的缺点或他们不能做什么的吗？
13	教师是主要的评价者，而且教师在承担这项工作时得到充分的培训了吗？
14	评价过程包括了教师、幼儿、管理者和父母之间的合作了吗？来自父母的信息被运用到教学计划和评价幼儿的过程中去了吗？告知父母有关评价方面的信息了吗？
15	幼儿有机会去思考和评价他们自己的学习吗？
16	幼儿是在一种支持性的背景下被评价的，并通过评价我们能确定在教师的帮助下他们能够做些什么和他们可以独立地做些什么吗？
17	有一个用于收集有利于运用到计划教学和同父母交流的评价信息的系统化过程吗？
18	有一个定期举行的、有意义的语言同父母交流的评价结果的活动，而不是通过写信或告知得分的方式来报告幼儿的个人的进步吗？

五、评价的内容

　　儿童发展评价的内容是多元的，既关注儿童在各学习领域知识技能的获得，也关注儿童的学习兴趣、情感体验、沟通能力的发展；既了解某个儿童一段时间内身体、社会、语言等方面发展的情况，或某个儿童的兴趣、个性特点、学习方式、发展优势等，也了解全体儿童在某一领域或某一个具体活动中的发展情况。儿童发展评价不仅关注儿童目前的发展情况，同时也注重分析过去，预期未来，注重发现和发展儿童多方面的潜能，了解儿童发展中的需求。儿童发展评价的内容及其切入点可包括以下几方面。

　　（一）选择课程领域来对儿童发展进行评价

　　教师可选择课程领域来对儿童发展进行评价，如健康、社会、科学、语言、艺术等。教师通过评价了解一段时间内儿童情绪、社会、认知和身体发展的脉络。如在学期开始时观察儿童，我们将收集到他如何摆脱分离焦虑，如何适应新环境的资料，而在持续的观察中，我们将会知道他如何交朋友，他喜欢什么活动，到学期结束时，我们可以用一幅完整的图画描述他进步、发展的情形。

---

① Carol E. Catron & Jan Allen. 2002. 学前儿童课程——一种创造性游戏模式. 王丽，译. 北京：中国轻工业出版社.

（二）选择课程进行的主题所经历的不同阶段对儿童发展进行评价

可选择课程进行的主题所经历的不同阶段对儿童发展进行评价，如主题"我自己"中，主题的开始阶段儿童的已有经验是什么，儿童对哪些方面发生兴趣；主题的进行阶段儿童收集了哪些与主题有关的材料，哪些内容可以进行深入地探究；主题的深入阶段儿童是如何解决问题的，采取了哪些方法和途径，在解决问题的过程中儿童有哪些差异等；主题的结束阶段儿童在这个主题里获得了哪些发展，还存在什么问题，这些问题如何解决等。

（三）选择多元智力的各方面来对儿童发展进行评价

可选择多元智力的各方面来对儿童发展进行评价，如人际智能、音乐智能、语言智能等。通过评价确认儿童的发展优势和弱势，了解群体中每个儿童的个体差异，调整课程计划。如当我们观察到某个儿童经常选择积木区活动，很少到阅读区时，我们可以请他将搭建的作品画下来或用语言描述出来，在教师的帮助下做成一本积木作品集放进阅读区。

（四）选择按某一时间、某一活动来对儿童发展进行评价

可选择按某一时间、某一活动来对儿童发展进行评价，如照顾一只小兔的经历等。教师持续评价儿童在这一活动中的行为表现，可便于调整教师与儿童互动方式的适宜性，帮助教师决定在某种情况下如何做最佳的回应。如当我们观察到一个儿童经过多次尝试都无法将兔子模型拼插好而准备放弃时，我们会思考：他需要我的帮助吗？或许我该建议他改用另一种方法？或者应该让他自己处理这个挑战？

（五）选择对儿童的活动风格进行评价

观察儿童的活动风格，可以让我们了解儿童在不同领域和不同学习情境中的能力表现，进而帮助教师进行个别教学。例如，如果教师清楚儿童在某些领域最容易感到挫折，在进行这些领域活动时儿童可能需要格外的协助与支持等。

具体的评价内容教师可根据评价的目的、教育工作的需要进行选择。不论使用哪种内容的划分方式，评价者在进行儿童发展评价时都要有正确的评价价值取向，要采用动态评价的方式。教师在与儿童互动的过程中持续地观察和评估他们的发展潜能，调整教学策略，调整环境和材料的适宜性，并给予适宜的支持，引导儿童发展。

第二节 评价的实施

一、教师在评价中的作用

评价的真正目的在于通过评价来促进儿童的发展。但是，在实际教学中，评价的目

的往往发生异化,出现为了评价而评价或者为了选拔而评价的现象,并且很多教师已经不是把评价中发现的问题作为进一步改进课程教育的依据,而是把评价的结果作为给儿童"贴标签"的理由,这种评价往往产生负面效应。所以教师在评价中的作用十分重要。

（一）有效的观察、记录者

教师要成为一个有效的评价者和获得对每个儿童的全面正确的理解,必须成为儿童真实正直的和有理解力的观察者。教师的观察记录一般包括:在活动的不同阶段儿童所完成的作品、反映活动过程的照片,以及誊写的磁盘内容,儿童在活动过程中的讨论、评语和解释甚至对家长的评语。这种观察记录不是终结性的,而是过程性的,它通过建立文件夹和档案而形成。在这些丰富而翔实的资料基础上,教师能够进行评估并做出判断,提出适宜的策略来支持每个儿童的学习和发展。

教师运用笔记、录音带、幻灯片和图片等使记忆成为客观存在,使观察记录者的思维物化,形成具体材料。观察记录成为促进学习、改进教与学关系必不可少的步骤。利用观察记录可以使儿童和教师亲身经历儿童的学习途径和过程,让儿童能从外界的角度来观察自己。通过观察记录,教师能清楚地看出儿童学习过程和学习技巧的本质。可以说,教师所作的观察记录提供了标准化测试所不能提供的信息,反映出了远远超出传统测试的范围的内容,它有利于更深入和广泛地理解儿童。观察记录材料不仅具有评价的作用,它还是家长参与的又一种方式。通过查看观察记录材料,家长能够清楚地认识到孩子在幼儿园的生活,从而参与到子女的教育中。对教师而言,这也是一种研究工具和手段,能够让教师更好地理解和引导儿童,同时能够发现自己在儿童发展中的作用,为教师修正和改进自己的教学方法、提出新的教学策略提供依据。

（二）有效的理解者

教师不仅仅是好的观察者、记录者,还必须是有效的富有同情心的理解者,了解每个儿童的梦想、恐惧和情感体验,信任和同情每个儿童。对待儿童,再没有什么比我们的信任和同情心这种品质更重要的了。教育学理解常常以对孩子正在发生的事的即刻领悟形式出现。具备同情能力就是能够分辨孩子的声音、眼神、动作和神态的细微差异表征。带着同情心,我们能感受到孩子的体验是什么样的,他又是处于一种什么样的情绪之中——受挫、兴奋、伤心、厌烦、快乐、冒险、恐惧、忧郁、着迷。它们是不可测量的,但却肯定是我们必须认识到的。如何测量孩子的喜怒哀乐、恐慌、混乱的程度呢?这些都不是能通过测查来认识的重要影响因素。但如果我们和孩子保持一种更为亲密的关系,我们就有能力和足够的敏感来理解在孩子的世界中什么对孩子才是最重要的这一最困难也是最重要的问题。孩子不仅仅是我们观察、记录、分析的对象,对孩子来说,教师的同情心被看作比什么都重要,在充满同情的关系中,接受意见、鼓励、帮助、建议和学习指导要容易得多。

（三）有效的合作者

教师应认同作为儿童主要成长的环境之一的家庭在促进儿童主动发展中所发挥的

独特作用，家长能够以自然的方式直接和连续地接近儿童的行为，认识到家长的巨大教育潜力，进而创造各种途径去主动地与家长沟通，将家长纳入到教育活动中来，家长的参与可以极大地促进孩子的学习和发展，家长的参与程度与孩子的认知发展水平成正相关。教师可以让父母参与到评价过程中来，关注利用不同的方式、手段和工具记录的各个儿童的档案，欣赏孩子们使用自己喜欢并擅长的多种表达形式取得的工作成果，并在家庭、社区等园外环境和孩子们一起收集材料，完成作品并加以展示。这样，教师就可以生态地理解儿童的整个生活、理解儿童的全面发展，评价包括对儿童家庭、文化和社区的分析以及把儿童当作家庭和社区环境中的一部分来考虑，会更有效。

对于那些处于危机状态和有残疾儿童的家庭，父母参与到发展性评价过程中来具有特别的重要性。家庭与专业教师一起评价家庭的实力和他们的需要，并决定针对儿童和家庭的特殊服务。

二、评价过程与方法

儿童发展评价的方法是指收集评价信息的方法。学前教师所运用的方法应符合幼儿园教育工作的特点，符合儿童身心发展的特点，并易于为教师学习、练习、掌握和运用。儿童发展评价过程和课程、教学整合的过程是一个统一的整体。一个综合性评价过程包括：一份发展测验量表、观察记录、档案袋等。这些不同的部分在资料收集的方法和所得出的结论方面都是不同的，可以相互补充，使评价更有效。下面分别介绍这些部分或方法。

（一）发展测验量表

1. 含义和功能

发展测验量表能表现出儿童是沿着连续的阶段发展，而且运用的是把教师的观察和有限的儿童发展阶段方面的测验结果结合起来的方法。测验量表能够提供有关儿童个人发展方面的信息，而且能促进评价与课程教育计划之间的联系。测验量表评价的领域是直接对应于幼儿园课程教育中的发展领域的，如表 10-3 为教师能在 6 个领域中观察儿童发展的系统方法：自我意识、情感健康、社会性、交流能力、认知、感知运动能力。这一测验量表包括了一系列的、按照连续的发展顺序出现的行为特征和技能，可以帮助教师进行观察和评价。

表 10-3　一种发展测验量表中的 6 个领域

领域（项目）	内容	描述
自我意识	1. 自理能力 2. 独立性 3. 个人健康 4. 个人安全	增强自己吃饭、穿衣能力、按时上厕和睡觉的能力。 自我及对环境的控制力。 具有身体部位、营养、卫生保健、健康方面的知识。 被虐时的自我保护措施、坐车和步行时的安全措施，对环境中危险因素的意识

续表

领域(项目)	内容	描述
情感健康	1. 对情感的认识、接受和表达 2. 对各种状态做出反应的能力 3. 个性融合 4. 形成价值观	认识多种情感及表达方式。 对于压力、冲突或变化表现出调节性的和健康性的反应，运用放松技巧，解决情感冲突和问题。 表现出一般的适应性、主动性和积极的自我概念。 形成同情、信任、尊重、崇敬等品质
社会性	1. 交往 2. 合作 3. 保护资源 4. 对别人的尊重	与同伴和成人的交往，解决冲突。 帮助、分享、轮流。 适当地利用和保护材料和环境。 理解和接受个别差异；理解多元文化问题
交流能力	1. 接受性语言 2. 表达性语言 3. 非语言交流 4. 听觉记忆、辨别能力	听从指示，理解概念。 表达需要、愿望、情感，运用单词、短语、句子，清楚地和有区别地说话。 运用适合的交流方式、面部表情、身体姿势、手势、眼神等。 理解口头语言，区别不同声音
认知	1. 问题解决、逻辑能力 2. 概念建构 3. 模仿、记忆 4. 联系、分类	运用发散思维向同伴建议问题解决方法、回答问题，有逻辑地扩展句子和故事。 理解空间关系，认识颜色、数字、形状。 模仿、回忆过去的事情，把事件按顺序排好。 匹配、分类组合、在事物之间建立联系
感知运动能力	1. 手眼、眼脚协调 2. 大肌肉运动能力 3. 非大肌肉运动能力 4. 身体支配和控制	画画、写字、操作物体、视觉追踪、投掷、抓、踢。 移动身体、走跳、长途跋涉、跑、单足跳、跳绳、快速跑、滚动、匍匐前进、爬行。 弯腰、够物、转身、扭动身体、舒展肢体、摇摆、蹲、坐、站立。 身体、空间意识、节奏感、平衡、开始、结束运动和改变方向

2．发展测验量表的应用

表 10-4 中列举了发展测验量表的一部分内容，该表呈现出幼儿园教育活动内容和发展测验量表之间的关系。在该表评价儿童之前，教师应当非常熟悉这些指标内容，同时应把测验量表用于低于儿童的实际生理年龄阶段上和高于儿童的实际生理年龄的那个阶段（例如，如果儿童是 23 个月，那么评价的 3 个发展水平应是 12～18 个月、18～24 个月、24～30 个月）。在进行评价时，在活动区中应准备好必需的材料和活动，同时教师也可以利用这个地方来记录在非结构性的观察评价中看到的儿童能力的表现、问题和对他们的评价。

表 10-4　一种发展性测验量表部分内容列举①（社会性）

发展阶段/月	发展指标体系
30～36	1. 能合作性地同另一个儿童玩。 2. 当被提醒时，能说"请"或"谢谢"。 3. 当被要求时，能做出选择。 4. 在集体活动的大部分时间里，都能参与进去

---

① Carol E. Catron & Jan Allen. 2002. 学前儿童课程——一种创造性游戏模式. 王丽，译. 北京：中国轻工业出版社.

续表

发展阶段/月	发展指标体系
36~42	1．喜欢同别人说有节奏的东西、玩手指游戏、唱简单的歌。 2．不用提醒就能欢迎熟悉的成人或同伴。 3．试图去帮忙做扫工作。 4．玩简单的分组游戏。 5．开始轮流。 6．能听 5~10 分钟的短故事
42~48	1．玩相互作用的游戏，表现出联合游戏的特征。 2．与同伴一起玩，同时会发生少量的冲突。 3．征得别人的同意而使用别人的东西。 4．以社会接受的方式来进行交往。 5．以适宜的方式与成人交往，大部分时间里都能按成人的要求去做

（二）观察法

观察法按照观察的时空条件、目的、角度等的不同，可以划分为以下几种：观察法分为自然观察法和情境观察法。自然观察法又分为描述观察、取样观察、行为检核；描述观察又有日记描述、叙述性记录；取样观察又包括时间取样、事件取样。

1．叙述性记录

叙述性记录是观察者在日常生活情况下，将儿童自然表露的行为进行原始、真实的记录，以此来了解儿童的发展情况，有的放矢地进行教育，它最适合评估儿童的社会性和情绪发展。教师作为观察者的作用在某种程度上就像是照相机和打字机的组合，但是一架配备了很强的决策编辑功能的照相机兼打字机。其优点是它的相对完整。其缺陷是叙述性记录的汇编是一个相当费时费力的过程，它对于观察人员的要求特别高，需要避免各种形式的主观性和偏差性。以下是一位教师记录的实例。

儿童姓名：东东（3 岁 3 个月）

时间：11 月 7 日上午 9:16 分

地点：操作区

东东拿着穿线玩具玩，他先穿了一个椭圆形，一拉绳子，图形片漏了下来。他看了看绳子的尾部，又穿了一次，没拉到头时就停住了，他从绳子的尾部和头部两端拉起绳子，连续穿了三个图形片后，左手一拉绳子，三个图形片都漏了下来。他愣了一下，想了想，又穿了一个图形片，从绳子的两端拉起，尝试着把绳子的两头交叉打结，试了一会儿没有成功，他就拉着绳子的两头向身体内侧甩了起来，看着图形片绕着绳子上下荡着，头也跟着晃动起来。

资源来源：教育部基础教育司．2002．幼儿园教育指导纲要（试行）解读．南京：江苏教育出版社．

2．时间取样

时间取样是在规定的时间间隔内观察记录预选行为是否出现的方法。主要适用于儿童经常出现的行为，容易被观察到的外显行为。它具有以下两个特征：第一，时间取样集中在相对较少的几个具体的、良好定义的儿童行为上，而不是整个进行中的儿童的行为。第二，时间取样把观察期分成精确的且往往相当短暂的时间单元。观察者可以观察 15 秒，再记录 15 秒，再观察 15 秒，再记录 15 秒，以此类推。时间取样的样本因此也具有双重意义：一是观察少数几个进行中的儿童行为；二是只包括了整个观察时期的一些片段。

　　一旦观察结束，观察者手头就会拥有大量的信息，但还未经梳理成有意义的内容。此时观察者必须将它们改换成另外的形式，以便进行分析和解释（譬如可用"行为编码系统"对资料进行整理）。对这些资料的整理和组织在很大程度上影响这些信息的意义。

3. 事件取样

　　事件取样是观察者事先确定观察目的，选择某种或某类事件作为观察的目标，在观察中等待该事件的发生并仔细观察记录事件全过程的方法。在事件取样中，分析单元是目标行为本身而不是时间，它不受时间的限制。在记录方法上，教师不仅可以采用预先编码好的检核清单，记录儿童的行为是否已经发生，而且可以加入叙事性记录。不管记录的形式怎样，关注的都是作为基本单元的目标行为，以便教师捕捉信息（如儿童行为的平均持续时间、行为的前因后果），这些信息可能在时间取样中丢失。事件取样可以让观察者分析儿童行为发生的因果关系，但不易进行定量分析，如行为发生的频率如何，行为的稳定性如何等。

　　布兰德（Brandt，1972）对想使用该方法的研究者提出了如下指引（这些对于教师来说同样非常有用）：①在事件发生之后尽可能及时地将它们记录下来。尽管对一些忙碌的教师而言有些勉为其难，但尽可能准确地记录各种信息是非常重要的。②确认关键人物的基本行为以及他们所说的话。努力将儿童说过的话和反应记录下来。有时，将儿童周围其他人的话加以解释也是必要的，但谈话的基调要尽量保留。③记录中应该包括这样的陈述，说明场景，一天中的什么时候，以及事件的一开始儿童在从事哪些活动。如果发生的与预期的不符，则要将发生的情境记录在案。④保留事件发生的原来顺序。每一事件都要有开始、中间和结尾。⑤对任何事件的记录都应包含 3 种水平的活动：首先，描述事件中的主要活动；其次，记录主要活动中更为特殊的一些信息；最后，对活动做定性的描述。

4. 行为检核

　　行为检核是将要观察的项目和行为预先列出表格，然后检查行为是否出现，或行为表现的等级如何，并在所选择的项目上做上标记。行为检核是观察目的的具体体现，所以，这种方法可使观察更具有针对性，教师在对儿童发展进行评价时，可以将所选择的评价指标体系分解为若干个行为检核表，分阶段对个体或全体儿童进行检核，对检核结果进行统计分析，了解儿童个体或群体的发展情况。

5. 情境观察法

　　情境观察法是在教育的实际情境下，按照研究目的控制和改变某些条件，将儿童置于与现实生活场景类似的情境中，由评价者观察在该特定情境中儿童的行为。对于儿童而言，在真实情境中进行评估是极为重要的。真实情境中的观察评估可使用不同的质的方法，因为真实环境中的观察评估"强调的是评估任务应与真实生活相关，评估和观察资料的收集应在真实环境中进行"。例如，教师在组织儿童使用各种美工材料进行某个主题的创作时，就可以观察到不同儿童使用不同工具的能力、美术技能、想象力、创造力等多方面的表现。

情境观察法可以和幼儿园的各种教育活动结合起来使用。

（三）作品分析法

教师和儿童合作收集儿童学年中不同时期具有代表性的阅读、描述、数学、美工和音乐作品，如绘画、泥塑、各种记录单、参观访谈的记录报告、儿童自创的书写符号、叙述自编故事时的录音带、创编舞蹈时的录像带、一张反映几个儿童正在合作探究某一实物时的摄影作品、集体创作或积木建构的照片、成人记录儿童描述的故事或事件等，把作品和教师的文字记录放在一起，可以帮助教师看出儿童的发展形式，确认儿童进步的情形。例如，大二班进行测量活动时，要求儿童将自己的测量情况用图画、数字记录下来，教师发现一个儿童的记录单上画了一把尺子，尺子上还标明了许多数字，但数字的排列是无序的。于是，教师进行分析，儿童记录单上出现的情况反映出两种可能：一是儿童对尺子这种工具不够熟悉，尤其是对尺子上的刻度不清楚；二是儿童本身对自然数列掌握不清楚。基于这种分析，教师可在下面的活动中安排适宜的材料或活动内容，来帮助儿童解决出现的问题。

在对托、小班儿童进行观察记录时，由于儿童的想法和内心活动都是通过动作来反映的，所以对儿童的作品或拍摄儿童行为的照片进行分析，就更能形象地说明儿童发展的情况。

如果能做到以下四点，那么作品分析评估的现实性特征就会得到进一步加强，这四点为：①应允许儿童在作品中自由展现他已经掌握的与教学单元目标相关的技能；②儿童有足够的机会来表达他们已知的相关技能，并有时间来表现他们的技能；③作品本身具有可靠而有效的、能够反映儿童发展水平的指标；④儿童理解收集作品的目的，并能很好地了解教师期望他们作品中应包含的内容。

（四）谈话法

谈话法是通过与儿童面对面的交谈收集评价信息的方法。谈话法可以分为直接问答的谈话（一问一答）、选择答案的谈话、自由回答的谈话、自然谈话等。教师在运用谈话时可采用录音记录的方式保存资料，也可用图夹文的方式将谈话的内容记录、展示出来，供儿童和教师、家长共同分享。如下面一则大班儿童参观鲜花公司后的谈话记录。

教师：我们去鲜花公司看到了什么？
金穗：我看到许多许多花，我看到一些跳舞兰。
教师：跳舞兰是什么样子的？
继欣：黄黄的、高高的。

金穗：它是一串串开上去的。
静：看上去它好像穿着黄色的衣服在跳舞一样。
金穗：我觉得跳舞兰好像有点弯弯的。
......

教师在日常生活中要花时间和儿童交谈，倾听他们的想法，多提一些开放性的问题，这是诱导儿童说出想法的一种方法。

（五）档案评估法

档案袋是一种以儿童为中心的、可靠的评价，它是以儿童真实生活的环境为背景的，而且表现儿童在一段时间内获得的成绩。它也是一种综合性的评价方法，它融过程与结果为一体，兼容了多种具体评价方法，如观察记录法、谈话法、作品分析法等。儿童发展档案里的大部分内容都是儿童活动的实际作品，它代表了每个儿童努力的程度与有形的成就，它呈现出一段学习的历史。教师将一些观察记录的资料，如书面报告、讨论的对话、制作的成品、一幅图画等收集整理后，进行评价，根据评价的结果做课程的修正，然后再进行评价。档案评估法把评价统整为学习历程的一部分，允许教师在儿童发展档案中反映儿童学习的偶发事件、对现象的兴趣以及发现的喜悦。档案的资料可以真实地包括任何事物，它们有助于提供教师和儿童一学期或一学年来所进行的活动的广泛图像。在档案袋里有儿童针对某个话题或主题的讨论，参观或访谈的报告，也包括请家长根据教师设计的问卷进行反馈的信息，如儿童的爱好是什么、喜欢吃什么、平时会和家人分享在幼儿园里的哪些事情等。在家长来园参加活动时，可以让儿童和他们的父母讨论自己的发展档案。

 本章小结

本章在第一部分首先介绍了对儿童评价的原因、评价的含义、功能、目的、评价应坚持的原则，在第二部分介绍了教师在评价中的 3 种作用——有效的观察、记录者、有效的理解者、有效的合作者，介绍了一个综合的完整的评价结构由一份发展测验量表、观察记录、档案袋等组成，并在此基础上介绍了评价的具体方法：发展测验量表法、观察法、作品分析法、档案袋法、谈话法等。

思考与练习

1. 谈谈为什么要对儿童进行评价？对儿童评价的含义、功能是什么？
2. 简述教师在评价中的作用。
3. 请对教师评价儿童的工具进行描述。
4. 比较时间取样和事件取样的区别和联系。
5. 讨论父母在儿童评价中发挥什么作用。
6. 讨论如何应用对儿童的评价结果。

主要参考文献

保罗·弗莱雷．2001．被压迫者教育学．顾建新，等译．上海：华东师范大学出版社．

北京师范大学中国社区学前教育研究课题组．1993．正在兴起的中国社区学前教育．北京：北京师范大学出版社．

陈鹤琴．1991．陈鹤琴全集．南京：江苏教育出版社．

陈琦，刘汝德．2005．教育心理学．北京：高等教育出版社．

陈幸军．2003．幼儿教育学．北京：人民教育出版社．

戴维·H．乔纳森．2002．学习环境的理论基础．郑太年，等译．上海：华东师范大学出版社．

丁海东．2001．学前游戏论．济南：山东人民出版社．

杜威．1991．民主主义与教育．王承绪，译．北京：人民教育出版社．

冯晓霞．2000．幼儿园课程．北京：北京师范大学出版社．

高岚．2001．学前教育学．广州：广东高等教育出版社．

何晓夏．1990．简明中国学前教育史．北京：北京师范大学出版社．

亨德里克．2002．学习瑞吉欧方法第一步．李季湄，等译．北京：北京师范大学出版社．

黄人颂．1989．学前教育学．北京：人民教育出版社．

霍华德·加德纳．1999．多元智能．沈致隆，译．北京：新华出版社．

霍力岩，孙冬梅．2006．幼儿园课程开发与教师专业发展：比较研究的视角．北京：教育科学出版社．

简楚瑛．2003．幼教课程模式．台北：心理出版社．

蒋明澄．1996．心理科学史．成都：电子科技大学出版社．

教育部基础教育司．2002．幼儿园教育指导纲要（试行）解读．南京：江苏教育出版社．

莱斯利·P．斯特弗，杰里·盖尔．2002．教育中的建构主义．高文，徐斌艳，程可拉，等译．上海：华东师范大学出版社．

李生兰．2000．幼儿家庭教育．上海：上海教育出版社．

李生兰．2003．幼儿园与家庭、社区合作共育的研究．上海：华东师范大学出版社．

李生兰．2006．学前教育学．上海：华东师范大学出版社．

联合国教科文组织国际教育发展委员会．1996．学会生存：教育世界的今天和明天．北京：教育科学出版社．

梁志燊．1998．学前教育学．北京：北京师范大学出版社．

马克斯·范梅楠．2001．教学机智：教育智慧的意蕴．李树英，译．北京：教育科学出版社．

玛丽·霍曼，等．1995．活动中的幼儿：幼儿认知发展课程．郝和平，等译．北京：人民教育出版社．

麦克尼尔．1991．课程导论．施良方，等译．沈阳：辽宁教育出版社．

莫雷．2003．世纪心理学名家名著．广州：广东高等教育出版社．

诺丁斯．2003．学会关心：教育的另一种模式．于天龙，译．北京：教育科学出版社．

庞丽娟．2001．教师与儿童发展．北京：北京师范大学出版社．

皮亚杰．1981．教育科学与儿童心理学．傅统先，译．深圳：文化教育出版社．

皮亚杰．1990．皮亚杰教育论著选．卢浚，选译．北京：人民教育出版社．

上海市教委教研室．2004．幼儿园课程园本化．上海：上海教育出版社．

沈金荣．2000．社区教育的发展与探索．上海：上海大学出版社．

施良方．1996．课程理论：课程的基础、原理与问题．北京：教育科学出版社．

唐淑，虞永平．2004．幼儿园班级管理．南京：南京师范大学出版社．

陶行知．1985．陶行知全集．长沙：湖南教育出版社．

杨成铭．2004．受教育权的促进和保护．北京：中国法制出版社．

叶忠海．2000．社区教育学基础．上海：上海大学出版社．

伊斯雷尔·谢弗勒．2004．人类的潜能：一项教育哲学的研究．石中英，等译．上海：华东师范大学出版社．

虞永平．2001．学前教育学．苏州：苏州大学出版社．

约翰·D. 布兰斯特，安·L. 布朗，罗德尼·R. 科金，等．2002．人是如何学习的：大脑、心理、经验及学校．程可拉，
  等译．上海：华东师范大学出版社．

约翰逊．2006．游戏与儿童早期发展．华爱华，等译．上海：华东师范大学出版社．

张华．2003．课程与教学论．上海：上海教育出版社．

张焕庭．1979．西方资产阶级教育论著选．北京：人民教育出版社．

赵中建．1996．教育的使命：面向二十一世纪的教育宣言和行动纲领．北京：教育科学出版社．

赵中建．2003．全球教育发展的研究热点：90 年代来自联合国教科文组织的报告．北京：教育科学出版社．

中国学前教育史编写组．2002．中国学前教育史．北京：人民教育出版社．

钟启泉．2005．现代课程论．上海：上海教育出版社．

钟启泉，等．2001．基础教育课程改革纲要（试行）解读．上海：华东师范大学出版社．

周采，杨汉麟．1999．外国学前教育史．北京：北京师范大学出版社．

朱家雄．2003．幼儿园课程．上海：华东师范大学出版社．

朱家雄，等．1998．皮亚杰理论在早期教育中的运用．北京：世界图书出版社．

筑波大学教育学研究会．2003．现代教育学基础．钟启泉，译．上海：上海教育出版社．

佐藤学．2003．课程与教师．钟启泉，译．北京：教育科学出版社．

佐藤学，2004．学习的快乐：走向对话．钟启泉，译．北京：教育科学出版社．

Carol E. Catron & Jan Allen．2002．学前儿童课程：一种创造性游戏模式．王丽，译．北京：中国轻工业出版社．

David A. Sousa．2005．脑与学习．"认知神经科学"国家重点实验室脑与教育应用研究中心，译．北京：中国轻工业出版社．

Eric Jensen．2005．适于脑的教学．"认知神经科学"国家重点实验室脑与教育应用研究中心，译．北京：中国轻工业出版社．

F. 戴维．2002．课堂管理技巧．李彦，译．上海：华东师范大学出版社．

Hilda L. Jackman．2002．早期教育课程．杨巍，等译．北京：中国轻工业出版社．

J. 莱夫，E. 温格．2004．情境学习：合法的边缘性参与者．王文静，译．上海：华东师范大学出版社．

James，A. Beane．2003．课程统整．单文经，等译．上海：华东师范大学出版社．

S．A 米勒．2004．发展的研究方法．郭力平，等译．上海：华东师范大学出版社．

Vernon F. Jones & Louise S. Jones．2002．全面课堂管理：创建一个共同的班集体．方彤，等译．北京：中国轻工业出版社．

Yolanda Cadalbert-Schmid．2002．父母角色．王娴娜，译．北京：中国轻工业出版社．